컴퓨팅 사고력(CT)에 디자인 씽킹(DT)을 활용한

엔트리 & 햄스터

박찬규 • 홍은미 • 고민석 • 이승훈

(주)삼양미디어

머리말

　인공 지능, 자율 주행, 사물 인터넷, 웨어러블 등 수많은 소프트웨어 기술이 실현되고 있는 지금, 소프트웨어 교육은 이미 우리 생활 깊숙이 들어와 있습니다.

　학자들은 소프트웨어 교육을 통해 미래 사회를 살아가는 학생들에게 필요한 역량인 컴퓨팅 사고력, 문제 해결력, 창의적 사고력을 길러야 한다고 이야기합니다. 코딩(coding) 교육은 하얀 도화지 위에 다양한 그림을 그리고, 담아내듯 여러분들의 생각을 시각화하여 상상이 구현되는 것을 도와줄 것입니다. 특히 처음 프로그래밍을 배우기 시작하는 학생들에게 엔트리는 코딩이 무엇인지 또 어떻게 프로그래밍을 해야 하는지를 쉽게 이해할 수 있도록 도와줄 것입니다.

　엔트리는 학생들이 프로그래밍의 기본 기능을 익히고 간단한 프로그램을 작성하여 결과를 확인하는 데까지 많은 시간이 걸리지 않을 만큼 매우 쉽습니다. 또한, 엔트리는 다양한 피지컬 컴퓨팅 교육 도구와의 연계가 편리합니다. 쉽고 간단하게 기능을 익히고 나면, 그때부터 여러분의 상상 공간이 활짝 열릴 것입니다.

엔트리! 이 책 한 권이면 충분합니다.

　기초부터 시작하여 한 단계씩 엔트리의 기능을 익히고, 프로그래밍의 구조를 이해하여 소프트웨어 교육의 기본을 다질 수 있습니다. 실생활 문제뿐만 아니라, 여러 교과목과 연계하여 그곳에서 발생하는 문제를 분석한 후, 나만의 산출물을 만드는 경험을 통해 컴퓨팅 사고력, 문제 해결력, 창의적 사고력을 기를 수 있습니다. 더 나아가 교육용 로봇으로 활용도가 높은 '햄스터 로봇'을 엔트리와 연계하여 실생활에서 경험할 수 있는 다양한 활동을 직접 체험해 봄으로써, 융합적 사고력과 문제 해결력을 기를 수 있도록 하였습니다.

코딩 교육! 코딩 방법을 쉽게 배울 수 있습니다.

　이 책은 코딩(프로그래밍) 과정을 처음 접하는 학생들도 하나씩 따라 하다 보면 누구나 쉽게 실생활에 활용할 수 있는 프로그램을 만들 수 있도록 구성하였습니다. 저희 집필진은 다년간 초중등학교 교사를 비롯하여 일반 학생 및 영재 학생들을 가르친 경험을 바탕으로 혼자서도 쉽고 재미있게 코딩 과정을 익힐 수 있도록 친절한 책을 만들기 위해 노력하였습니다. 매 차시 주어진 문제를 따라 하다 보면 어느새 프로그래밍의 구조를 이해하고 문제 해결 과정을 체계적으로 경험할 수 있을 것입니다.

> **문제 해결력!** 신선한 주제로 문제 분석에서부터 프로그램 구현까지 쉽게 할 수 있습니다.

소프트웨어 교육의 열풍 속에서 자신에게 맞는 책이 무엇인지 이리저리 찾아보아도 비슷비슷한 주제로 구성된 프로그래밍 책이 많아 어떤 것을 선택해야 할지 망설인 적이 있으신가요? 이 책은 기존에 나와 있는 엔트리 교재뿐만 아니라 엔트리 홈페이지 등에서 제공하는 다양한 작품을 체계적으로 분석하여 평소에 우리가 궁금해 하는 다양한 분야의 주제들을 선정하여 코딩 과정을 익힐 수 있도록 하였습니다. 예를 들면, 물체의 위치 찾기 시뮬레이션, 소행성 격파하기 등 인터넷이나 다른 서적에서 찾아보기 어려운 프로그램들을 쉽고 재미있게 소개합니다.

아무리 창의적인 사람이라도 기본 기능을 익히지 않고 프로그램의 구조를 제대로 경험하지 못하면 새로운 산출물을 만들 수 없습니다. 새로움과 창의성은 기본적인 학습과 꾸준한 연습에서 한 발짝 더 나아가는 공간 변환적(spatial transformation) 사고에서 나타납니다. 따라서 다양한 문제를 해결하는 과정을 따라하고, 수정하며 조금씩 실력이 늘어가는 과정을 통해 나만의 산출물을 만들어 보는 경험을 가져 보길 권합니다.

이 책은 다음과 같이 여섯 개의 장으로 구성되어 있습니다.

1장. 엔트리 시작하기 엔트리의 기능 및 통합 개발 환경을 이해할 수 있습니다.
2장. 프로그래밍의 구조 이해 순차 구조, 선택 구조, 반복 구조의 개념 및 쓰임을 알 수 있습니다.
3장. 실생활 해결 프로젝트 실생활에서 접할 수 있는 다양한 문제를 프로그램으로 구현하여 해결할 수 있습니다.
4장. 교과 연계 프로젝트 국어, 과학, 수학 과목과 연계된 문제를 프로그램으로 구현할 수 있습니다.
5장. 나만의 산출물 만들기 실생활뿐만 아니라 다양한 분야의 문제를 관찰하여 프로그램으로 구현해 봄으로써, 창의적 사고력을 기를 수 있습니다.
6장. 햄스터 프로젝트 햄스터 로봇을 이용하여 컴퓨터 외부의 정보를 다양한 센서를 통해 컴퓨터로 입력받아 프로그램을 구현한 결과물을 소리나 동작으로 보여 줄 수 있습니다.

실생활 속에서 문제를 발견하고, 해결하는 과정을 통해 나만의 프로그램을 만드는 것을 꿈꾸는 학생들에게 이 책이 길잡이가 되어 더 큰 꿈을 이루어 가는 시작이 되길 희망합니다.

저자 일동

구성과 특징

창의적 문제 해결 방법론

'디자인 씽킹(design thinking)'을 접목한 '엔트리&햄스터'

'디자인 씽킹'은 문제 발견에서부터 문제 해결까지를 다음과 같은 절차에 의해 처리합니다.

1단계 세상 공감하기

해결해야 할 문제 발견하기

> 휴대전화에 잠금 장치가 없으니, 개인 정보 보호가 안 되는 것 같아 불편해.

> 나도 공감해.

2단계 문제 정의하기

무엇을 어떻게?(자료 수집, 분석, 표현 등)

휴대전화를 두고 잠시 자리를 비웠을 경우, 누군가 마음만 먹으면 휴대전화 안의 내 소중한 정보(사진, 문자, 전화번호 등)를 훔쳐 보거나 악용할 수 있어서 걱정이군!

> 해결 방법이 없을까?

5단계 테스트

만든 프로그램을 실행하고, 보완하기

프로그램 구현 작성한 프로그램을 실행하여 제대로 작동하는지, 또 보완할 사항은 없는지를 확인합니다.

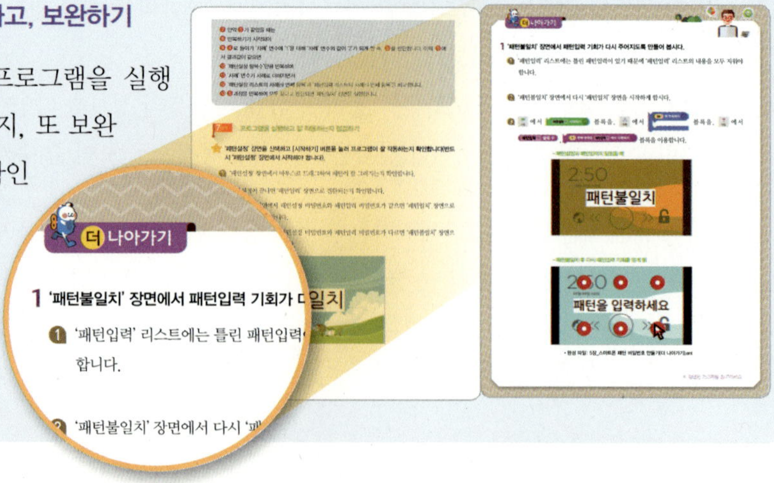

04

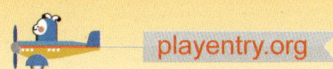

디자인 씽킹이란? 실생활 및 다양한 분야에서 겪는 문제를 인간 중심의 관점에서 관찰하여 새로운 아이디어를 찾아내어 문제 해결 및 보완 등의 변화를 이끌어 내는 사고방식과 그 과정을 말합니다.

3단계 아이디어화

시각적 아이디어 도출하기
휴대전화에 비밀번호를 설정하면 어떨까?

`아이디어화` 요즘 휴대전화는 터치식이 대세니까 숫자판을 손가락이나 펜을 이용하여 그림을 그리듯 움직여서 비밀번호를 설정하면 어떨까?

`알고리즘 설계` 문제 분석 과정을 통해 알고리즘을 설계하고, 프로그래밍을 하기 위해 필요한 요소와 기능들을 선정합니다.

4단계 프로토타입

시현해 볼 수 있는 산출물 만들기

`프로그래밍하기` 알고리즘 설계를 통해 구체화된 내용을 프로그래밍하는 단계로 필요한 오브젝트들을 추가하고, 오브젝트를 움직이게 할 프로그램을 작성합니다.

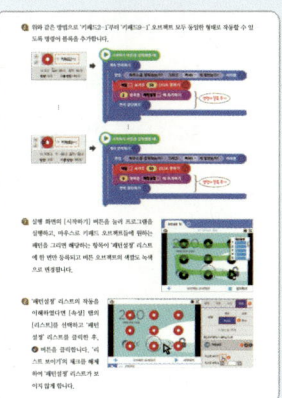

차례

1 엔트리 시작하기
01 엔트리 둘러보기 10
02 엔트리 프로그래밍의 이해 19

2 프로그래밍의 구조 이해
01 순차 구조를 이용한 프로그래밍 26
02 반복 구조를 이용한 프로그래밍 29
03 선택 구조를 이용한 프로그래밍 32
04 신호 보내기를 이용한 프로그래밍 35

3 실생활 문제 해결 프로젝트
01 가전제품 구입하기 44
02 강아지 고양이 피아노 58
03 자동판매기 만들기 71
04 도난 경보 시스템 만들기 88

4 교과 연계 프로젝트

01 [국어] 스포츠 매거진 만들기　　　　　　　　　108
02 [과학] 물체의 위치 찾기 시뮬레이션　　　　　　121
03 [수학, 미술] 삼각형으로 패턴 그림 그리기　　　132
04 [과학] 달의 위상 변화　　　　　　　　　　　　140

5 나만의 산출물 만들기 프로젝트

01 소행성을 격파하라　　　　　　　　　　　　　154
02 숫자 야구(Bulls and Cows)　　　　　　　　　167
03 스마트폰 패턴 비밀번호 만들기　　　　　　　　183
04 세계의 수도 맞히기 게임　　　　　　　　　　　207

6 햄스터 프로젝트

01 햄스터 카 후방 주차　　　　　　　　　　　　　226
02 반려견 햄스터　　　　　　　　　　　　　　　　232
03 햄스터 트랙 카운터　　　　　　　　　　　　　238

　　더 나아가기 풀이　　　　　　　　　　　　　　246

엔트리 시작하기

01 엔트리 둘러보기
02 엔트리 프로그래밍의 이해

01 엔트리 둘러보기

활동 목표
- 엔트리의 특징을 알 수 있다.
- 엔트리의 구성을 알 수 있다.

엔트리는 문제 해결을 하기 위해 컴퓨터로 프로그래밍을 할 때 사용하는 프로그래밍 언어 중 하나입니다. 엔트리의 특징을 살펴보면 다음과 같습니다.

특징
- 엔트리는 누구나 무료로 소프트웨어 교육을 받을 수 있도록 소프트웨어 교육 개발 환경을 지원합니다.
- 엔트리는 명령들이 블록으로 구성되어 있기 때문에, 누구나 쉽게 필요한 블록들을 찾아 조립하여 프로그래밍 할 수 있습니다.

1 엔트리 홈페이지에 접속하기

엔트리 홈페이지에 접속하여 어떤 기능들이 있는지 알아보도록 합니다.

△ 엔트리 홈페이지 주소: https://playentry.org

2 엔트리 메뉴 둘러보기

엔트리 로고에 마우스를 가져다 놓으면 다음과 같이 다양한 메뉴가 나타납니다. 주요 메뉴의 역할을 살펴보도록 합니다.

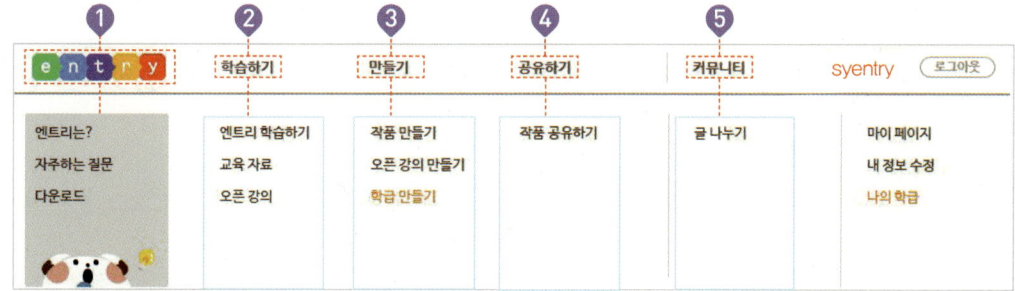

❶ entry 메뉴

엔트리의 대표적인 기능에 대해 소개합니다.
- 엔트리의 특징과 4개의 기능을 알 수 있습니다.
- 언플러그드 활동부터 피지컬 컴퓨팅에 대해 알 수 있습니다.
- 엔트리에서 지원하는 다양한 교육에 대해 알 수 있습니다.

엔트리 오프라인 버전을 설치하면 인터넷에 접속하지 않고도 프로그래밍, 즉 작품 만들기를 할 수 있습니다.

❷ [학습하기] 메뉴

주제별·학년별 학습 과정을 통해 엔트리를 배울 수 있도록 다양한 학습 과정을 제공합니다.
- 주제별 학습 과정: 미션 해결하기, 추천 강의 모음, 소프트웨어야 놀자, 월간 엔트리가 있습니다.
- 학년별 추천 학습 과정: 퀴즈 풀기, 도전하기, 자유롭게 만들기가 있습니다.

엔트리에서 제공하는 다양한 교육 콘텐츠를 활용할 수 있습니다.
- '엔트리 교육 자료 모음'을 활용할 수 있습니다.
- '엔트리 X 하드웨어 교육 자료 모음'을 활용할 수 있습니다.
- '기타 교육 자료 모음'을 활용할 수 있습니다.

선생님들이 직접 만드는 엔트리 학습 공간으로 강의에서 제공하는 예시 작품을 따라하면서 배울 수 있습니다.
- 강의: '최신순', '조회순', '좋아요순', '댓글순' 등으로 검색하여 볼 수 있습니다.
- 강의 모음: 학습 순서와 주제에 따라 다양한 강의를 모아놓은 공간입니다.

학급 기능을 이용하여 선생님이 올린 강의나 과제를 진행할 수 있습니다.
- '우리 반 강의', '우리 반 강의 모음', '우리 반 과제' 등이 있습니다.

③ [만들기] 메뉴

실제로 문제 해결을 위한 프로그래밍, 즉 작품을 만들고 저장할 수 있는 소프트웨어 교육 개발 환경을 제공합니다.

④ [공유하기] 메뉴

자신이 만든 작품과 다른 사람이 만든 작품을 서로 공유할 수 있습니다.
- '좋아요'를 클릭하거나 맘에 드는 작품을 골라 '관심 작품'을 만들 수 있습니다. 이때 관심 작품은 '마이 페이지'에서 확인할 수 있습니다.

자신이 만든 작품뿐만 아니라 학급 구성원이 만든 작품을 공유 및 참고할 수 있습니다.

❺ [커뮤니티] 메뉴

여러 사람과 다양한 의견을 주고받을 수 있습니다.
- 묻고 답하기, 노하우&팁, 제안 및 건의, 공지사항 등이 있습니다.

학급 구성원과 의견을 주고받을 수 있습니다.

❻ 기타

내가 만든 작품 외에도 관심이 가는 작품을 관리할 수 있는 공간을 제공합니다.
- 나의 작품: 내가 만든 '나의 작품'과 관심 작품 표시를 했던 '관심 작품'을 볼 수 있습니다.
- 나의 강의: '관심 강의'와 '학습 중인 강의'를 구분하여 관리하고 볼 수 있습니다.
- 나의 강의 모음: '나의 강의 모음'과 '관심 강의 모음', '학습 중인 강의 모음' 등을 볼 수 있습니다.

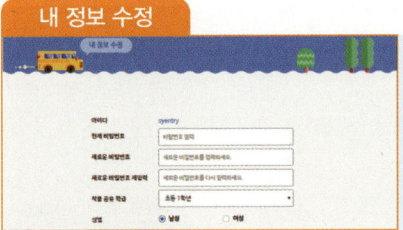

자신이 등록한 정보를 확인하고 수정할 수 있습니다.
- '비밀번호', '작품 공유 학급', '성별', '이메일'을 수정할 수 있습니다.
- 선생님에게 받은 학급 아이디를 추가하여 학급에 들어갈 수 있습니다.

- '(학생)학급아이디'를 추가하거나 '학급 코드'를 입력하여 학급에 들어갈 수 있습니다.
- '(선생님)학급'을 개설하거나 삭제할 수 있습니다.

3 엔트리 작품 만들기 화면 구성

1 엔트리에서 제공하는 [작품 만들기] 화면 구성에 대해 알아봅시다.

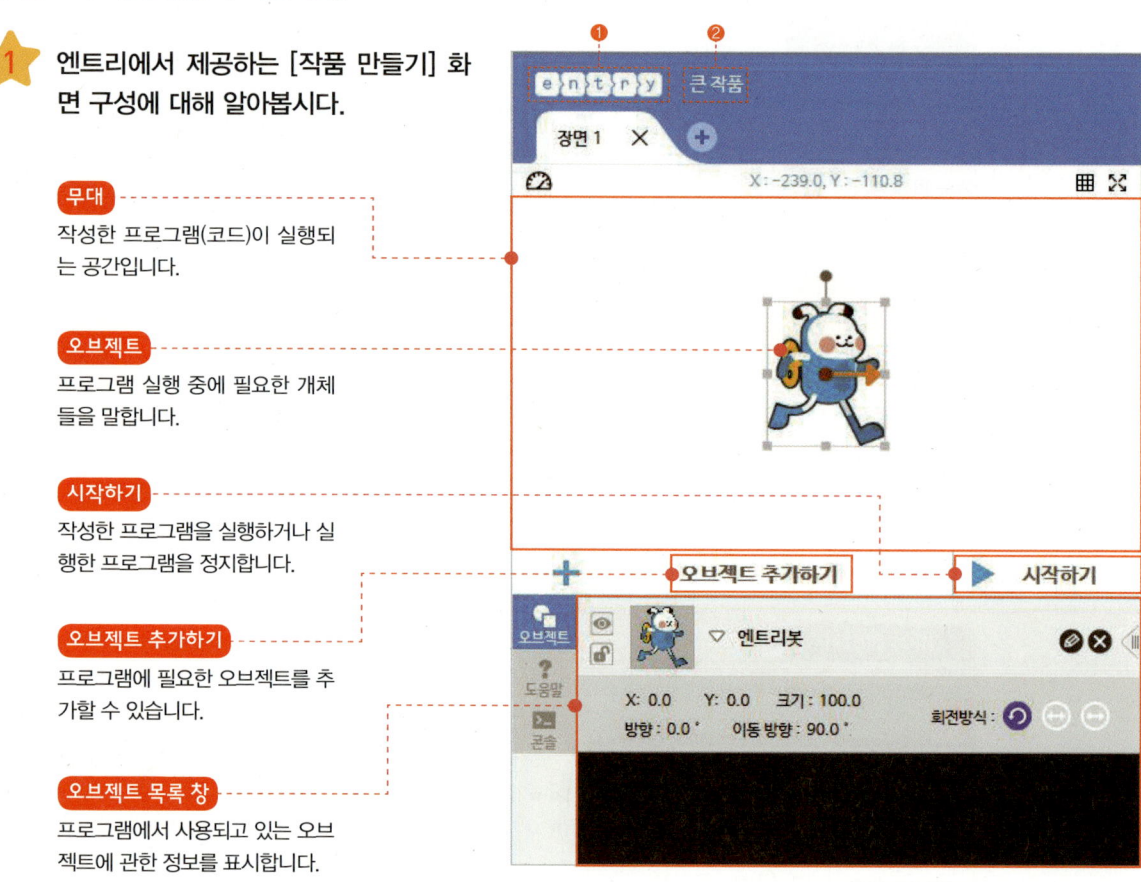

- **무대**: 작성한 프로그램(코드)이 실행되는 공간입니다.
- **오브젝트**: 프로그램 실행 중에 필요한 개체들을 말합니다.
- **시작하기**: 작성한 프로그램을 실행하거나 실행한 프로그램을 정지합니다.
- **오브젝트 추가하기**: 프로그램에 필요한 오브젝트를 추가할 수 있습니다.
- **오브젝트 목록 창**: 프로그램에서 사용되고 있는 오브젝트에 관한 정보를 표시합니다.

궁금해요 | 화면 상단 메뉴에 있는 다양한 아이콘은 어떤 역할을 하나요?

① entry (엔트리 로고): 엔트리 메인 페이지로 이동합니다.
② 큰작품 (작품 이름): 작품의 이름을 지정하는 곳으로 이미 작품 이름이 지정된 경우에는 이름 부분을 클릭하여 다른 이름으로 수정할 수 있습니다.
③ (코딩 방식 전환): '블록 코딩'이나 '엔트리파이선' 형식으로 코딩 방식을 변환할 수 있습니다.
④ (새로 만들기): 작품을 새로 만들거나 온라인 또는 오프라인에서 만든 작품을 불러올 수 있습니다.
⑤ (작품 저장): 만든 작품을 저장합니다.
⑥ (도움말): '블록 도움말'을 선택하고 블록을 클릭하면 블록에 대한 설명을 볼 수 있습니다.
⑦ (프린트): 해당 작품의 장면과 오브젝트의 속성 및 코드가 정리되어 나옵니다.
⑧ (이전 작업/다음 작업): 작업을 바로 이전으로 되돌리거나 바로 이후로 복구할 수 있습니다.
⑨ tomato ▼ (계정 아이디): 로그인한 경우 아이디를 클릭하면 자신이 만든 작품을 조회할 수 있고, 나의 정보를 수정하거나 로그아웃 할 수 있습니다.
⑩ 한국어 ▼ (언어): 한국어, 영어 등과 같이 사용 언어를 변경할 수 있습니다.
⑪ (버그 리포트): 작품을 만들 때 발생하는 오류나 버그 신고 및 엔트리를 위해 제안을 하고자 할 때 이용합니다.

• 각 블록마다 숨어있는 다양한 명령어 블록들

01. 엔트리 둘러보기 · 15

실행 화면의 구성에 대해 알아봅시다.

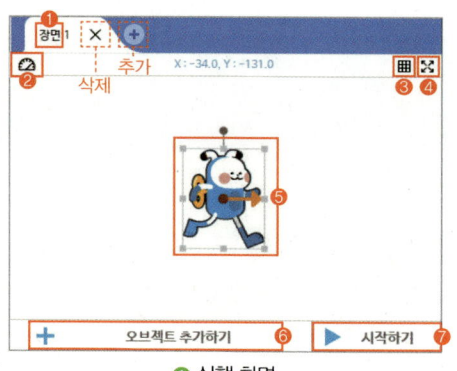

▲ 실행 화면

① **[장면] 탭**: 해당 장면의 이름을 알려 줍니다.

- 장면1: 클릭하여 장면의 이름을 변경할 수 있습니다.
- ✕ (삭제): 클릭하면 해당 장면을 삭제할 수 있습니다.
- ➕ (추가): 클릭하면 새로운 장면을 추가할 수 있습니다.

② **(속도 조절)**: 작품이 실행되는 속도를 느리게 또는 빠르게 조절할 수 있습니다. 오른쪽 방향으로 갈수록 빨라집니다.

③ **(좌표계)**: 무대에 좌표가 표시되도록 합니다. 좌표계를 띄움으로써 선택된 오브젝트의 위치를 보다 정확하게 알거나 이동할 수 있습니다. 화면의 x축(가로 축)의 크기는 −240~240, y축(세로 축)의 크기는 −135~135입니다.

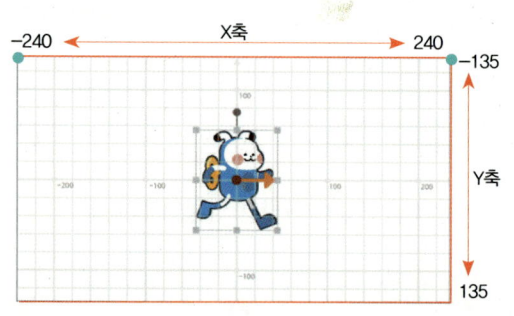

④ **(전체 화면)**: 만든 작품을 크게(전체 화면) 볼 수 있습니다.

⑤ **오브젝트**: 명령어를 통해 움직일 수 있는 모든 것을 오브젝트라고 합니다. 오브젝트의 종류에는 캐릭터(사물), 배경, 글상자가 있습니다.

❻ ➕ 오브젝트 추가하기 **(오브젝트 추가하기)**: 새로운 오브젝트(캐릭터(사물), 배경, 글상자)를 추가할 수 있습니다.

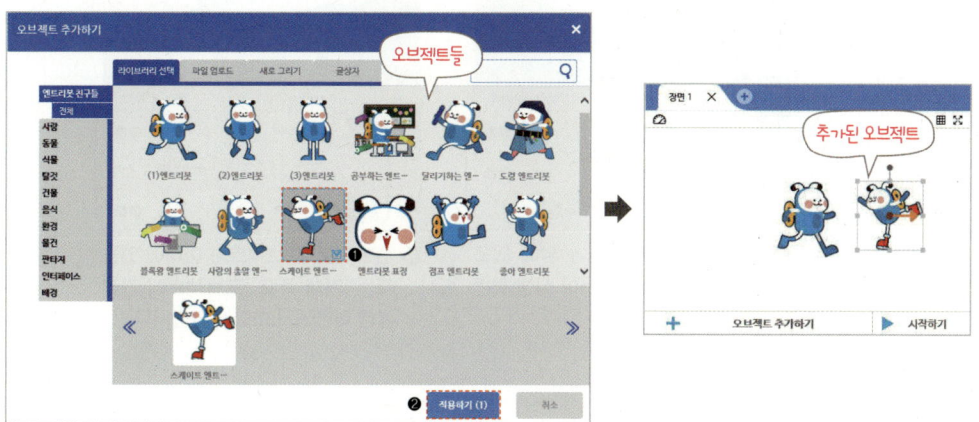

❼ ▶ 시작하기 / ■ 정지하기 **(시작하기/정지하기)**: 블록 조립소에서 조립한 명령에 따라 작품의 실행을 시작하거나 정지할 수 있습니다.

 오브젝트의 요소 및 오브젝트 목록 창에 대해 알아봅시다.

❶ **중심점**: 오브젝트를 원하는 방향으로 회전시킬 때 이 점을 기준으로 회전됩니다.

❷ **위치 조절 영역**: 오브젝트를 원하는 위치로 이동할 수 있습니다.

❸ **크기 조절점**: 오브젝트의 크기를 크게 또는 작게 조절할 수 있습니다.

❹ **방향 점**: 마우스로 드래그하여 오브젝트의 방향을 조절할 수 있습니다.

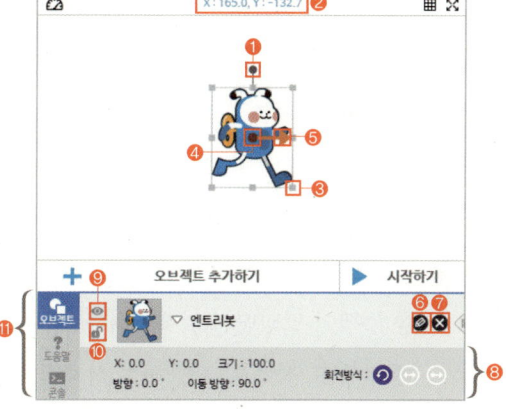

❺ **이동 방향 화살표**: 오브젝트의 이동 방향을 지정할 수 있습니다.

❻ **(편집)**: 오브젝트의 이름, 오브젝트의 크기, 위치, 방향 등을 수정할 수 있습니다.

❼ **(삭제)**: 선택한 오브젝트와 관련된 정보를 삭제할 수 있습니다.

❽ **오브젝트 정보**: 오브젝트와 관련된 정보(x, y 좌푯값, 크기, 방향) 등을 볼 수 있습니다.

❾ **(오브젝트 보이기/숨기기)**: 오브젝트를 화면상에서 보이거나 보이지 않게 할 수 있습니다.

❿ **(오브젝트 잠금 해제/잠금)**: 오브젝트의 정보를 수정하지 못하게 잠그거나 해제할 수 있습니다.

⓫ **오브젝트 목록 창**: 오브젝트의 위치를 마우스로 위 또는 아래로 드래그하여 바꿀 수 있습니다. 이때 가장 위에 있는 오브젝트가 실행 화면에서 가장 앞에 보이게 됩니다.

○ '엔트리봇' 오브젝트가 위에 있을 때는 가장 앞에 위치하여 실행 화면에서 보입니다.

○ '엔트리봇' 오브젝트가 아래에 있을 때는 '거대 폭포' 오브젝트에 가려 실행 화면에서 보이지 않습니다.

 블록 조립소에 대해 알아봅시다.

① **명령어 블록 조립하기**: 실행 화면에 있는 오브젝트를 명령대로 동작하게 하려면 [블록] 탭에 있는 명령어 블록을 드래그하여 블록 조립소로 가져와 조립해야 합니다. 이렇게 조립된 블록 묶음을 '코드' 또는 '프로그램'이라고 합니다.

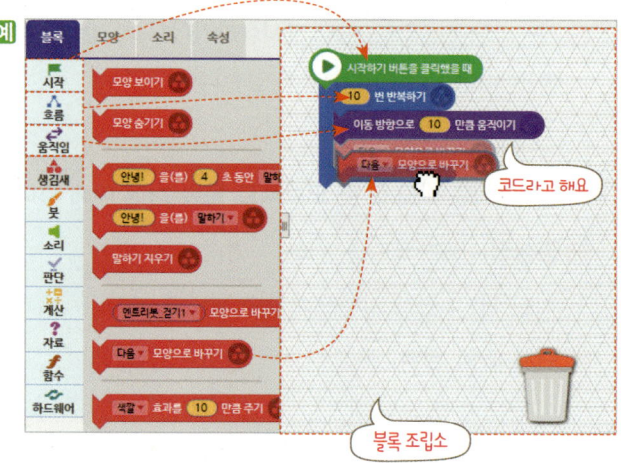

② **필요 없는 코드 삭제하기**: 필요 없는 코드(또는 블록)는 드래그하여 휴지통으로 가져가면 휴지통 뚜껑이 열리면서 삭제됩니다. 또는 코드 위에 마우스 오른쪽 버튼을 클릭하면 나오는 메뉴에서 [코드 삭제]를 선택하여 삭제할 수 있습니다.

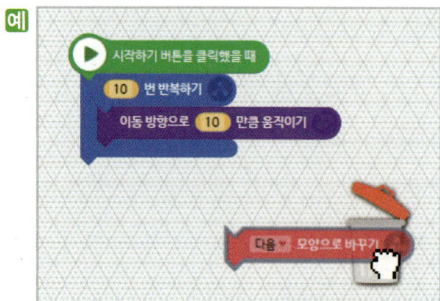
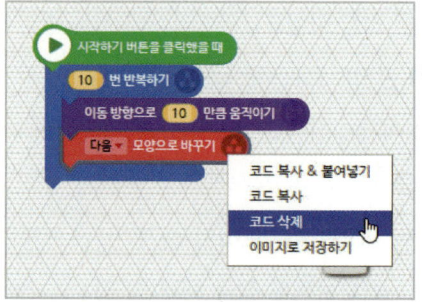

○ (방법 1) 코드를 휴지통에 버리기

○ (방법 2) 메뉴를 선택하여 코드 삭제하기

02 엔트리 프로그래밍의 이해

 • 간단한 작품을 만들어 저장하고 공유해 봅시다.

⭐ **1 엔트리봇 오브젝트가 이리저리 돌아다니는 작품을 만들어 봅시다.**

① 엔트리 홈페이지에서 회원가입 후, 로그인합니다. 만약 로그인을 하지 않으면 작품을 저장하거나 공유할 수 없습니다.

② 엔트리 첫 화면에서 '만들어 보기' 혹은 상단 메뉴의 [만들기]-[작품 만들기] 메뉴를 클릭하여 작품 만들기를 시작합니다.

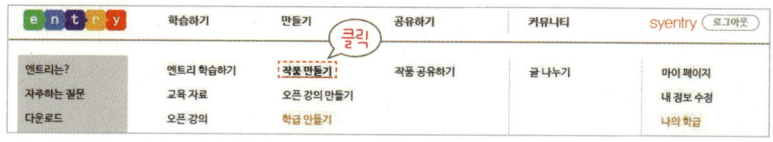

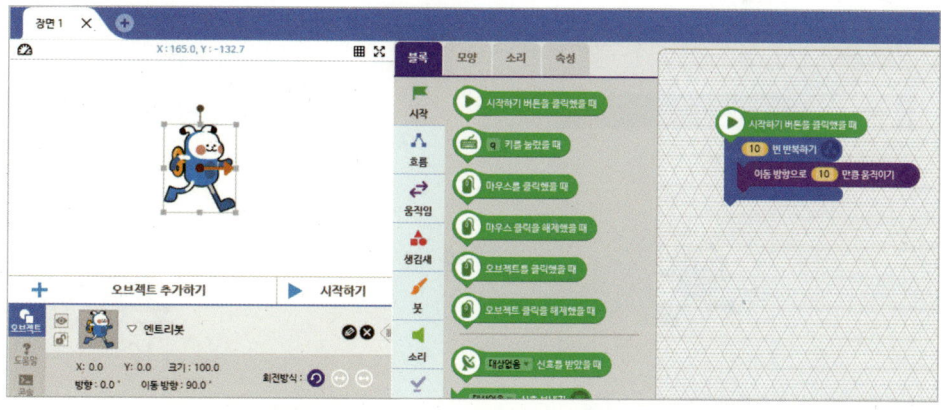

🔵 작품 만들기를 할 수 있는 소프트웨어 개발 환경으로 이동한 상태

③ '엔트리봇' 오브젝트를 클릭한 후, '이동 방향 화살표'를 드래그하여 오른쪽과 같이 방향을 조정합니다.

④ 블록 조립소에 기본으로 제공되는 코드 중 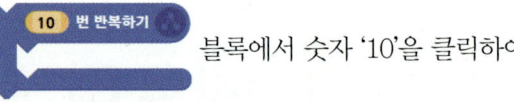 블록에서 숫자 '10'을 클릭하여 '10000'으로 수정합니다.

⑤ [블록] 탭의 움직임 에서  블록을 드래그하여 블록 조립소로 가져와 다음과 같이 끼워 넣어 코드를 완성합니다.

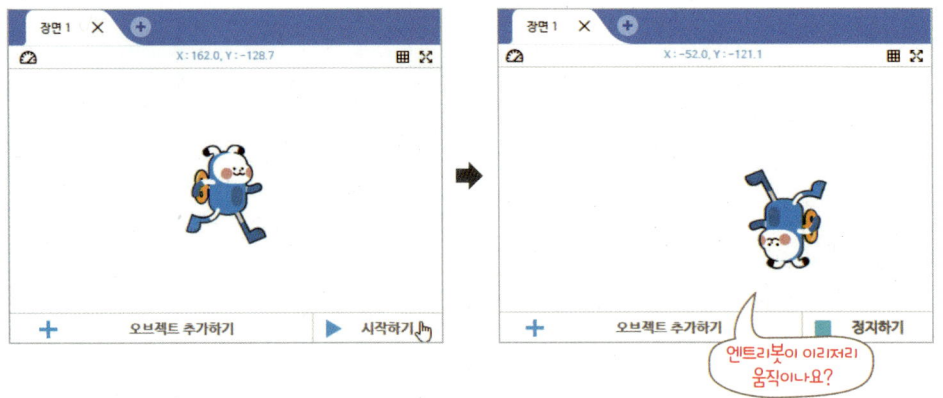

⑥ 실행 화면에서 ▶시작하기 를 클릭하여 '엔트리봇' 오브젝트가 이리저리 움직이는지 확인합니다.

 2 만든 작품을 저장해 봅시다.

① '작품 이름'을 클릭하여 저장할 파일 이름을 '엔트리 돌아다니기'로 입력합니다.

② (저장하기)를 클릭하여 작품을 저장합니다.

③ 자신의 아이디를 클릭하고 '작품 조회'를 선택하면 저장한 작품을 볼 수 있습니다.

⭐ 3 자신의 작품을 공유해 봅시다.

① 자신의 아이디에 마우스를 가져가서 '마이 페이지'를 클릭하면, 자신이 지금까지 만들고 저장한 작품을 모두 볼 수 있습니다.

② 작품 우측 하단의 을 클릭합니다.

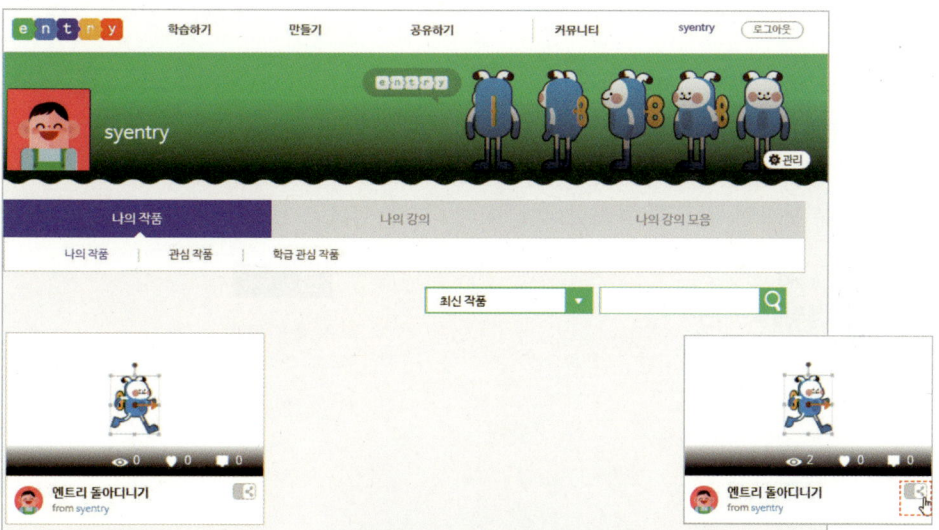

③ '전체 동의'를 선택한 후, '나만 보기'를 클릭하여 공유하고 싶은 곳을 선택하고 '공유'를 클릭합니다.

④ 작품이 공유되면 공유 버튼이 활성화된 것을 볼 수 있습니다.

02. 엔트리 프로그래밍의 이해 · **21**

4 자신의 작품을 다른 사이트에 공유해 봅시다.

❶ 자신이 만든 작품을 클릭합니다.

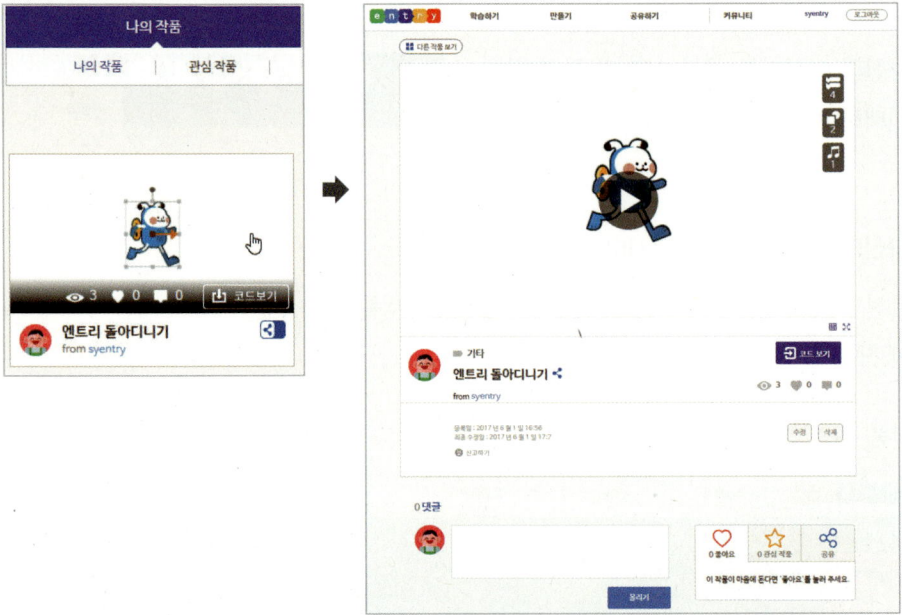

❷ 화면 우측 하단의 '공유'를 클릭합니다. 이때 나오는 주소를 클릭하면 작품 주소가 복사됩니다.

❸ 복사된 주소를 원하는 곳에 붙여 넣어 작품을 공유해 봅시다.

궁금해요 — 엔트리에서 회원가입은 왜 하나요?

엔트리는 회원가입을 하지 않아도 누구나 무료로 이용할 수 있습니다. 하지만 엔트리의 다양한 기능을 편리하게 사용하려면 회원가입을 하는 것이 좋습니다.

회원가입을 하면 좋은 점

- [학습하기]에서 내 학습 진도를 저장하면 다음에 계속 이어서 학습할 수 있습니다.
- [만들기]에서 내가 만든 작품을 저장하여 다시 열어 보거나 수정할 수 있습니다.
- 내 작품을 다른 사람에게 공유할 수 있습니다.
- 다른 사람의 작품을 내 작품으로 저장하여 새로운 프로젝트를 진행할 수 있습니다.
- 친구들의 작품에 댓글을 달거나 '좋아요'를 누를 수 있습니다.
- 커뮤니티에서 다른 사람과 글 나누기를 할 수 있습니다.
- 선생님의 경우 '학급 만들기'를 할 수 있습니다.

엔트리 회원가입하기

엔트리 홈페이지에서 오른쪽 상단의 '회원가입'을 클릭하여 회원가입을 시작합니다. 이때 부모님의 동의가 없어도 간편하게 가입이 가능합니다.

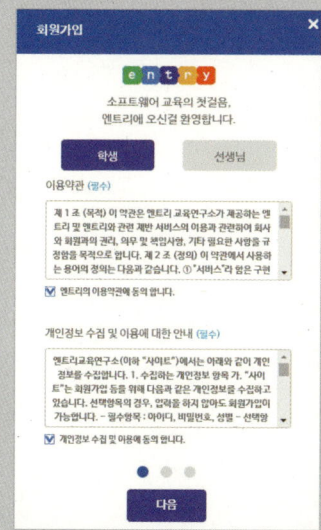

△ '학생' 또는 '선생님' 중 자신에게 맞는 쪽을 선택합니다. 이용 약관을 읽어 본 후 동의를 선택합니다.

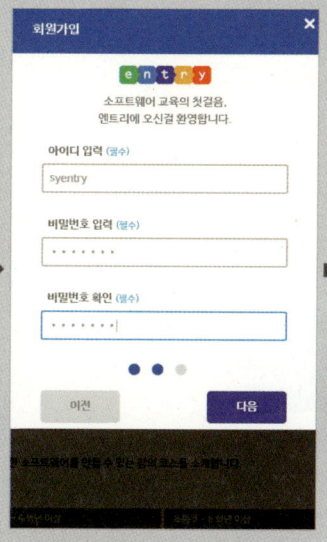

△ 자신이 사용할 아이디와 비밀번호를 입력합니다.

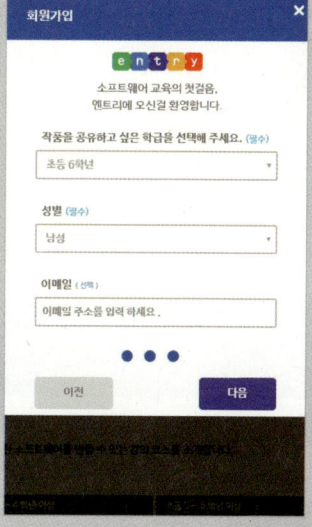

△ 필수 항목인 학급과 성별은 선택하고, 이메일 주소는 꼭 입력하지 않아도 됩니다.

소스 파일은 이곳에서
다운로드 할 수 있어요.

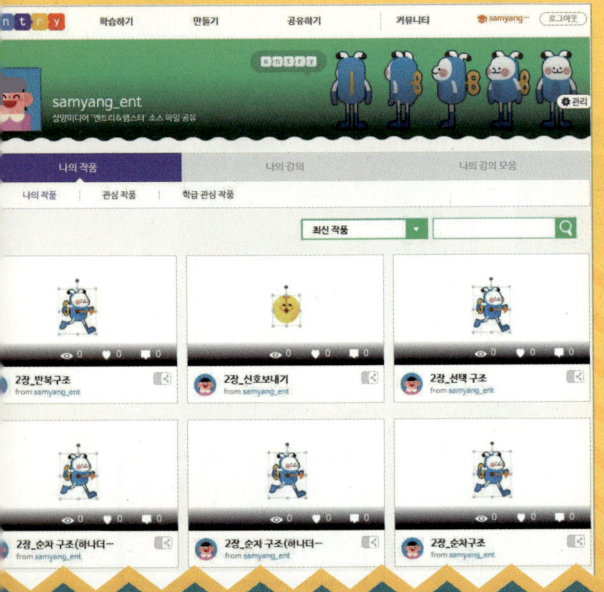

★ 엔트리 홈페이지 [공유하기]-[작품 공유]에서 검색어를 '삼양미디어' 또는 '엔트리&햄스터'를 검색하여 해당 작품을 찾아 실행해 보세요. (파일 모음 주소: https://playentry.org/samyang_ent#!/)

★ 삼양미디어 홈페이지(www.samyangm.com)의 [고객센터]-[자료실]에서 '엔트리&햄스터_소스파일'을 다운로드 받아 활용해 보세요.

2장
프로그래밍의 구조 이해

01 순차 구조를 이용한 프로그래밍
02 반복 구조를 이용한 프로그래밍
03 선택 구조를 이용한 프로그래밍
04 신호 보내기를 이용한 프로그래밍

순차 구조를 이용한 프로그래밍

활동 목표 순차 구조를 이해하고, 순차 구조를 이용하여 문제를 해결해 봅시다.

우리는 일상에서 어떤 일을 효율적으로 처리하기 위해 일의 순서를 정합니다. 음식을 만들 때, 방 정리를 할 때, 특히 복잡한 일일수록 순서를 정해서 하는 것이 더 효율적입니다.

컴퓨터로 일을 처리하기 위한 프로그래밍을 할 때에도 일의 순서에 따라 명령어를 나열합니다. 하나의 예로 컵라면 먹기를 순차 구조로 표현하면 오른쪽 그림과 같습니다.

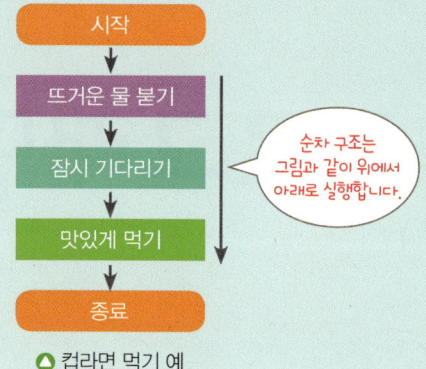

▲ 컵라면 먹기 예

순차 구조는 그림과 같이 위에서 아래로 실행합니다.

○ 엔트리봇이 세 번 이동하는 프로그램을 따라하면서 순차 구조를 이해해 봅시다.

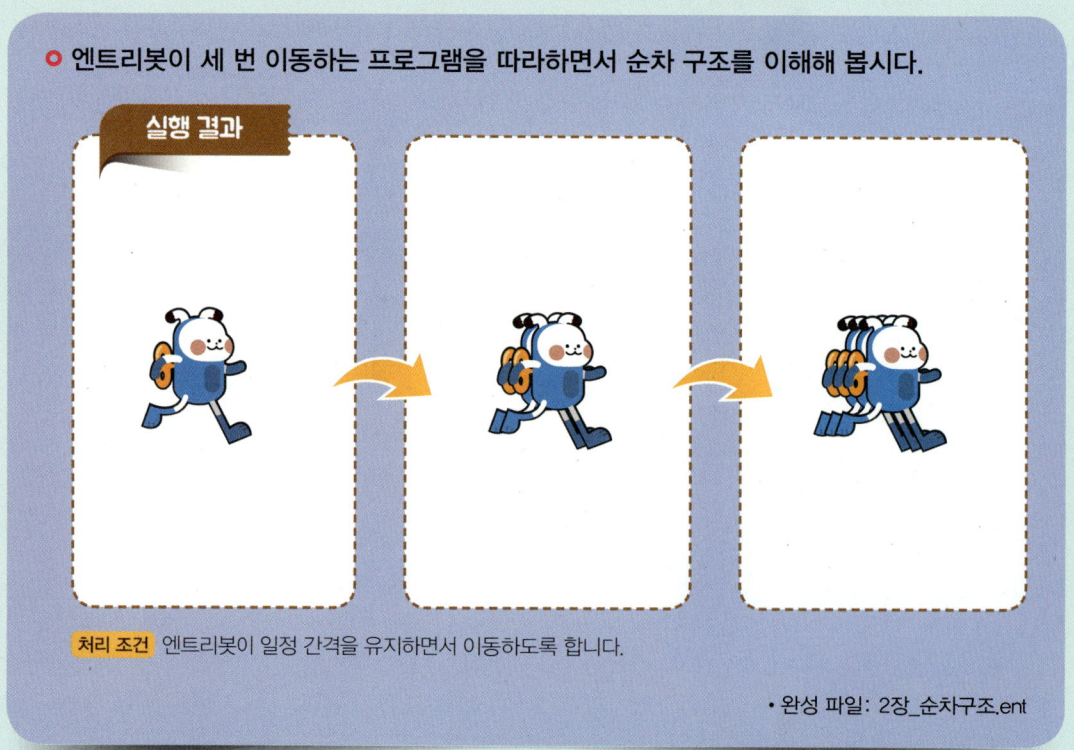

처리 조건 엔트리봇이 일정 간격을 유지하면서 이동하도록 합니다.

• 완성 파일: 2장_순차구조.ent

 **연습 문제** 순차 구조를 이용하여 분신술하는 엔트리봇 만들기

1단계 문제 해결하기

 문제 분석을 통해 컴퓨터로 처리할 순서를 나열하는 알고리즘을 설계합니다.

문제 분석

- 엔트리봇 오브젝트가 일정 간격을 유지하면서 이동할 수 있도록 10만큼 이동하기로 합니다.
- 엔트리봇 오브젝트가 이동 흔적을 남기면서 이동할 수 있도록 '도장 찍기'를 함께 사용하기로 합니다.

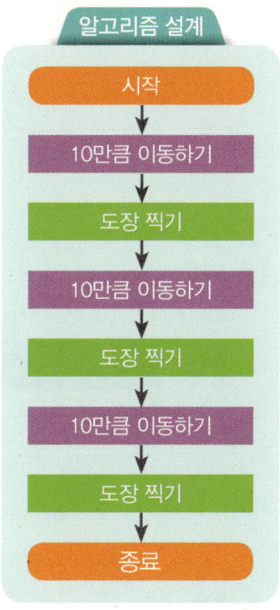

△ 세 번 움직이는 엔트리봇

2단계 프로그래밍하기

 알고리즘 설계를 바탕으로 다음과 같이 프로그램을 작성합니다.

① 먼저 엔트리봇과 함께 기본으로 제공되는 블록 조립소의 프로그램(코드)를 드래그하여 휴지통에 버립니다.

 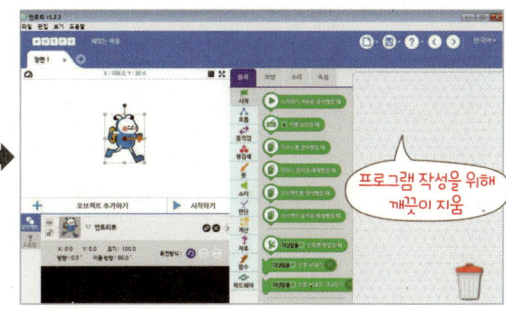

② [블록] 탭의  에서 시작하기 버튼을 클릭했을 때 블록을 블록 조립소로 끌어다 놓습니다.

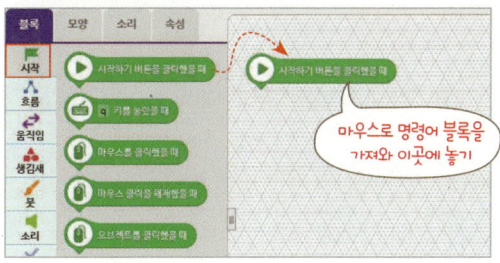

01. 순차 구조를 활용한 프로그래밍 · **27**

❸ 이번에는 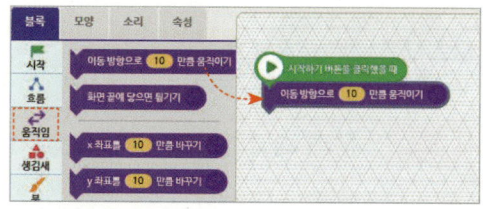 에서 블록을 가져와 조립합니다.

❹ 에서 블록을 가져와 조립합니다.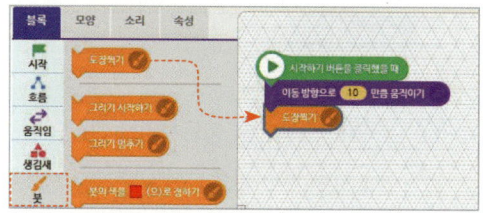

❺ 엔트리봇을 세 번 움직이기 위해 ❸과 ❹의 작업을 세 번 반복하여 프로그램을 완성합니다.

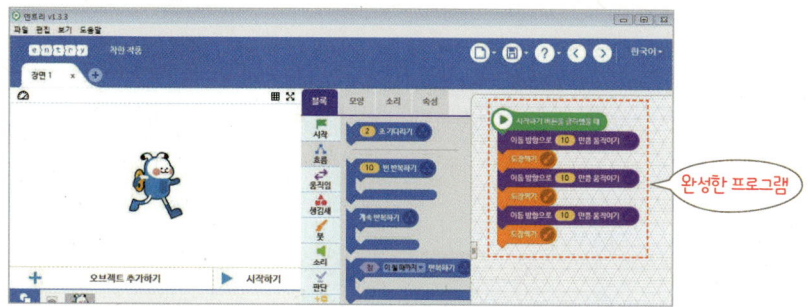

❻ 시작하기 버튼을 클릭하면 다음과 같이 순차적으로 이동, 도장 찍기, 이동, 도장 찍기, 이동, 도장 찍기가 실행됩니다.

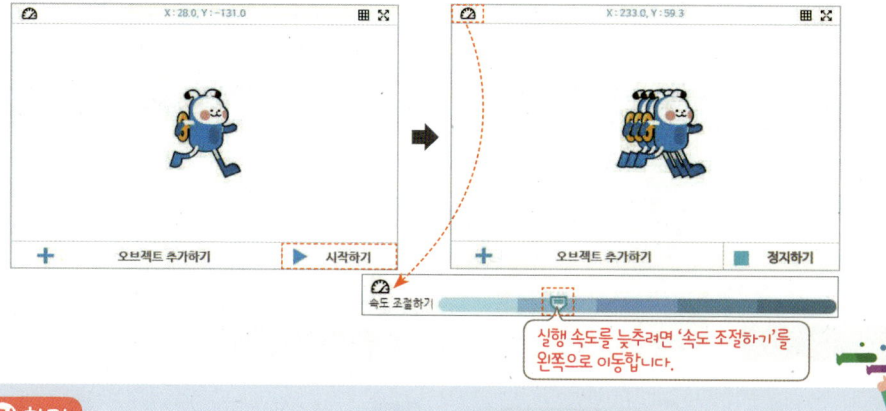

실행 속도를 늦추려면 '속도 조절하기'를 왼쪽으로 이동합니다.

하나 더 하기

1. 엔트리봇 오브젝트를 네 번 움직이게 프로그램을 수정해 봅시다.

2. 이동 방향의 값이 모두 10이었던 것을 '10', '20', '30', '40'과 같이 수정하여 실행해 봅시다.

02 반복 구조를 이용한 프로그래밍

활동 목표 순차 구조에서 여러 번 반복하던 작업을 반복 구조를 이용하여 더 간단하게 프로그래밍해 봅시다.

컴퓨터로 처리할 일들을 명령어로 나열하다 보면, 특정 작업을 여러 번 반복 수행해야 할 때가 있습니다. 이때 반복 구조를 이용하면 더 효율적으로 프로그래밍 할 수 있습니다.

△ 세끼를 컵라면 먹기 예

● 반복 구조를 이용하여 분신술하는 엔트리봇을 좀 더 효율적으로 프로그래밍하는 방법을 알아봅시다

실행 결과

• 완성 파일: 2장_반복구조.ent

02. 반복 구조를 이용한 프로그래밍 • 29

 **연습 문제** 반복 구조를 이용하여 분신술하는 엔트리봇 만들기

 문제 해결하기

⭐ 문제 분석을 통해 컴퓨터로 처리할 순서를 나열하는 알고리즘을 설계합니다.

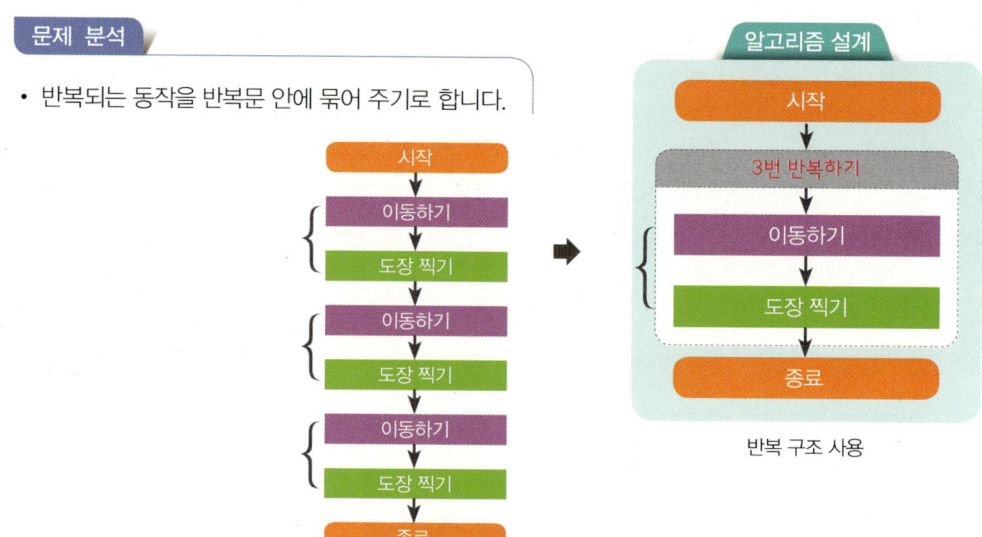

▲ 세 번 이동하는 엔트리봇

 프로그래밍하기

⭐ 알고리즘 설계를 바탕으로 다음과 같이 프로그램을 작성합니다.

① 먼저 엔트리봇과 함께 기본으로 제공되는 블록 조립소의 프로그램을 드래그하여 모두 휴지통에 버립니다.

② [블록] 탭의 ![시작] 에서 ![시작하기 버튼을 클릭했을 때] 블록을 블록 조립소로 가져 옵니다.

③ ![흐름] 에서 ![10 번 반복하기] 블록을 가져온 후, 숫자 '10'을 클릭하여 3으로 수정합니다.

④  블록을 가져와 반복 블록 사이에 끼워 넣습니다.

⑤ 이번에는 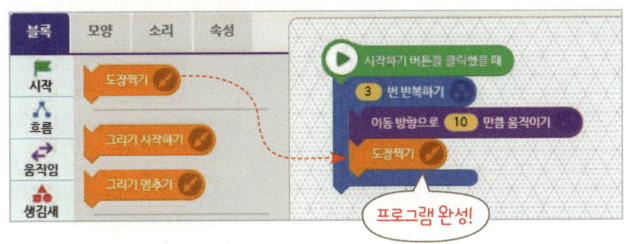 블록을 가져와 반복 블록 사이에 끼워 넣습니다.

⑥ ▶ 시작하기 버튼을 클릭하여 실행 결과를 확인해 봅시다.

1. 반복하기의 숫자를 7로 수정하여 프로그램을 실행해 봅시다.

2.  블록 대신 흐름 에서 계속 반복하기 블록으로 바꾼 후 프로그램을 실행해 봅시다.

02. 반복 구조를 이용한 프로그래밍 · 31

03 선택 구조를 이용한 프로그래밍

활동 목표 선택 구조를 이해하고, 선택 구조를 이용한 프로그램을 만들어 봅시다.

프로그래밍을 하다 보면 상황에 따라 두 개 이상의 조건 중 하나를 선택해야 할 때가 있습니다. 이때 선택 구조를 이용하면 프로그램의 실행 순서를 조건에 따라 원하는 방향으로 결정하여 문제를 해결할 수 있습니다.

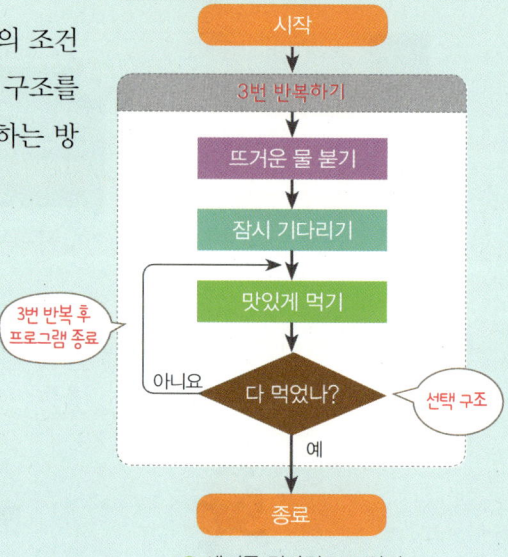

△ 세끼를 컵라면으로 먹기

○ 선택 구조를 이용하여 분신술하는 엔트리봇의 이동 경로를 제어하는 프로그램을 작성하고, 실행해 봅시다.

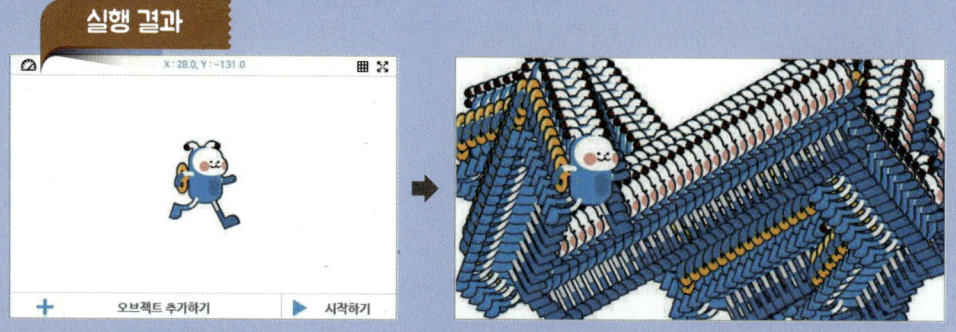

처리 조건
엔트리봇이 한쪽 방향으로 이동하다가 벽에 닿으면 회전하여 이동 방향을 바꾸어 이동하도록 합니다.

• 완성 파일: 2장_선택구조.ent

32 • 2장 프로그래밍의 구조 이해

 **연습 문제** → 선택 구조를 이용하여 분신술하는 엔트리봇 만들기

1단계 : 문제 분석 및 알고리즘 설계

⭐ 문제 분석을 통해 컴퓨터로 처리할 순서를 나열하는 알고리즘을 설계합니다.

문제 분석

- 엔트리봇이 이동하면서 도장 찍는 작업을 무한 반복할 수 있도록 '계속 반복하기' 명령문을 이용합니다.
- 엔트리봇이 이동하다가 벽에 닿았는지를 체크하기 위해, 선택 구조를 사용하여 벽에 닿은 경우에는 오브젝트를 회전하여 이동 방향을 바꿀 수 있도록 합니다.

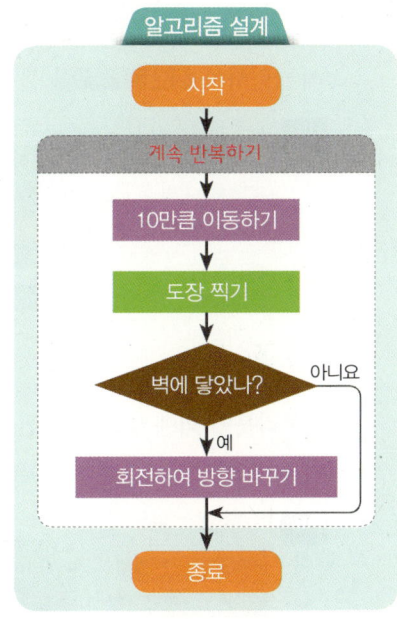

2단계 : 프로그래밍하기

⭐ 알고리즘 설계를 바탕으로 다음과 같이 프로그램을 작성합니다.

❶ 먼저 블록 조립소에 기본으로 제공되는 프로그램을 드래그하여 휴지통에 버립니다.

❷ 에서 시작하기 버튼을 클릭했을 때 블록을 블록 조립소로 가지고 옵니다.

❸ 에서 계속 반복하기 블록을 가져와 오른쪽과 같이 조립합니다.

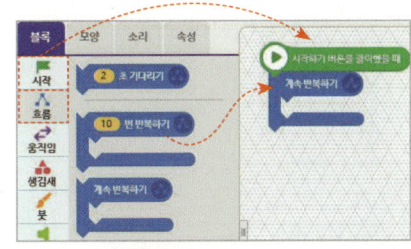

❹ 움직임 에서 이동 방향으로 10 만큼 움직이기 블록을 가져오고, 붓 에서 도장찍기 블록을 가져와 반복문 안에 끼워 넣습니다.

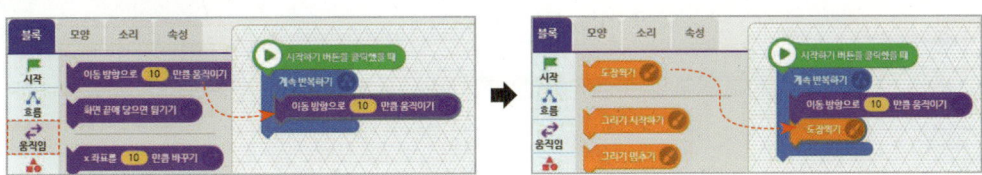

❺ 또 흐름 에서 선택 구조인 블록을 가져와 오른쪽과 같이 조립합니다.

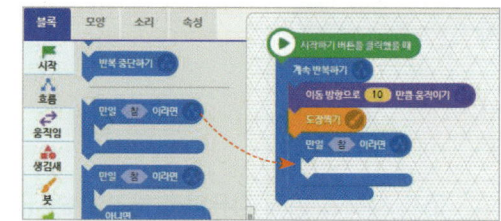

❻ 판단 에서 `마우스포인터에 닿았는가?` 블록을 가져와 선택 구조의 '참'에 끼워 넣은 후 항목 선택을 위해 클릭하여 `벽에 닿았는가?` 블록으로 변경합니다.

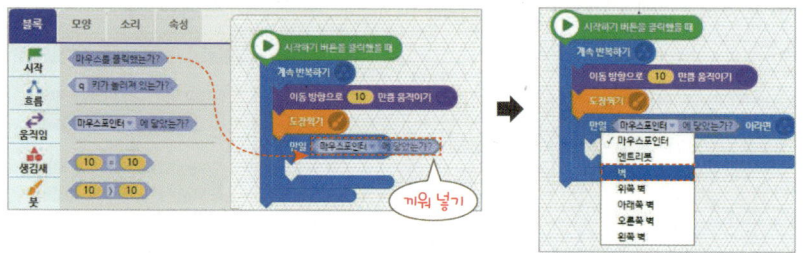

❼ 엔트리봇이 벽에 닿으면 회전을 위해 움직임 에서 `이동 방향을 90° 만큼 회전하기` 블록을 가져와 다음과 같이 끼워 넣고, 숫자 '90'을 '70'으로 수정합니다.

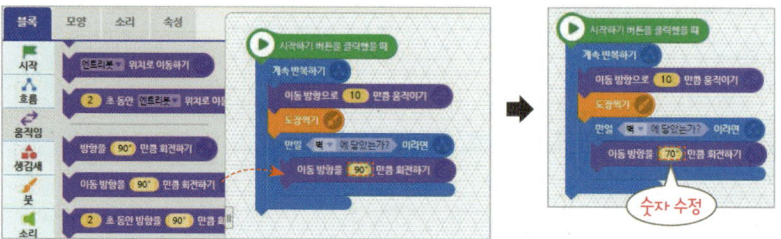

❽ 프로그램이 완성되었으면 [시작하기] 버튼을 클릭하여 결과를 확인해 봅니다.

하나 더 하기

엔트리봇의 이동 방향과 벽에 닿은 경우 회전 방향의 값을 임의로 변경한 후 프로그램을 실행해 봅시다.

04 신호 보내기를 이용한 프로그래밍

활동 목표 신호 보내기 명령어를 활용하여 풍선 게임을 만들어 봅시다.

문제 해결을 위해 프로그램을 작성하다 보면 명령어 나열이 길어져서 프로그램이 복잡해질 수 있습니다. 이때 반복되는 명령들을 묶어둔 후, 독립적으로 필요할 때 신호 보내기로 독립된 프로그램을 호출하여 사용할 수 있습니다.

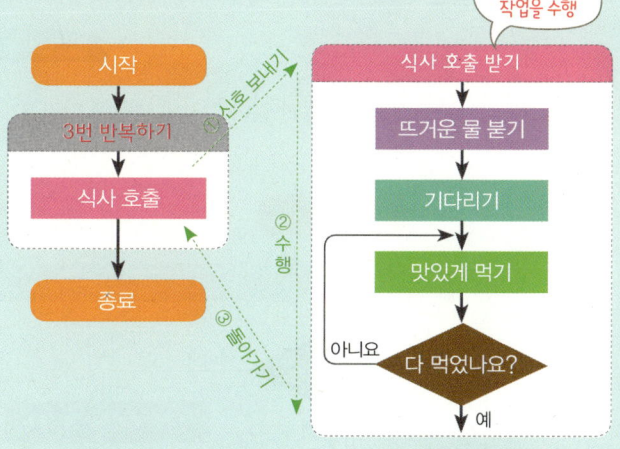

○ 전체를 총괄하는 프로그램   ○ 독립된 프로그램

○ 풍선 오브젝트를 마우스로 클릭했을 때와 그렇지 않았을 때 풍선의 표정과 움직임이 달라지도록 프로그래밍해 봅시다.

처리 조건 풍선은 '구해줘~'를 외치며 계속해서 아래로 내려 갑니다. 그런데 풍선을 마우스로 클릭하고 있으면 '야호!'를 외치며 위로 올라갑니다.

• 완성 파일: 2장_신호보내기.ent

 **연습 문제** 신호 보내기를 이용하여 풍선 구하기 게임 만들기

 문제 분석 및 알고리즘 설계

⭐ 문제 분석을 통해 컴퓨터로 처리할 순서를 나열하는 알고리즘을 설계합니다.

문제 분석

- 풍선이 계속 움직이기 위해서는 '계속 반복하기' 명령을 사용하고, 마우스의 클릭 여부에 따라 풍선의 표정과 말풍선의 글자가 바뀌도록 하기 위해 선택 구조를 활용합니다.

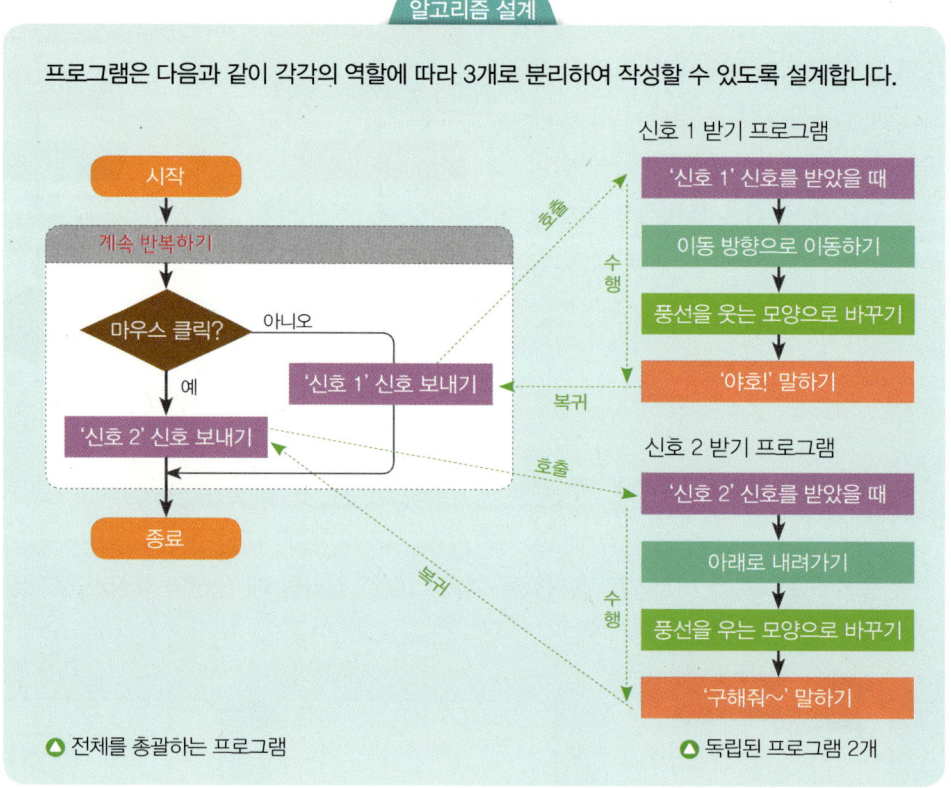

 프로그래밍하기

⭐ 알고리즘 설계를 바탕으로 필요한 풍선 오브젝트를 추가한 후, 3개의 프로그램을 작성하도록 합니다.

1. 기본 오브젝트는 지우고 풍선 오브젝트 추가하기

❶ 처음 나오는 '엔트리봇' 오브젝트를 선택한 후, ❌ 버튼을 클릭하여 오브젝트와 기본으로 제공된 프로그램을 삭제합니다.

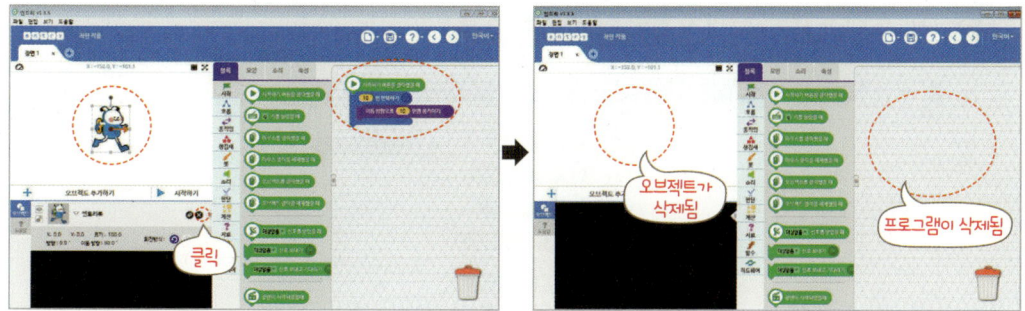

❷ 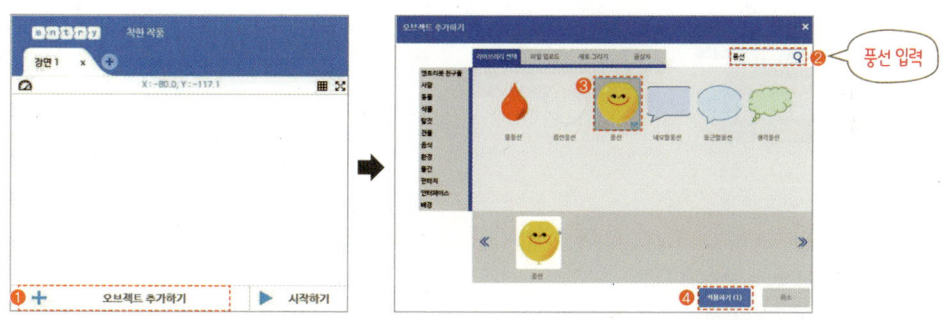 버튼을 클릭하여 [오브젝트 추가하기] 대화상자가 나오면 (검색 창)에 '풍선'을 입력하여 '풍선' 오브젝트를 찾아 선택하고, [적용하기(1)] 버튼을 누릅니다.

❸ '풍선' 오브젝트의 버튼을 클릭하여 크기는 '70', 이동 방향은 '0'으로 수정합니다.

▲ 풍선 오브젝트 만들기 완성

2. 신호 1 프로그램 만들기 – 웃는 풍선 만들기

❶ 첫 번째 프로그램을 작성하기 위해 [속성] 탭에서 [신호]-[신호 추가] 버튼을 클릭하여 '신호 1'을 만듭니다.

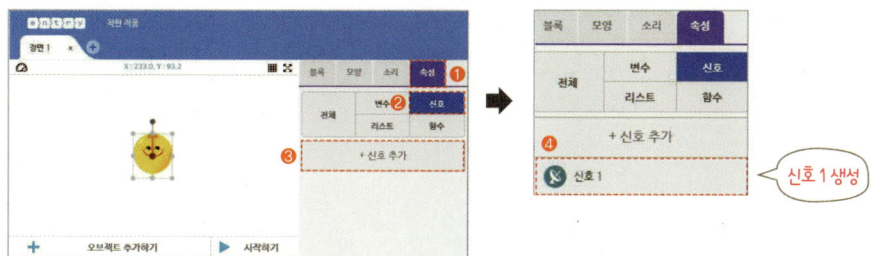

04. 신호 보내기를 이용한 프로그래밍 · 37

❷ [블록] 탭의 시작 에서 [신호 1 신호를 받았을 때] 블록을 가져 옵니다.

❸ 움직임 에서 [이동 방향으로 10 만큼 움직이기] 블록을 가져와 조립한 후, 숫자 '10'을 '3'으로 수정합니다.

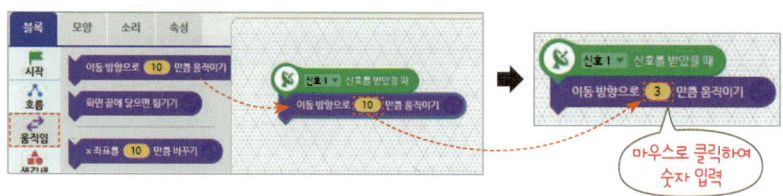

❹ 생김새 에서 [풍선_웃는 모양으로 바꾸기] 블록과 [안녕! 을(를) 말하기] 블록을 가져와 조립한 후, '안녕'을 '야호!'로 수정합니다.

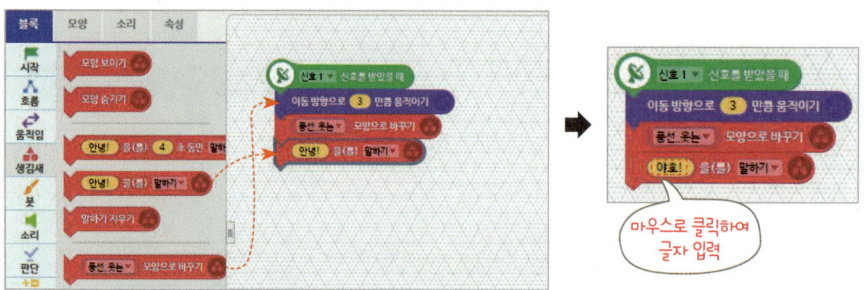

3. 신호 2 프로그램 만들기 – 우는 풍선 만들기

❶ ❷ 와 같은 방법으로 [속성] 탭에서 [신호]를 선택하고 [신호 추가] 버튼을 클릭하여 '신호 2'를 추가합니다.

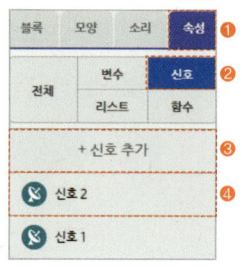

38 · 2장 프로그래밍의 구조 이해

❷ 두 번째 프로그램을 작성하기 위해 [블록] 탭의 시작 에서 신호2 신호를 받았을 때 블록을 가져옵니다.

❸ 움직임 에서 y좌표를 10 만큼 바꾸기 블록을 가져와 조립한 후, 숫자 '10'을 '-1'로 수정합니다.

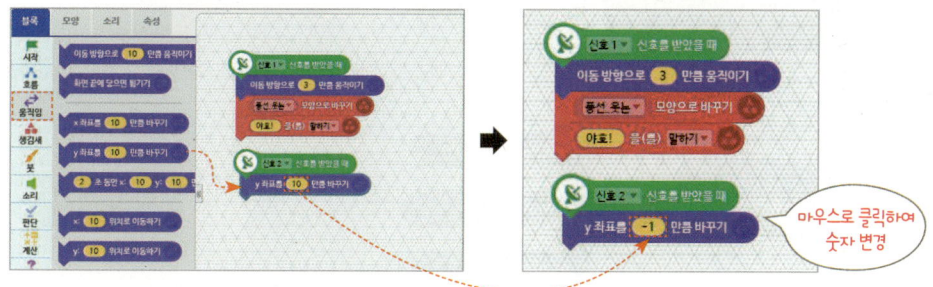

❹ 생김새 에서 풍선_우는 모양으로 바꾸기 블록을 가져와 조립한 후, '풍선_우는'으로 변경합니다.

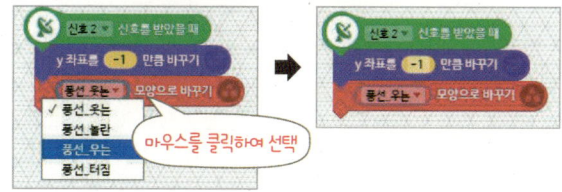

❺ 생김새 에서 안녕! 을(를) 말하기 블록을 가져와 조립한 후, '안녕!'을 '구해줘~'로 변경합니다.

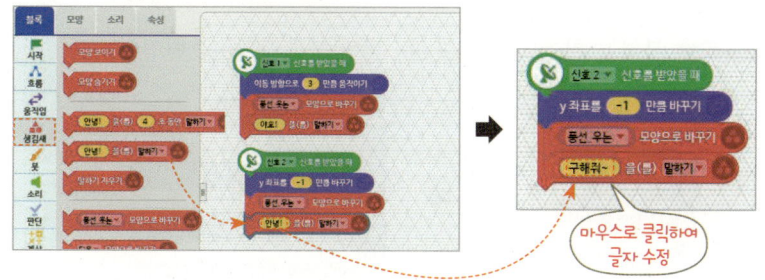

04. 신호 보내기를 이용한 프로그래밍 · **39**

4. 전체 총괄 프로그램 만들기

❶ 시작 에서 ▶ 시작하기 버튼을 클릭했을 때 블록을 가져 옵니다.

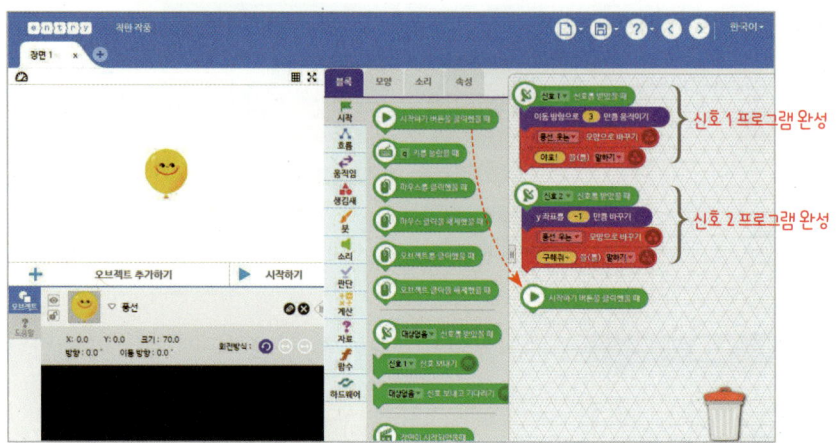

❷ 흐름 에서 계속 반복하기 블록과 만일 참 이라면 아니면 블록을 가져와 다음과 같이 끼워 넣습니다.

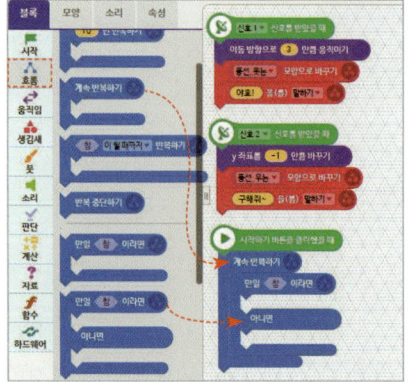

❸ 판단 에서 마우스를 클릭했는가? 블록을 가져와 조립한 후, 선택 블록의 '참'을 변경합니다.

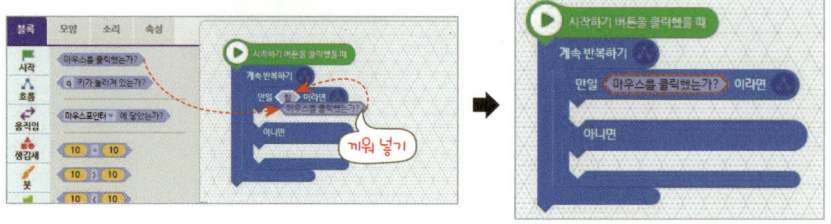

❹ 이번에는 [신호 1 신호 보내기] 와 [신호 2 신호 보내기] 블록을 가져와 조립합니다.

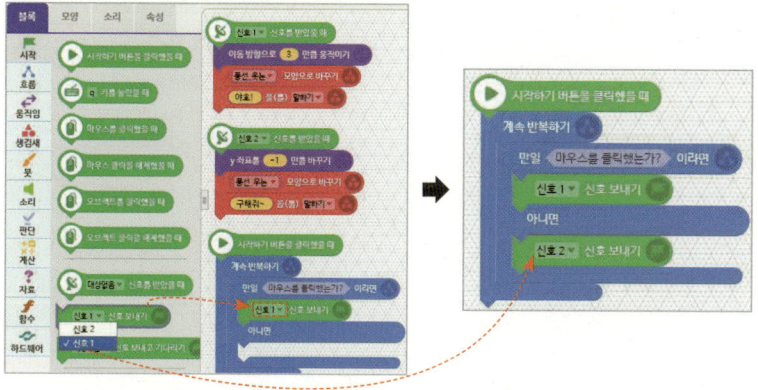

❺ [시작하기] 버튼을 클릭하면 풍선은 우는 얼굴로 "구해줘~"라고 말하며 천천히 아래로 내려갑니다. 다시 마우스로 클릭하면 웃는 얼굴로 "야호!"라고 말하며 위로 올라가는지 확인합니다.

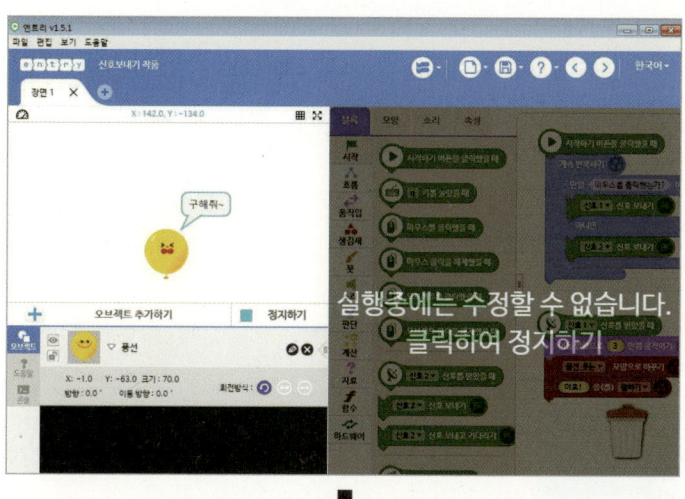

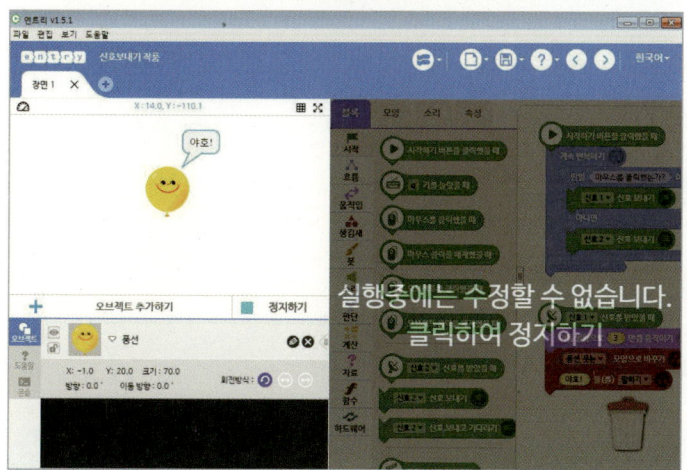

소스 파일은 이곳에서 다운로드 할 수 있어요.

★ 엔트리 홈페이지 [공유하기]-[작품 공유]에서 검색어를 '삼양미디어' 또는 '엔트리&햄스터'를 검색하여 해당 작품을 찾아 실행해 보세요. (파일 모음 주소: https://playentry.org/samyang_ent#!/)

★ 삼양미디어 홈페이지(www.samyangm.com)의 [고객센터]-[자료실]에서 '엔트리&햄스터_소스파일'을 다운로드 받아 활용해 보세요.

실생활 문제 해결 프로젝트

01 가전제품 구입하기
02 강아지 고양이 피아노
03 자동판매기 만들기
04 도난 경보 시스템 만들기

가전제품 구입하기

활동 목표
- 실행 화면의 좌표를 이용하여 오브젝트를 특정 위치로 이동해 봅시다.
- 오브젝트 정보에 있는 좌표를 이용하여 오브젝트를 원래 위치로 이동해 봅시다.

필요한 가전제품들을 구입하여 주방에 배치하는 프로그램을 만들어 봅시다.

실행 결과

△ 초기 화면

△ 냉장고를 클릭했을 때 (냉장고를 구입했습니다.)

△ 가스레인지를 클릭했을 때 (가스레인지를 구입했습니다.)

△ 빨간 냄비를 클릭했을 때 (빨간 냄비를 구입했습니다.)

△ Space Bar 를 클릭했을 때 초기 화면으로 이동

처리 조건
- 가전제품을 마우스로 클릭하면 특정 위치로 옮겨지며, 제품을 구입하였다고 말해 줍니다.
- 키보드에서 Space Bar 를 누르면 가전제품이 다시 원래 위치로 이동하도록 합니다.

• 완성 파일: 3장_가전제품 구입하기.ent

문제 해결하기

1 문제 분석 및 알고리즘 설계

실행 결과와 처리 조건을 분석하여 프로그램에서 수행할 작업들을 설계합니다.

- **1단계** 기본 오브젝트를 지우고, 필요한 오브젝트 추가하기
- **2단계** 필요한 신호 생성하기
- **3단계** 신호를 받을 때 제품을 안내해 주기
- **4단계** 가전제품 위치 초기화하기
- **5단계** 구입한 가전제품 위치 이동하기
- **6단계** 프로그램을 실행하고 잘 작동하는지 점검하기

2 필요한 오브젝트 설정

프로그램에서 필요한 각각의 오브젝트와 기능들을 지정합니다.

오브젝트	프로그램에서 구현할 기능 설명	관련 과정
부엌	• 배경으로 사용할 오브젝트를 지정합니다.	1단계
판매원	① 판매원 오브젝트를 추가합니다. ② 가전제품 신호를 생성합니다. ③ 가전제품 신호를 받으면, 구입한 가전제품을 말풍선으로 알려 줍니다.	1단계 2단계 3단계
냉장고	① 냉장고 오브젝트를 추가합니다. ② 오브젝트를 클릭하면 미리 지정한 위치로 이동합니다. ③ Space Bar 를 클릭하면 처음 위치로 이동합니다.	1단계 4단계 5단계
가스레인지	① 가스레인지 오브젝트를 추가합니다. ② 오브젝트를 클릭하면 미리 지정한 위치로 이동합니다. ③ Space Bar 를 클릭하면 처음 위치로 이동합니다.	1단계 4단계 5단계
냄비	① 냄비 오브젝트를 추가합니다. ② 오브젝트를 클릭하면 미리 지정한 위치로 이동합니다. ③ Space Bar 를 클릭하면 처음 위치로 이동합니다.	1단계 4단계 5단계

프로그래밍하기

1단계 기본 오브젝트는 지우고, 필요한 오브젝트 추가하기

 배경 오브젝트를 추가해 봅시다.

① 처음 나오는 '엔트리봇' 오브젝트의 ⊗ 버튼을 클릭하여 '엔트리봇' 오브젝트를 삭제합니다.

② [오브젝트 추가하기] 버튼을 클릭한 후, 검색 창에서 '부엌'을 입력하여 찾은 오브젝트를 선택하고 [적용하기(1)] 버튼을 클릭합니다.

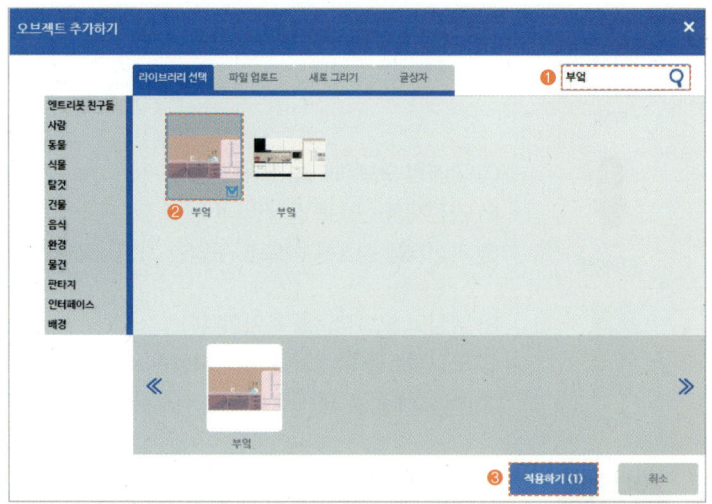

 여러 개의 가전제품 오브젝트를 추가한 후, 위치와 크기를 조정해 봅시다.

① [오브젝트 추가하기] 버튼을 클릭한 후, [라이브러리 선택]-[물건]-[생활]을 선택합니다.

❷ '냉장고', '가스레인지(2)', '빨간 냄비' 오브젝트를 각각 선택한 후, [적용하기(3)] 버튼을 클릭합니다.

🔎 냄비 위치 조정

❸ '빨간 냄비' 오브젝트의 ✏️ 버튼을 클릭하여 냄비 위치는 'X: 50, Y : -70', 크기는 '50'으로 수정합니다.

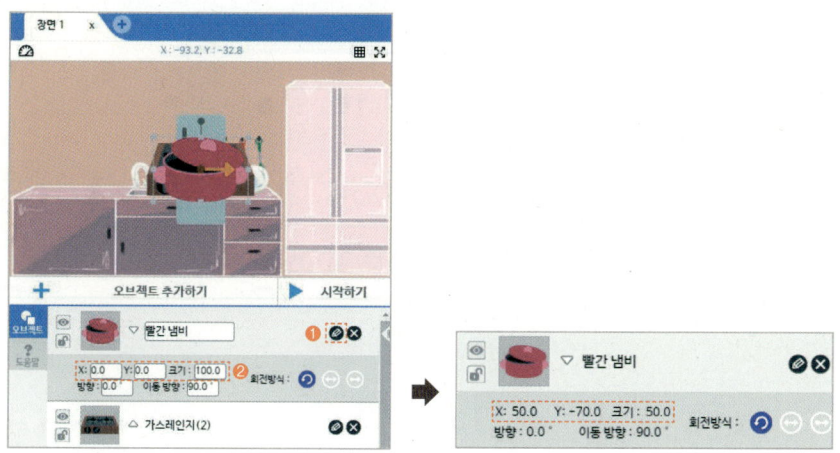

🔎 가스레인지 위치 조정

❹ '가스레인지(2)' 오브젝트의 ✏️ 버튼을 클릭하여 '가스레인지(2)'를 '가스레인지'로 수정합니다. 위치는 'X: -70, Y: -70', 크기는 '100'으로 설정합니다.

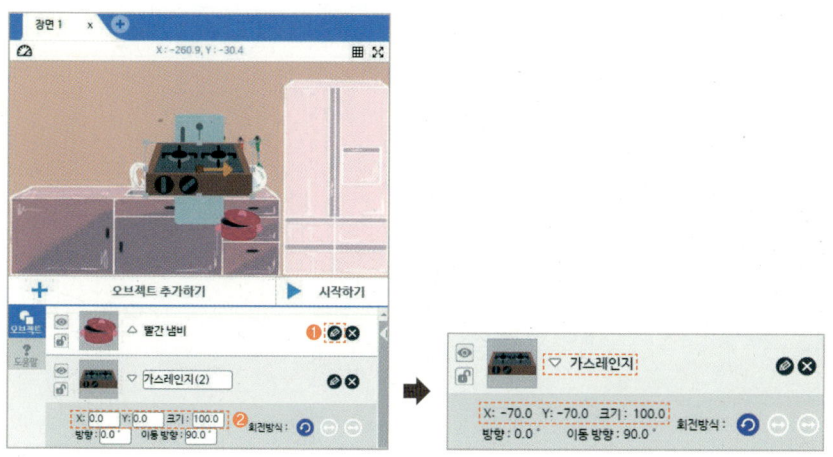

01. 가전제품 구입하기 · **47**

→ 냉장고 위치 조정하기

5 같은 방법으로 '냉장고' 오브젝트의 ✏ 버튼을 클릭하여 위치는 'X: -180, Y: 0' 크기는 '150'으로 수정합니다.

⭐ **3** 판매원 오브젝트를 추가해 봅시다.

1 [오브젝트 추가하기] 버튼을 클릭한 후, 검색창에서 '사람'을 입력하여 '원피스입은 사람'을 선택하고 [적용하기(1)]를 클릭합니다.

2 '원피스입은 사람' 오브젝트의 ✏ 버튼을 클릭하여 이름을 '판매원'으로 변경하고, 위치는 'X: 200, Y: -30', 크기는 '120'으로 수정합니다.

❸ 완성된 배경 화면은 다음과 같습니다.

2단계 필요한 신호 추가하기

⭐ 각각의 가전제품 호출을 위한 신호를 추가해 봅시다.

↪ 냉장고 신호 추가하기

❶ [속성] 탭에서 [신호]-[신호 추가]를 클릭합니다. 추가된 '신호1'을 '냉장고'로 수정하여 '냉장고' 신호를 만듭니다.

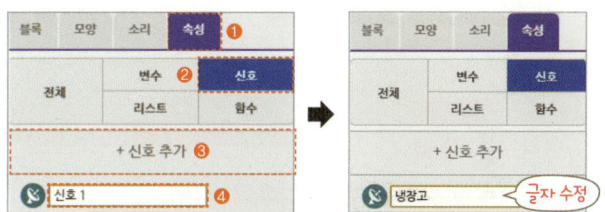

↪ 가스레인지와 냄비 신호 추가하기

❷ 위와 같은 방법으로 [신호 추가] 버튼을 눌러 '가스레인지'와 '냄비' 신호를 추가합니다.

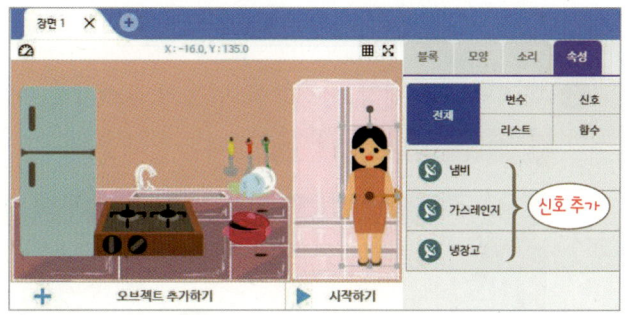

3단계 신호를 받으면 제품 안내하기

⭐ '판매원' 오브젝트는 '냄비', '가스레인지', '냉장고' 각각의 신호를 호출받을 때마다 제품 구입 여부를 안내하도록 만들어 봅시다.

↪ 빨간 냄비 신호받기

❶ 먼저 '판매원' 오브젝트를 클릭한 후, [블록] 탭의 시작 에서 냄비▼ 신호를 받았을 때 블록을 가져옵니다.

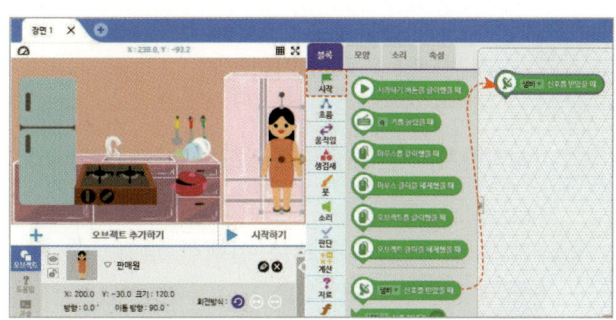

01. 가전제품 구입하기 • **49**

❷ 에서 블록을 찾아 조립한 다음 '안녕!'을 '빨간 냄비를 구입했습니다.'로 수정하고, 숫자 '4'를 '2'로 수정합니다.

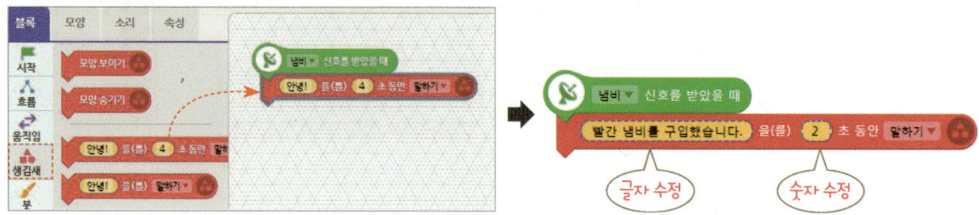

> 가스레인지 신호받기

❸ 이번에는 가스레인지 신호를 만들기 위해 시작 에서 냄비 신호를 받았을 때 블록과 생김새 에서 안녕! 을(를) 4 초 동안 말하기 블록을 찾아 붙여 넣은 후, 다음과 같이 수정합니다.

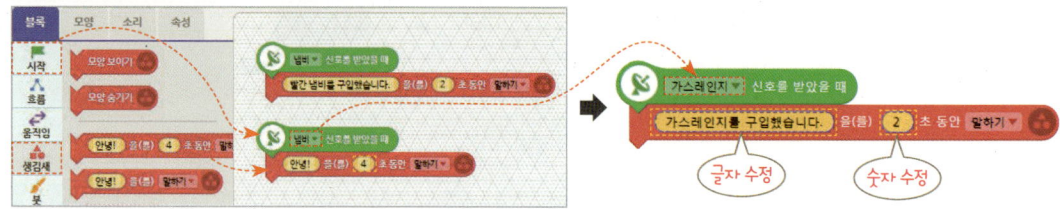

> 냉장고 신호받기

❹ 마지막으로 냉장고 신호를 만들기 위해 시작 에서 냄비 신호를 받았을 때 블록과 생김새 에서 안녕! 을(를) 4 초 동안 말하기 블록을 찾아 붙여 넣은 후, 다음과 같이 수정합니다.

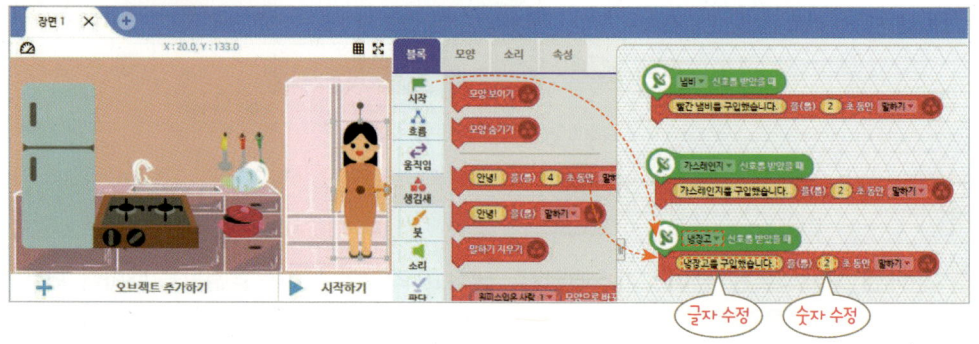

4단계 가전제품 위치 초기화하기

⭐ 1 [시작하기] 버튼을 클릭하면 모든 가전제품의 위치가 처음 위치로 이동되도록 해 봅시다.

> 빨간 냄비 위치 초기화

❶ '빨간 냄비' 오브젝트를 선택한 다음 시작 에서 시작하기 버튼을 클릭했을 때 블록과 움직임 에서  x: 0 y: 0 위치로 이동하기 블록을 찾아 조립하고, 'x: 50, y: -70'으로 수정합니다.

50 · 3장 실생활 문제 해결 프로젝트

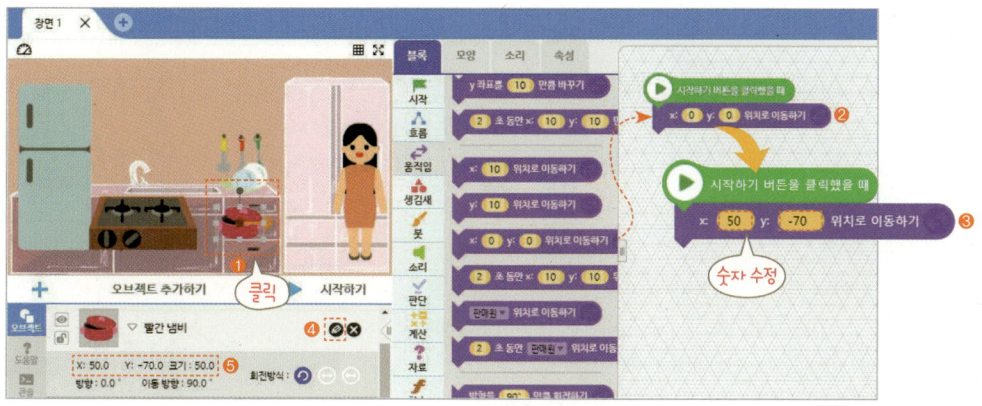

> 가스렌지 위치 초기화

❷ '가스레인지' 오브젝트를 선택한 다음 ❶과 같은 방법으로 두 개의 명령어 블록을 가져와 조립하고, 'x: -70, y: -70'으로 수정합니다.

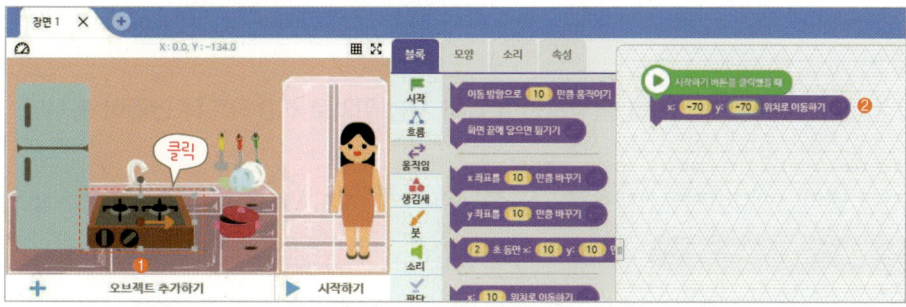

> 냉장고 위치 초기화

❸ '냉장고' 오브젝트를 선택한 다음 위와 같은 방법으로 두 개의 명령어 블록을 가져와 조립하고, 'x: -180, y: 0'으로 수정합니다.

01. 가전제품 구입하기 · 51

궁금해요 화면에서 엔트리봇의 위치를 알고 움직이는 방법을 알 수 있나요?

1. **오른쪽 그림에서 엔트리봇의 위치를 알 수 있을까요?**
   엔트리봇은 초록색 동그라미를 기준으로 x축(빨간색 선)에서 오른쪽으로 3칸, y축(파란색 선)에서 위쪽으로 2칸에 위치하고 있습니다. 따라서 엔트리봇은 (3, 2) 위치에 있다고 볼 수 있습니다.

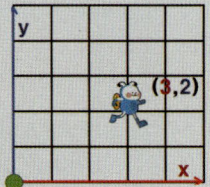

2. **실행 화면의 크기는 얼마나 될까요?**
   화면의 크기는 x축(가로)과 y축(세로) 좌표로 이루어집니다. 화면 중심을 (0, 0)으로 하여, x축 방향으로 −240~240, y축 방향으로 −135~135로 구성되어 있습니다.
   따라서 오브젝트들의 위치는 각 오브젝트가 가지고 있는 중심점의 좌표로, 오브젝트 목록에서 그 정보를 확인할 수 있으며, 현재 마우스 포인터가 가리키고 있는 좌표는 실행 화면 상단에서 확인할 수 있습니다.

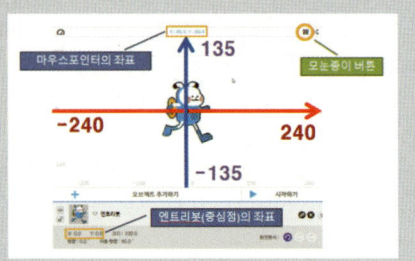

 각각의 가전제품 오브젝트를 클릭하면 부엌의 지정 위치로 이동하도록 만들어 봅시다.

➡ 빨간 냄비 위치 조정 명령 만들기

① '빨간 냄비' 오브젝트를 선택한 후, [블록] 탭의 `시작`에서 `오브젝트를 클릭했을 때` 블록과 `움직임`에서 `x: 0 y: 0 위치로 이동하기` 블록을 가져와 연결하고 'x: −140, y: 40'으로 변경합니다.

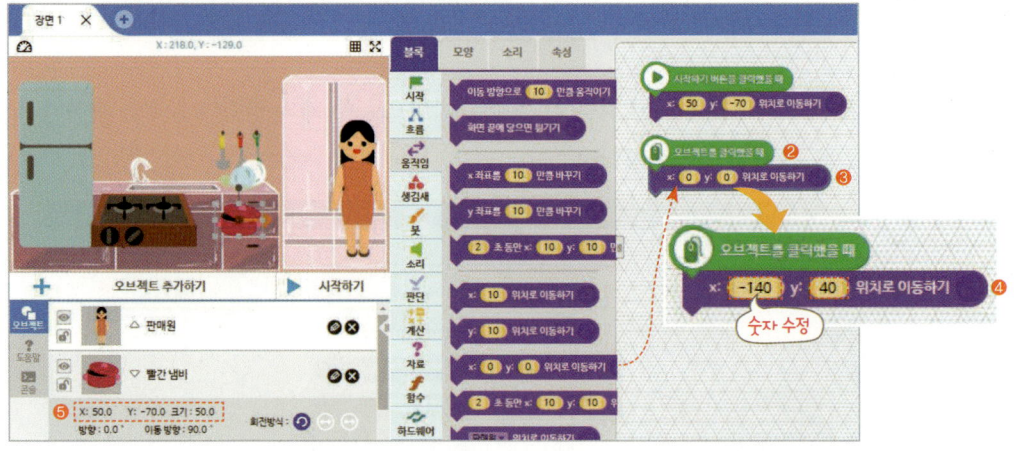

② `생김새`에서 `크기를 10 만큼 바꾸기` 블록을 찾아 연결한 후, '10'을 '20'으로 수정하고 계속해서 `시작`에서 `냄비 신호 보내기` 블록을 찾아 조립합니다.

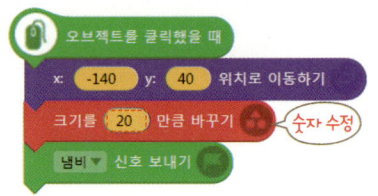

▸ 가스 레인지 위치 조정 명령 만들기

❸ 가스레인지 오브젝트에도 명령을 만들기 위해 '빨간 냄비' 오브젝트에서 만든 명령어 블록의 가장 상위 블록에서 마우스 오른쪽 버튼을 클리하면 나오는 메뉴에서 [코드 복사]를 선택합니다.

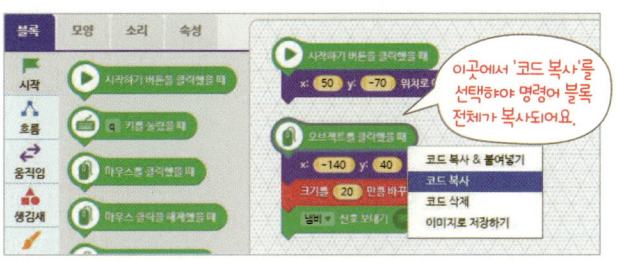

❹ '가스레인지' 오브젝트를 선택한 후, 마우스 오른쪽 버튼을 클리하면 나오는 메뉴에서 [붙여넣기]를 선택합니다.

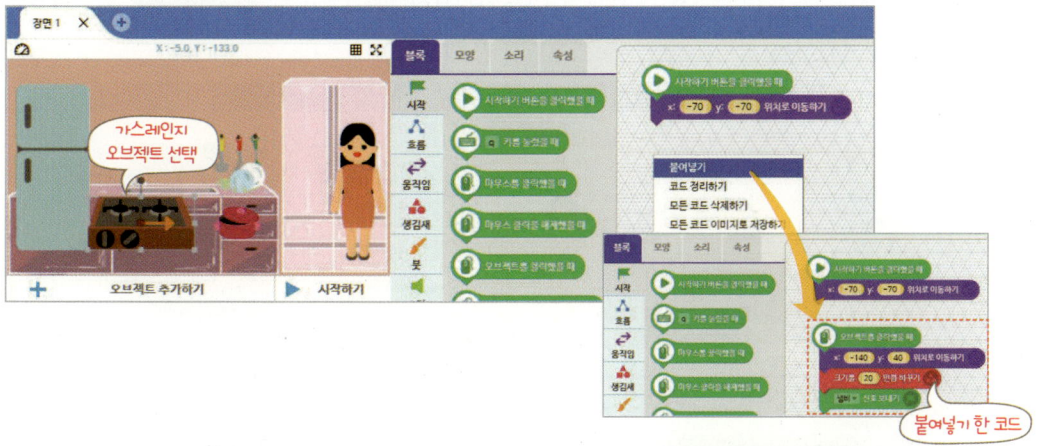

❺ 복사한 명령어 블록에서 'x: −160, y: 0'으로 수정하고, 신호 보내기에는 '냄비'를 '가스레인지'로 변경합니다.

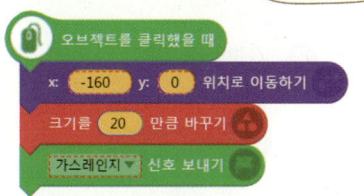

▸ 냉장고 위치 조정 명령 만들기

❻ 가스레인지와 같은 방법으로 '냉장고' 오브젝트를 선택한 후, 마우스 오른쪽 버튼을 클리하면 나오는 메뉴에서 [붙여넣기]를 선택합니다.

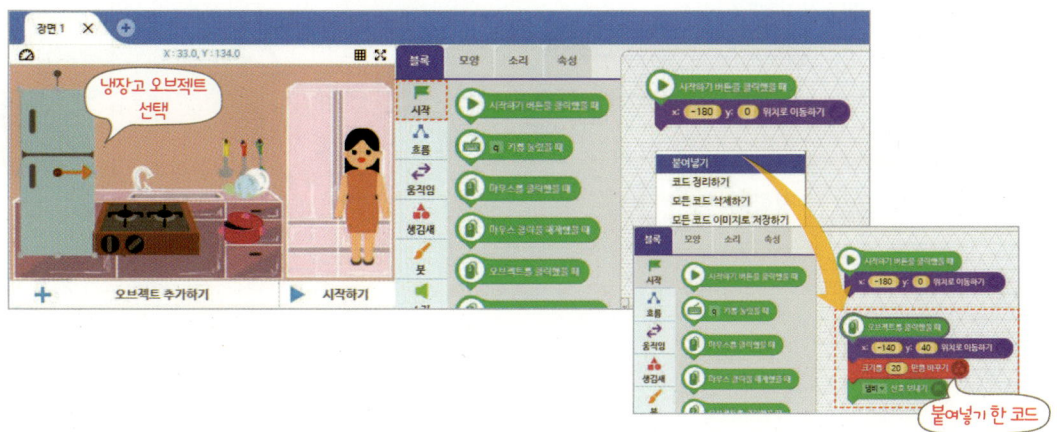

❼ 복사한 코드에서 'x: 170, y: -20'으로 수정하고, 신호 보내기에서는 '냄비'를 '냉장고'로 변경합니다.

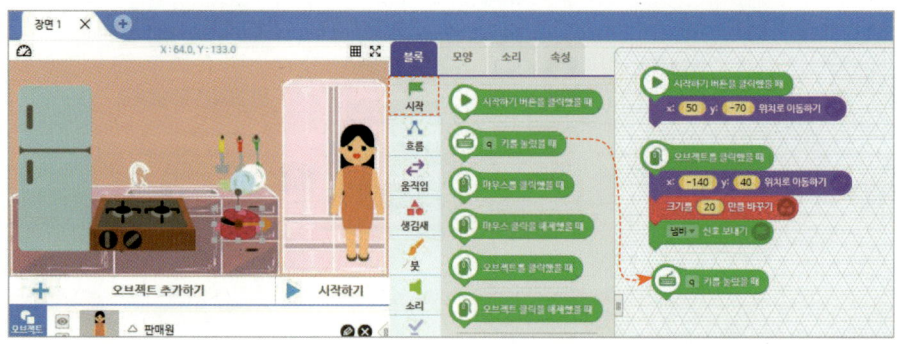

5단계 가전제품 처음 위치로 되돌리기

⭐ Space Bar 를 누르면 가전제품의 위치가 처음 상태로 이동하도록 만들어 봅시다.

❶ '빨간 냄비' 오브젝트를 선택한 후, [블록] 탭의 시작 에서 q 키를 눌렀을 때 블록을 가져와 'q'를 클릭합니다.

❷ 키보드 모양이 나오면 키보드의 Space Bar 를 눌러 스페이스 키를 눌렀을 때 블록으로 변경합니다.

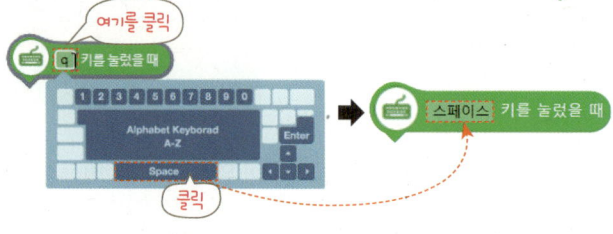

❸ 움직임 에서 x: 0 y: 0 위치로 이동하기 블록을 찾아 연결하고 'x: 50, y: -70'으로 수정합니다. 생김새 에서 크기를 100 (으)로 정하기 블록을 찾아 연결하고 '100'을 '50'으로 수정합니다.

4 ❸에서 만든 명령어 블록의 가장 상위 블록에서 마우스 오른쪽 버튼을 클릭하면 나오는 메뉴에서 [코드 복사]를 선택합니다.

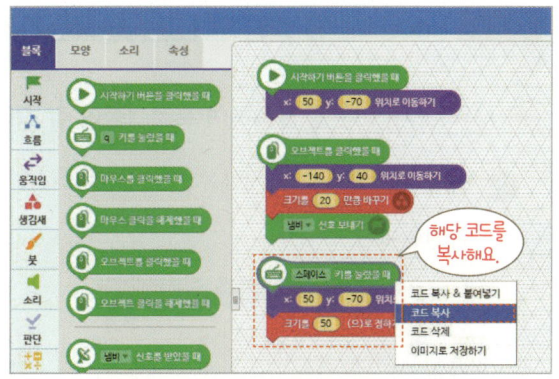

가스레인지 위치 되돌리기

5 '가스레인지' 오브젝트를 선택한 후, 마우스 오른쪽 버튼을 클릭하여 [붙여넣기] 메뉴를 선택합니다. 이렇게 복사한 명령어 블록에서 'x: -70, y: -70', '50'을 '100'으로 수정합니다.

냉장고 위치 되돌리기

6 '냉장고' 오브젝트를 선택한 후, 마우스 오른쪽 버튼을 클릭하여 [붙여넣기] 메뉴를 선택합니다. 복사한 명령어 블록에서 'x: -180, y: 0', '50'을 '150'으로 수정합니다.

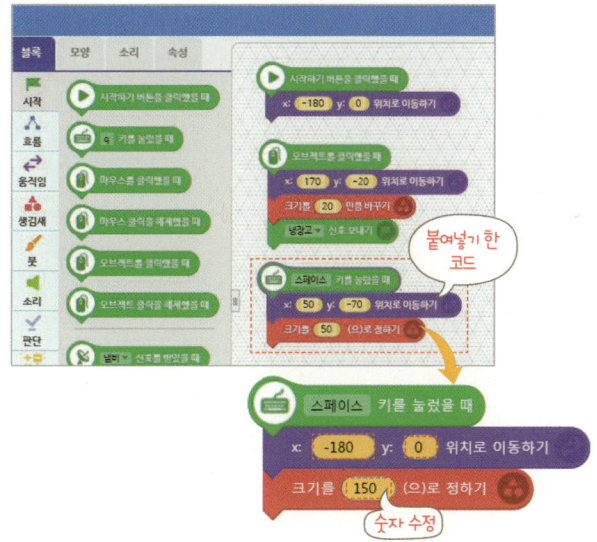

6단계 프로그램을 실행하여 잘 작동하는지 점검하기

⭐ [시작하기] 버튼을 클릭하여 프로그램이 잘 작동하는지 확인해 봅시다.

① 마우스로 각각의 가전제품을 클릭하면 말풍선이 나오고 가전제품이 지정 위치로 이동하는지 확인합니다.

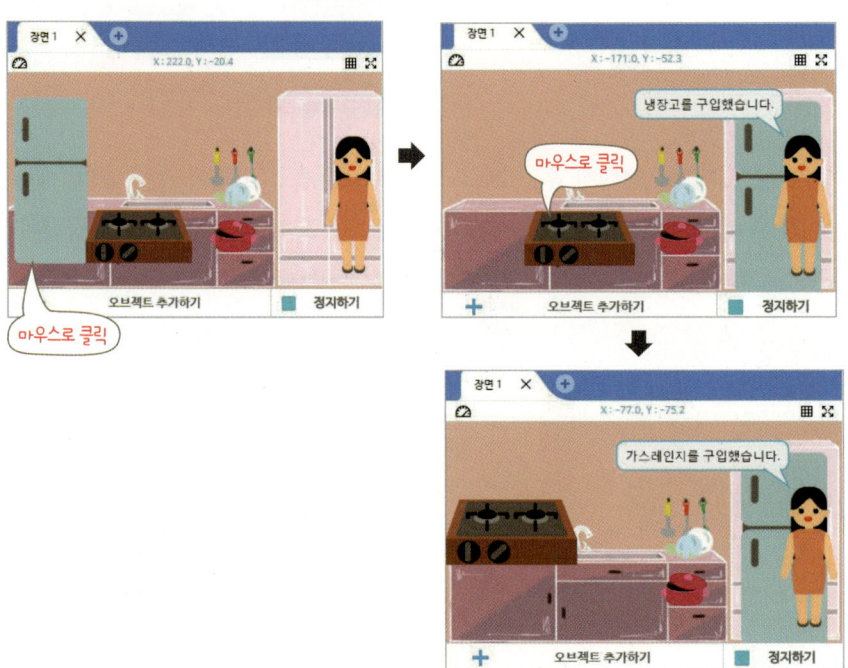

② Space Bar 를 누르면 처음 화면으로 돌아가는지 확인합니다.

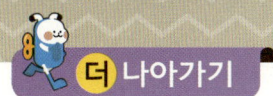

- 구입한 가전제품의 가격을 계산하는 프로그램을 추가해 봅시다.

  처리 조건
  - ⓢ를 누를 때마다 가진 돈은 100만 원씩 충전되도록 합니다.
  - '냉장고' 가격은 80만 원, '가스레인지' 가격은 20만 원, '냄비' 가격은 10만 원에 구입했다고 알려 줍니다.
  - 특정 가전제품을 클릭하면 가진 돈에서 해당 제품의 가격을 제외한 나머지 값을 알려줍니다.

- 완성 파일: 3장_가전제품 구입하기(더 나아가기).ent

※ 정답은 246쪽을 참고하세요.

02 강아지 고양이 피아노

활동 목표 강아지 고양이 피아노를 만들어 봅시다.

피아노의 건반을 강아지와 고양이 오브젝트로 표현하고, 애니메이션 효과와 말풍선, 글상자로 계이름을 나타내는 피아노를 만들어 봅시다.

실행 결과

△ 첫 번째 강아지를 클릭했을 때

△ 강아지가 커졌다가 작아지면서 계속 움직이기

△ 두 번째 고양이를 클릭했을 때

△ 다섯 번째와 네 번째를 연이어 클릭한 경우

△ 연이어서 동물들을 클릭한 경우

처리 조건 특정 동물을 마우스로 클릭하면 계이름이 나타나게 합니다. 이때 계이름은 왼쪽 동물부터 '도', '레', '미', ~로 시작하도록 합니다.

• 완성 파일: 3장_강아지 고양이 피아노.ent

문제 해결하기

1 문제 분석 및 알고리즘 설계

실행 결과와 처리 조건을 분석하여 프로그램에서 수행할 작업들을 설계합니다.

- **1단계** 기본 오브젝트는 지우고, 필요한 오브젝트 추가하기
- **2단계** 필요한 소리 추가하기
- **3단계** 오브젝트를 클릭할 때, 소리 재생, 말풍선 효과, 크기 및 모양의 변화 나타내기
- **4단계** 프로그램을 실행하고 잘 작동하는지 점검하기

2 필요한 오브젝트 설정

프로그램에서 필요한 각각의 오브젝트와 기능들을 지정합니다.

오브젝트	구현하고 싶은 기능	관련 과정
글상자 (강아지 고양이 피아노)	① 글상자를 추가한 후, 제목을 나타냅니다. ② 신호에 따라 계이름을 나타냅니다.	1단계
고양이	① 고양이 오브젝트를 추가합니다. ② 오브젝트를 클릭했을 때 해당하는 소리를 재생합니다. ③ 신호를 받았을 때 애니메이션 효과를 나타냅니다.	2단계 4단계
강아지	① 강아지 오브젝트를 추가합니다. ② 오브젝트를 클릭했을 때 해당하는 소리를 재생합니다. ③ 신호를 받았을 때 애니메이션 효과를 나타냅니다.	2단계 4단계
무대	• 무대 오브젝트를 추가한 후, 배경으로 사용합니다.	1단계

프로그래밍하기

1단계 기본 오브젝트는 지우고, 필요한 오브젝트 추가하기

★ 필요한 오브젝트를 추가해 봅시다.

① 처음 나오는 '엔트리봇' 오브젝트를 클릭한 후, ✖ 버튼을 클릭하여 삭제합니다.

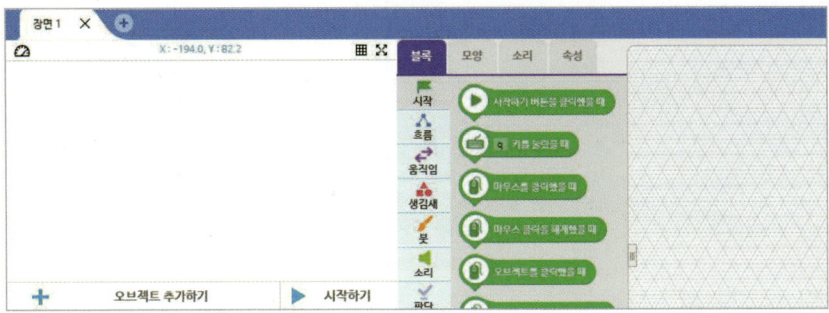

> 제목 추가

② [오브젝트 추가하기] 버튼을 클릭한 후, [글상자] 탭을 선택합니다.

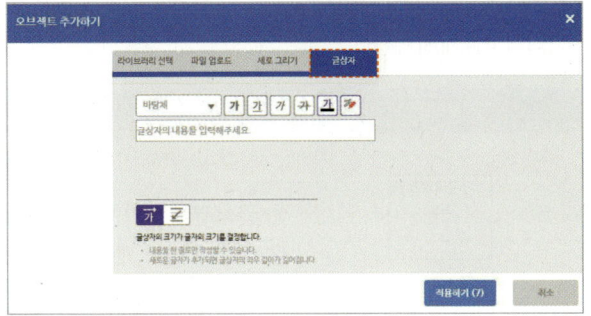

③ '강아지 고양이 피아노'를 입력하고, 글자 모양은 '코딩고딕체'를 선택합니다. 그리고 글자 배경(🎨)은 ⬜을 클릭하여 '배경 없음'으로 설정하고 [적용하기(1)] 버튼을 누릅니다.

60 · 3장 실생활 문제 해결 프로젝트

▶ 강아지, 고양이 오브젝트 추가

4 [오브젝트 추가하기] 버튼을 클릭하고, 검색 창에서 '무대', '강아지', '고양이'를 차례대로 검색하여 찾은 오브젝트들을 선택하고 [적용하기(3)] 버튼을 클릭합니다.

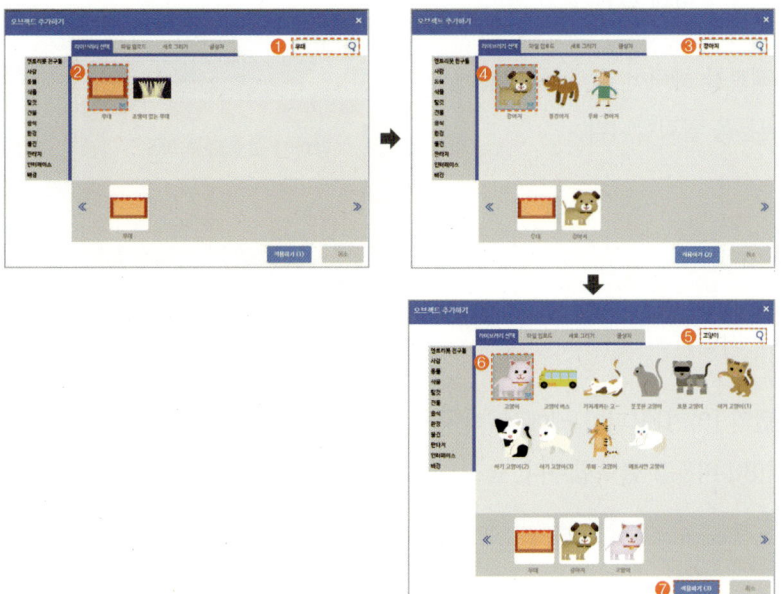

▶ 고양이 오브젝트 위치 지정

5 '고양이' 오브젝트의 ✎ 버튼을 클릭하여, 위치는 'X : –115, Y: –94', 크기는 '44'로 수정합니다.

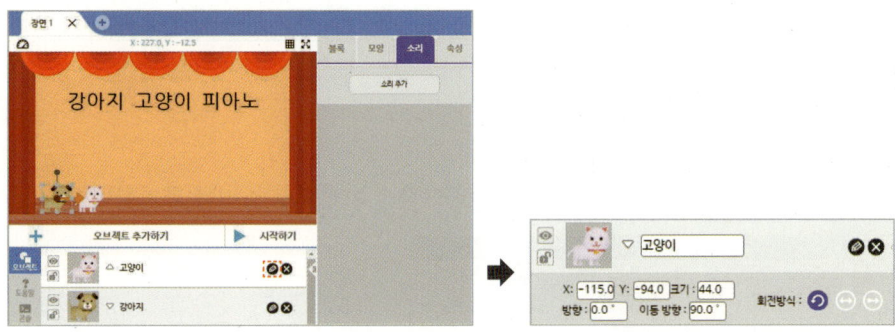

▶ 강아지 오브젝트 위치 지정

6 5 와 같은 방법으로 강아지 오브젝트의 위치는 'X: –165, Y: –94.0', 크기는 '44'를 선택합니다. 또한 글상자의 위치는 'X: 0, Y: 58'로 수정합니다.

2단계 필요한 소리 추가하기 – 계이름 추가

⭐ **피아노 건반의 음을 추가해 봅시다.**

❶ '강아지' 오브젝트를 클릭한 후, [소리] 탭에서 [소리 추가] 버튼을 클릭합니다.

↪ 강아지 오브젝트에 소리 추가

❷ [소리 선택] 탭의 [악기]–[피아노]에서 '피아노_04도'에서부터 '피아노_11높은 도'를 선택한 후, [적용하기(8)] 버튼을 클릭합니다.

↪ 고양이 오브젝트에 소리 추가

❸ 이번에는 '고양이' 오브젝트를 클릭한 후, 위와 같은 방법으로 소리를 추가합니다.

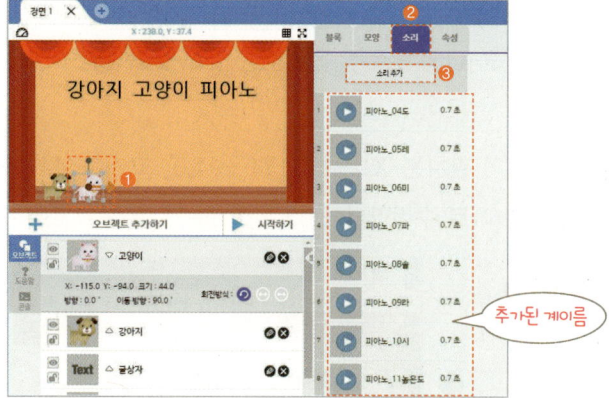

3단계 오브젝트를 클릭할 때, 소리 재생, 말풍선 효과, 크기 및 모양의 변화 나타내기

1 '강아지', '고양이' 오브젝트를 클릭할 때, 소리가 재생되면서 말풍선으로 계이름을 표현하고 각 오브젝트의 크기와 모양이 변화하는 애니메이션을 만들어 봅시다.

① 먼저 '강아지' 오브젝트를 선택합니다.

② [블록] 탭에서 다음과 같은 명령어 블록들을 차례대로 선택하여 연결합니다.

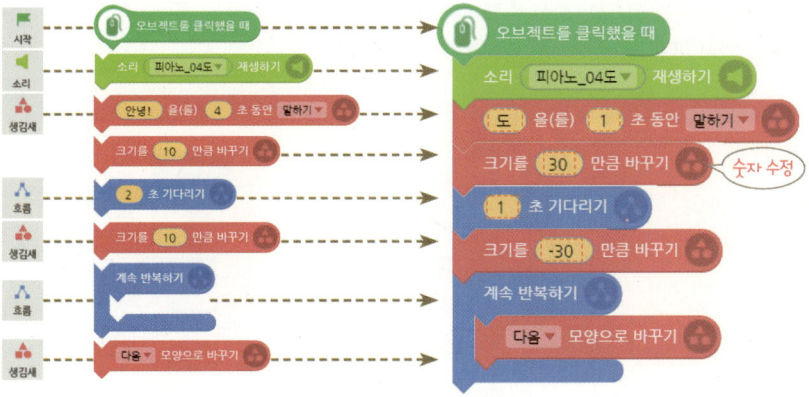

③ '고양이' 오브젝트를 클릭한 후 ②와 같은 방법으로 명령어 블록을 연결하거나 [코드 복사]와 [붙여넣기] 메뉴로 코드를 붙여넣은 후, 블록을 변경합니다.

❹ [시작하기] 버튼을 클릭하여 프로그램을 실행한 후, 강아지와 고양이 오브젝트를 각각 클릭했을 때 계이름이 나오는지 확인해 보세요.

궁금해요 '강아지' 오브젝트에서 작성한 프로그램을 고양이 오브젝트에 어떻게 복사하나요?

1. 강아지 오브젝트에서 작성한 코드의 최상위 블록에서 마우스 오른쪽 버튼을 클릭하면 나오는 메뉴에서 [코드 복사]를 선택합니다.

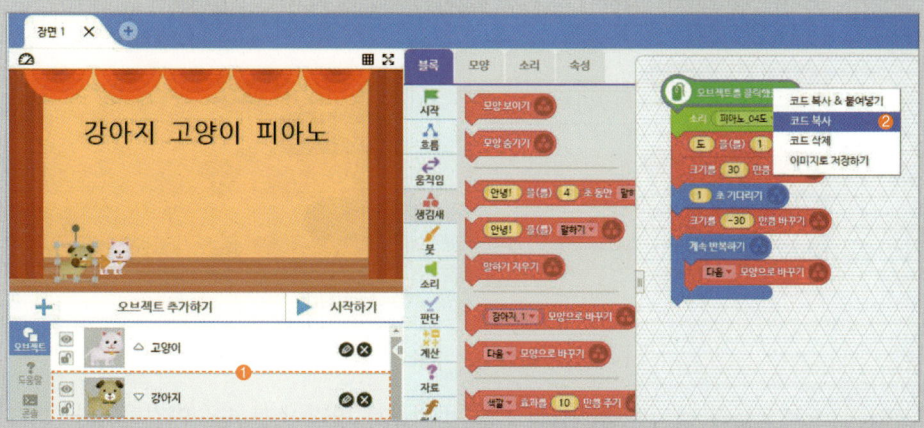

2. 명령어 블록을 붙여넣을 '고양이' 오브젝트를 클릭한 후, 블록 조립소에서 마우스 오른쪽 버튼을 클릭하면 나오는 메뉴에서 [붙여 넣기]를 선택합니다.

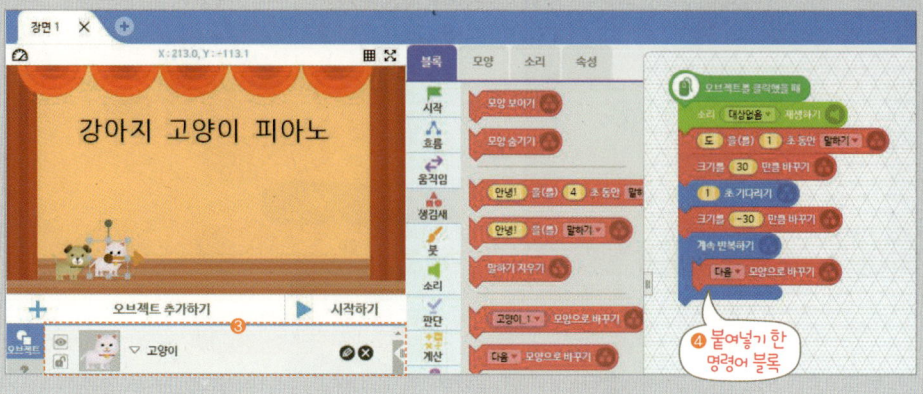

3. 다음과 같이 계이름 '레'와 관련된 부분을 수정하여 프로그램을 완성합니다.

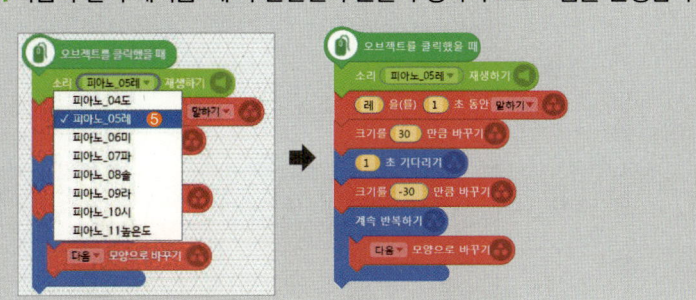

 '강아지' 오브젝트를 복사하여 강아지 3마리를 추가해 봅시다.

❶ '강아지' 오브젝트를 선택하고, 마우스 오른쪽 버튼을 클릭하면 나오는 메뉴에서 [복제]를 선택하여 '강아지' 오브젝트를 복제합니다.

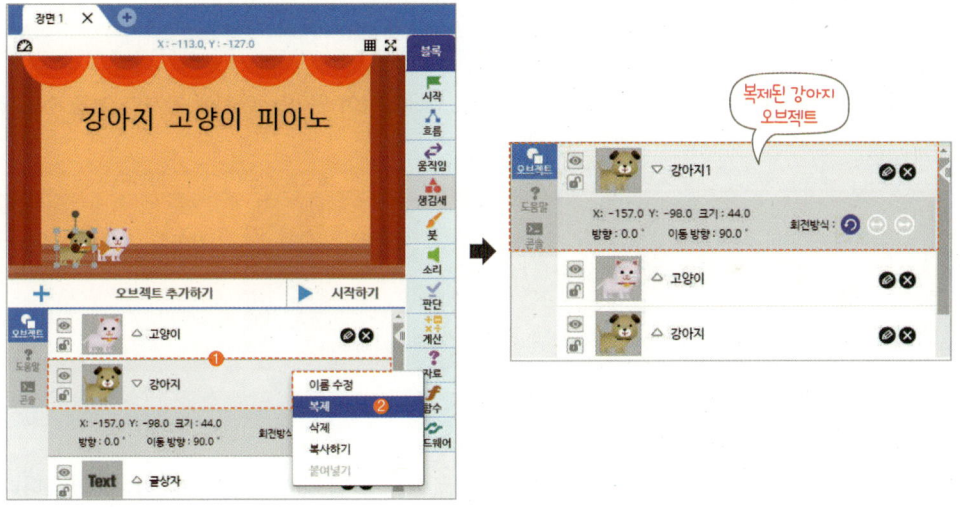

❷ 같은 방법으로 강아지 오브젝트를 두 개 더 만듭니다.

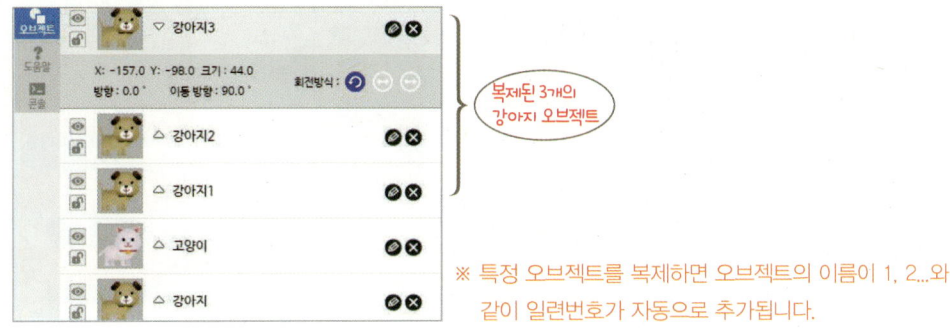

※ 특정 오브젝트를 복제하면 오브젝트의 이름이 1, 2...와 같이 일련번호가 자동으로 추가됩니다.

▶ 강아지 오브젝트들의 위치 지정

③ 복제한 강아지 오브젝트들의 ✎ 버튼을 각각 클릭하여 이름과 위치를 다음과 같이 변경하여 배치합니다.

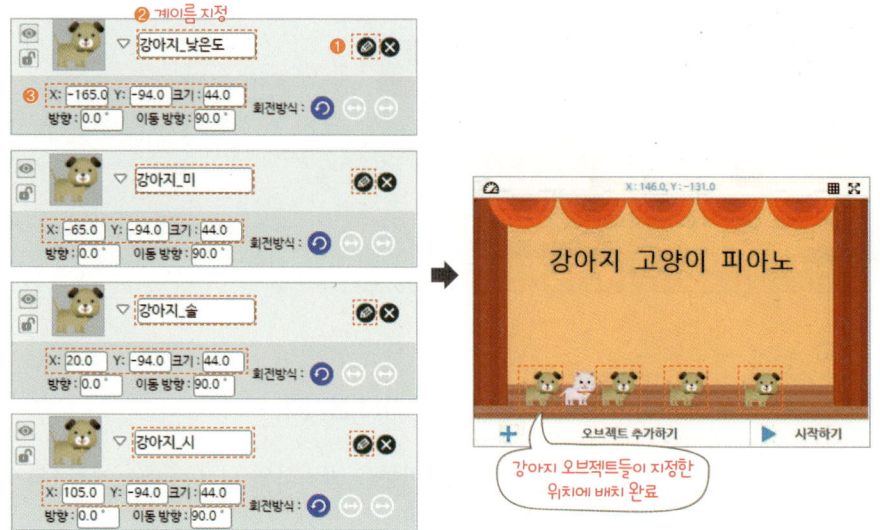

❓ 궁금해요 오브젝트의 위치는 꼭 x, y의 값으로 지정해야 하나요?

다음과 같이 이동할 오브젝트를 선택한 후, 마우스로 드래그하여 원하는 위치에 가져다 놓을 수도 있습니다.

④ 복제한 '강아지_미' 오브젝트를 선택하면 프로그램도 함께 복제된 것을 알 수 있습니다. 마우스로 클릭하여 '미'와 관련된 부분을 변경합니다.

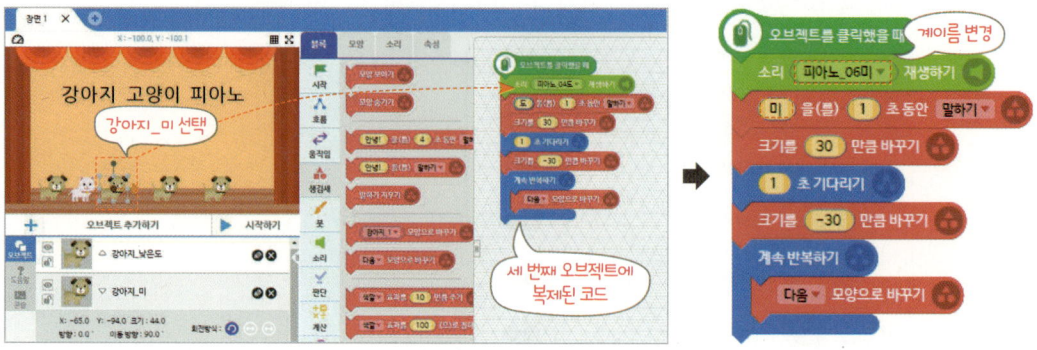

❺ '강아지-솔', '강아지-시' 오브젝트도 각각 클릭하여 ❹와 같은 방법으로 계이름 관련 블록을 변경합니다.

 '고양이' 오브젝트를 복사하여 고양이 3마리를 추가해 봅시다.

❶ '고양이' 오브젝트를 선택하고 마우스 오른쪽 버튼을 클릭하면 나오는 메뉴에서 [복제]를 선택하여 '고양이' 오브젝트를 3개 추가합니다.

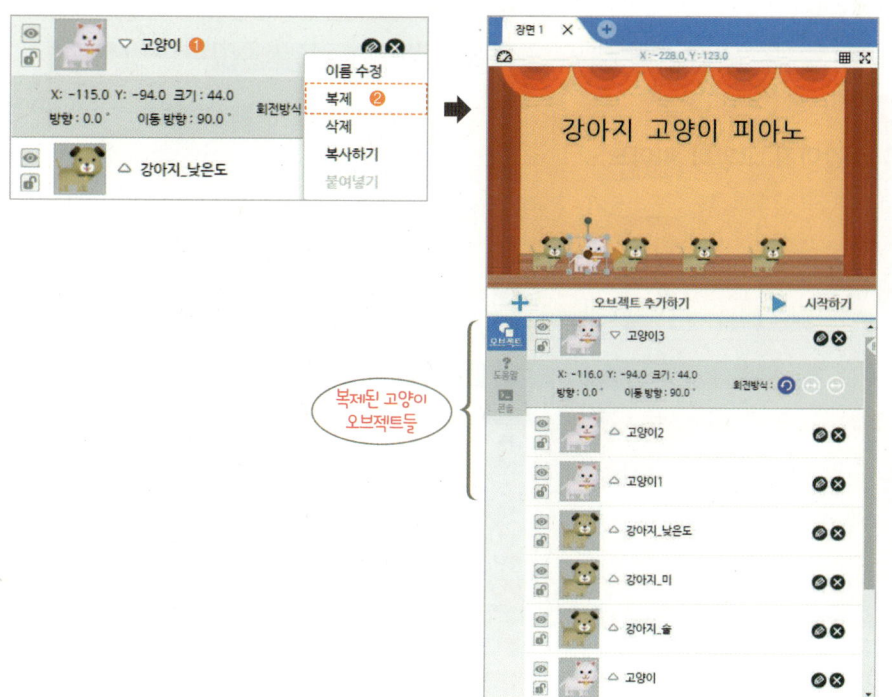

➡ 고양이 오브젝트들의 위치 지정

2 각 고양이 오브젝트의 ✏ 버튼을 클릭하여 이름과 위치를 다음과 같이 변경하여 배치합니다.

3 66쪽의 **4** 번 처럼 '고양이' 오브젝트를 각각 선택하여 다음과 같이 변경합니다.

68 · 3장 실생활 문제 해결 프로젝트

❹ 완성되었으면 다음과 같이 각각의 오브젝트를 선택한 후, 위아래로 이동하여 '강아지 낮은도'에서부터 '고양이 높은도' 순으로 재배치합니다.

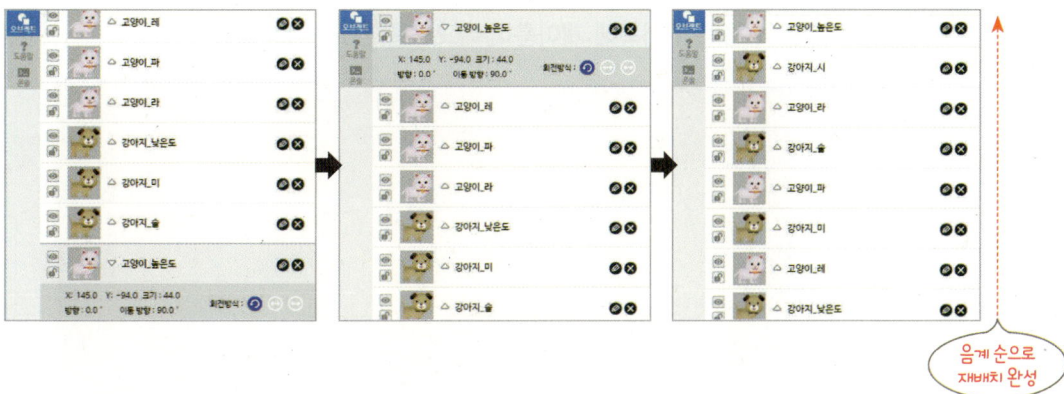

4단계 프로그램을 실행하고 잘 작동하는지 점검하기

⭐ 실행 화면의 [시작하기] 버튼을 누르고 각 오브젝트를 마우스로 클릭하여 프로그램이 잘 작동하는지 확인해 봅시다.

❶ 강아지와 고양이 오브젝트를 클릭하여 소리와 계이름이 맞는지 확인합니다.

❷ 강아지와 고양이 오브젝트를 클릭하여 크기가 커졌다가 작아지고, 계속 움직임 효과가 나타나는지 확인합니다.

● 신호 보내기를 사용하여 제목에 계이름이 나오도록 만들어 봅시다.

• 완성 파일: 3장_강아지 고양이 피아노(더 나아가기).ent

※ 정답은 246, 247쪽을 참고하세요.

자동판매기 만들기

활동 목표
• 산술 연산을 활용하여 총주문 금액을 구해 봅시다.
• 산술 연산과 비교 연산을 활용하여 거스름돈을 구해 봅시다.

우리는 일상생활에서 자동판매기를 많이 볼 수 있습니다. 동전을 넣고 원하는 음료를 살 수 있는 자동판매기를 만들어 봅시다.

실행 결과

▲ 초기 화면

▲ 여러 개의 음료 선택하기

▲ 구입 금액 입력하기

▲ 거스름돈 알려 주기

처리 조건 원하는 음료들을 선택하고 투입 금액을 입력하면, 거스름돈이 얼마인지 자동으로 알려 주도록 합니다.

• 완성 파일: 3장_자동판매기 만들기.ent

03. 자동판매기 만들기 • **71**

> 문제 해결하기

1 문제 분석 및 알고리즘 설계

실행 결과와 처리 조건을 분석하여 프로그램에서 수행할 작업들을 설계합니다.

- **1단계** 기본 오브젝트는 지우고, 필요한 오브젝트 추가하기
- **2단계** 프로그램에 필요한 변수 추가하기
- **3단계** 주문한 수량 계산하기
- **4단계** 주문한 금액 계산하기
- **5단계** 프로그램을 실행하고 잘 작동하는지 점검하기

2 필요한 오브젝트 설정

프로그램에서 필요한 각각의 오브젝트와 기능들을 지정합니다.

오브젝트	구현하고 싶은 기능	관련 과정
자동판매기	• 배경으로 사용합니다.	1단계
음료수	① 오브젝트를 클릭할 때마다 주문 수량이 증가합니다. ② 오브젝트를 클릭할 때마다 소리가 납니다.	2단계 3단계
두유	① 오브젝트를 클릭할 때마다 주문 수량이 증가합니다. ② 오브젝트를 클릭할 때마다 소리가 납니다.	2단계 3단계
우유	① 오브젝트를 클릭할 때마다 주문 수량이 증가합니다. ② 오브젝트를 클릭하면 소리가 납니다.	2단계 3단계
버튼	① 오브젝트를 클릭하면 "원하는 음료를 원하는 만큼 클릭하고 저를 눌러 주세요."라는 메시지를 출력합니다. ② 사용자가 선택한 음료를 계산하고 사용자가 입력한 금액을 이용하여 거스름돈을 주어야 할지 아니면 돈을 더 요구해야 할지 계산한다. 만일 주문 금액과 투입 금액이 일치하면 "맛있게 드세요"라는 메시지를 출력합니다.	4단계

3 필요한 변수 설정

실행 결과 화면을 참고로 하여 프로그램 작업 중에 필요한 변수를 지정합니다.

오브젝트	기능
음료수	주문한 음료수의 선택 개수를 기억합니다.
두유	주문한 두유의 선택 개수를 기억합니다.
우유	주문한 우유의 선택 개수를 기억합니다.
투입 금액	사용자가 키보드로 입력한 투입 금액을 기억합니다.
주문 금액	'음료수 수량 × 단가'와 같이 음료 가격을 계산한 금액을 기억합니다.

프로그래밍하기

1단계 기본 오브젝트는 지우고, 필요한 오브젝트 추가하기

⭐ **필요한 오브젝트들을 추가해 봅시다.**

① 처음 나오는 '엔트리봇' 오브젝트를 클릭한 후, 버튼을 클릭하여 '엔트리봇' 오브젝트를 삭제합니다.

② [오브젝트 추가하기] 버튼을 클릭한 후, 검색 창에서 '자동판매기'를 입력하여 찾은 '자동판매기' 오브젝트를 선택하고 [적용하기(1)] 버튼을 클릭합니다.

③ '자동판매기' 오브젝트의 버튼을 클릭하여 크기를 '200'으로 변경합니다.

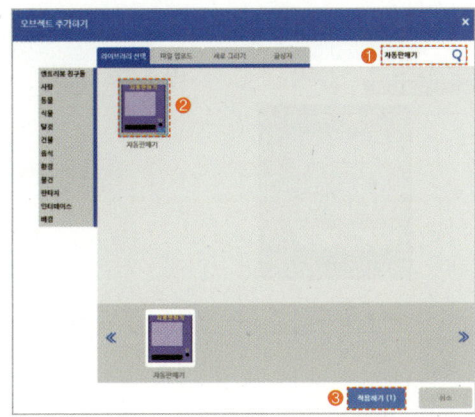
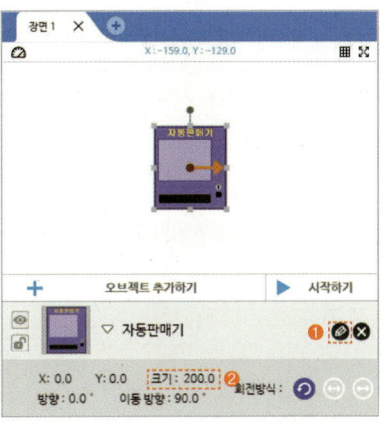

'자동판매기' 오브젝트에 가격표를 넣어 봅시다.

❶ [모양] 탭을 선택하고 ▣(글상자) 버튼을 클릭하여 글자 모양을 '바탕체', 크기는 '30', 색상은 '검은색'으로 설정합니다.

❷ 가격표를 입력할 위치에서 마우스를 클릭하여 글상자가 나타나면 '700', '600', '500'을 입력하고 원하는 위치에 배치합니다.

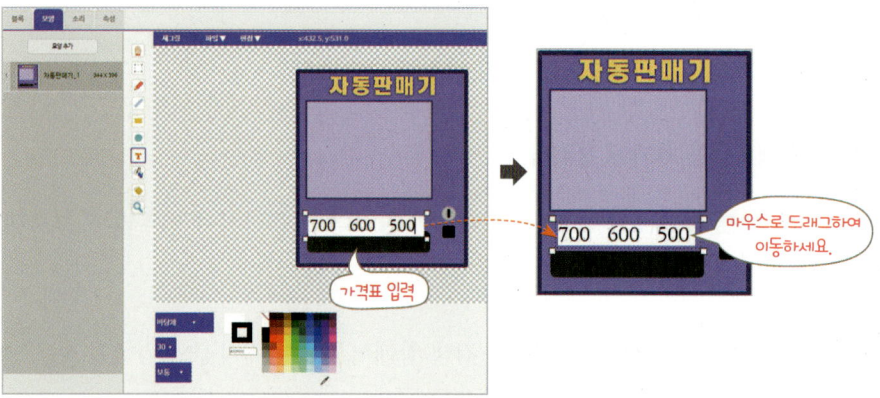

❸ 변경된 모양을 저장해야 하므로 [파일]-[저장하기]를 누르면, 배경에 있는 자동판매기 오브젝트에 적용됩니다.

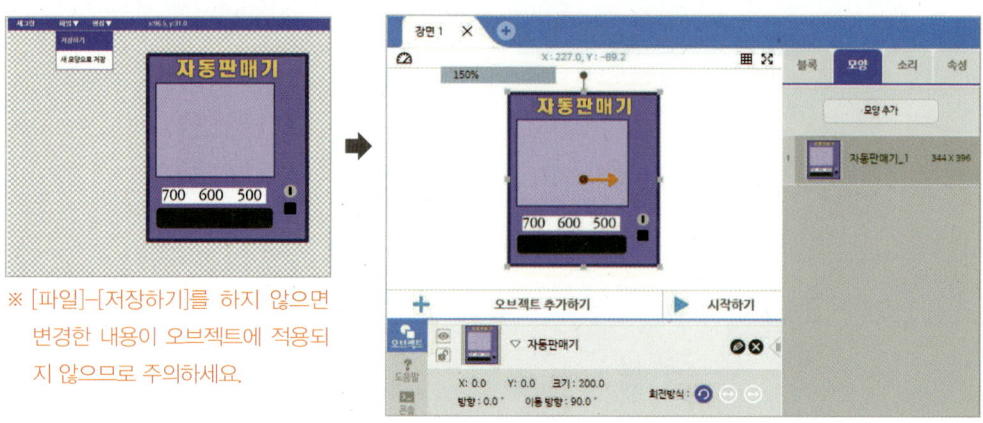

자동판매기에서 판매하는 음료 오브젝트들을 추가해 봅시다.

❶ [오브젝트 추가하기] 버튼을 클릭한 후 [라이브러리 선택]-[음식]-[음료]를 선택합니다.

🔖 음료 오브젝트 추가

❷ '두유', '우유1L', '환타' 오브젝트를 각각 선택한 후, [적용하기(3)] 버튼을 클릭합니다.

🔖 음료수 위치 지정

❸ '환타' 오브젝트의 ✏ 버튼을 클릭하여 '환타'는 '음료수' 위치는 'X: -60, Y: 10', 크기는 '50'으로 수정합니다.

🔖 우유 위치 지정

❹ '우유1L' 오브젝트의 ✏ 버튼을 클릭하여 '우유1L'는 '우유', 위치는 'X: 30, Y: 5', 크기는 '50'으로 수정합니다.

🔖 두유 위치 지정

❺ '두유' 오브젝트의 ✏ 버튼을 클릭하여, 위치는 'x: -15, y: 5', 크기는 '50'으로 수정합니다.

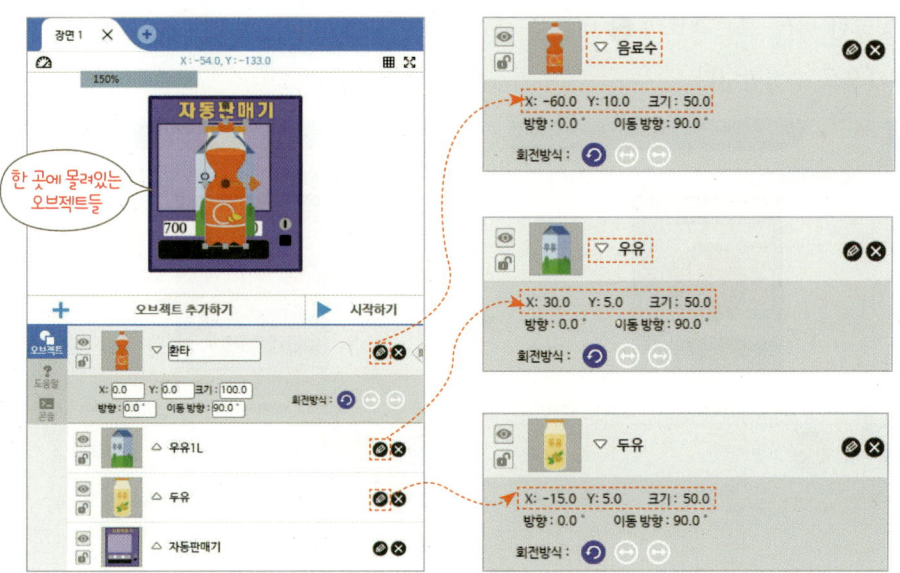

03. 자동판매기 만들기 · **75**

⑥ 위와 같은 작업으로 인해 음료 오브젝트들의 위치는 다음과 같이 배치됩니다.

 계산을 위한 '버튼' 오브젝트를 추가해 봅시다.

① [오브젝트 추가하기] 버튼을 클릭한 후, 검색 창에서 '버튼'을 검색하여 '동그란 버튼' 오브젝트를 선택하고 [적용하기(1)] 버튼을 클릭합니다.

② '동그란 버튼' 오브젝트의 ✏ 버튼을 클릭하여 이름은 '버튼', 위치는 'x: 70, y: -20', 크기는 '30'으로 수정합니다.

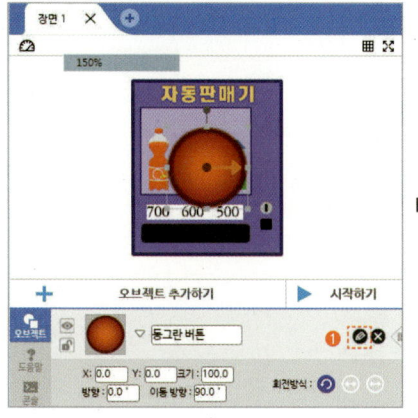 

2단계 프로그램에 필요한 변수 만들기

⭐ **프로그램 작업 중에 필요한 변수를 추가해 봅시다.**

① 필요한 변수를 만들기 위해 [속성] 탭에서 [변수]-[변수 추가] 버튼을 누릅니다.

② 변수 이름을 '음료수'로 입력하고, [확인] 버튼을 클릭합니다.

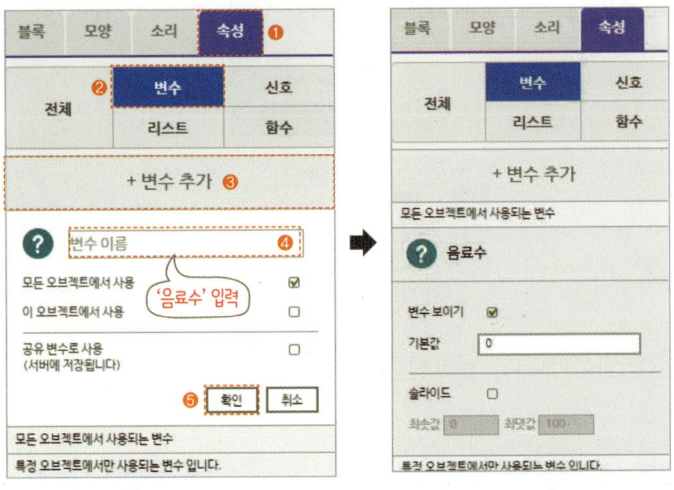

③ 같은 방법으로 '음료수', '두유', '우유', '투입 금액', '주문 금액' 변수를 추가합니다.

④ 완성된 배경 화면의 모습은 다음과 같습니다.

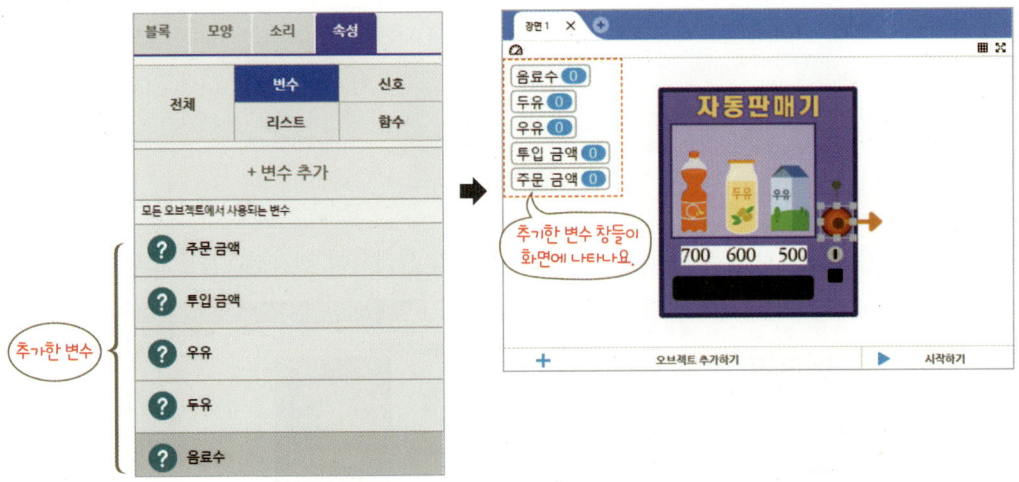

03. 자동판매기 만들기 · **77**

주문한 음료의 수량 계산하기

1 음료 오브젝트를 클릭하고 전자음 소리를 추가해 봅시다.

▶ 음료수 오브젝트 소리 추가

① '음료수' 오브젝트를 선택하고, [소리] 탭에서 [소리 추가] 버튼을 클릭합니다.

② 검색 창에서 '전자신호음'을 검색합니다. '전자신호음1' 소리를 선택하고 [적용하기(1)] 버튼을 클릭합니다.

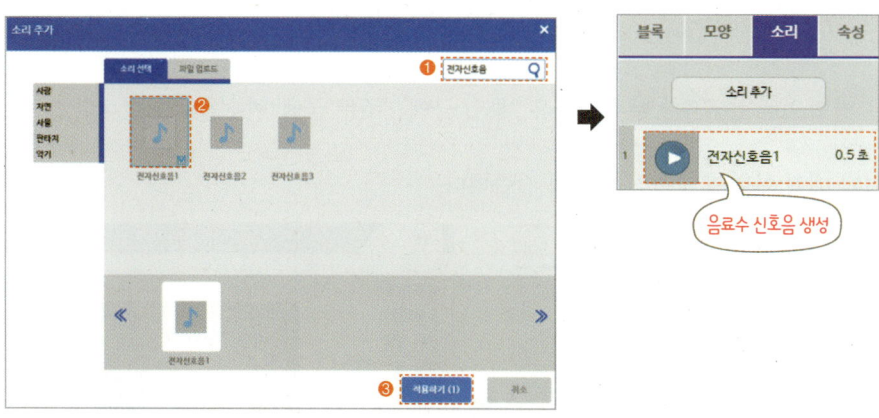

▶ 우유와 두유 소리 추가

③ 위와 같은 방법으로 '우유'와 '두유' 오브젝트를 각각 선택하여 '전자신호음1' 소리를 추가합니다.

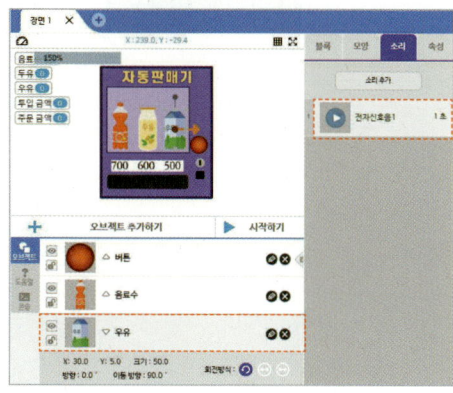 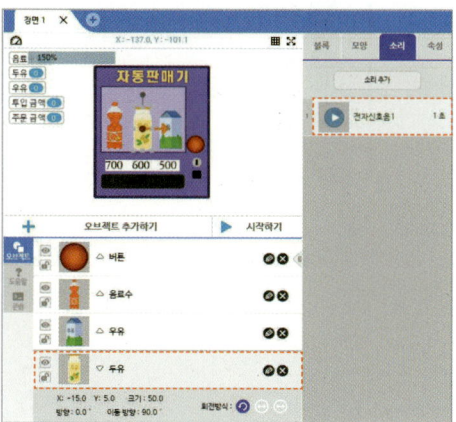

주문을 위해 음료 오브젝트를 선택하면 해당 음료의 수량을 1씩 더해 봅시다.

① '음료수' 오브젝트를 선택한 후, 다음과 같이 [블록] 탭에서 블록들을 찾아 조립하고, '주문 금액'을 '음료수', '10'을 '1'로 수정합니다.

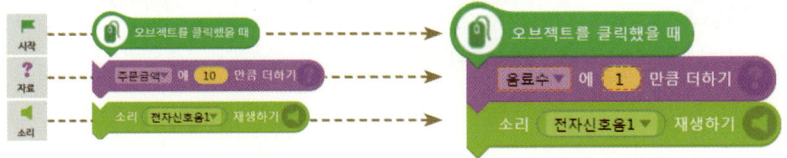

> 코드를 복사하여 사용하기

② ①에서 만든 명령어 블록의 가장 상위 블록에서 마우스 오른쪽 버튼을 클릭하면 나오는 메뉴에서 [코드 복사]를 선택합니다.

> 우유 코드 만들기

③ '우유' 오브젝트를 선택한 후, 마우스 오른쪽 버튼을 클릭하여 [붙여넣기] 메뉴를 선택합니다. 명령어 블록이 생기면 '음료수'를 '우유'로, '대상없음'을 '전자신호음1'로 변경합니다.

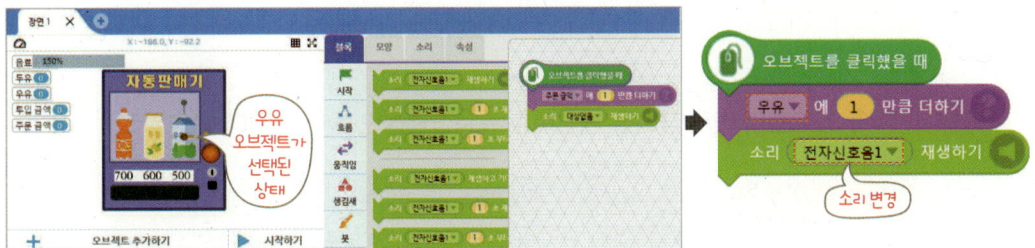

> 두유 코드 만들기

④ '두유' 오브젝트를 선택한 후 마우스 오른쪽 버튼을 클릭하여 [붙여넣기]를 선택합니다. 블록이 생기면 '음료수'를 '두유'로, '대상없음'을 '전자신호음1'로 변경합니다.

4단계 선택한 음료 총금액 계산하기

'버튼' 오브젝트를 클릭하면 선택한 음료들의 총금액을 계산하는 프로그램은 다음과 같습니다. 프로그램이 복잡하므로 2개로 나누어 작성하여 연결하도록 합니다.

> 미리보기

⭐ **선택한 음료들의 전체 금액을 계산하는 프로그램을 만들어 봅시다.**

> **처리 조건** '주문 금액'은 '음료수의 선택 개수 × 700 + 두유의 선택 개수 × 600 + 우유의 선택 개수 × 500'과 같이 각각의 주문 개수에 가격을 곱하고 모두 더한 값으로 계산합니다.

❶ '버튼' 오브젝트를 선택한 후, 다음과 같이 블록들을 찾아 조립합니다.

❷ '안녕!'에 '원하는 음료를 원하는 만큼 클릭하고 저를 눌러 주세요.'를 입력하고 '4'는 '2'로 수정합니다.

80 · 3장 실생활 문제 해결 프로젝트

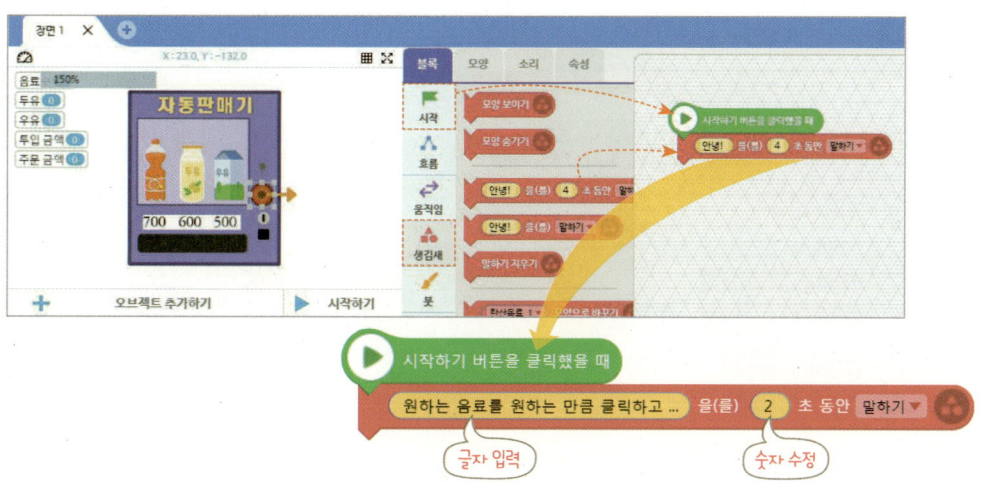

❸ 선택한 음료의 주문 금액을 계산하기 위해 에서 , 에서 블록을 찾아 조립합니다.

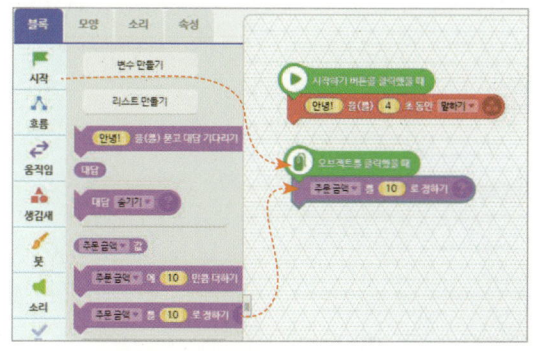

❹ 전체 주문 금액을 구하기 위해 블록을 다음과 같이 계산이 가능한 계산식 블록으로 만듭니다.

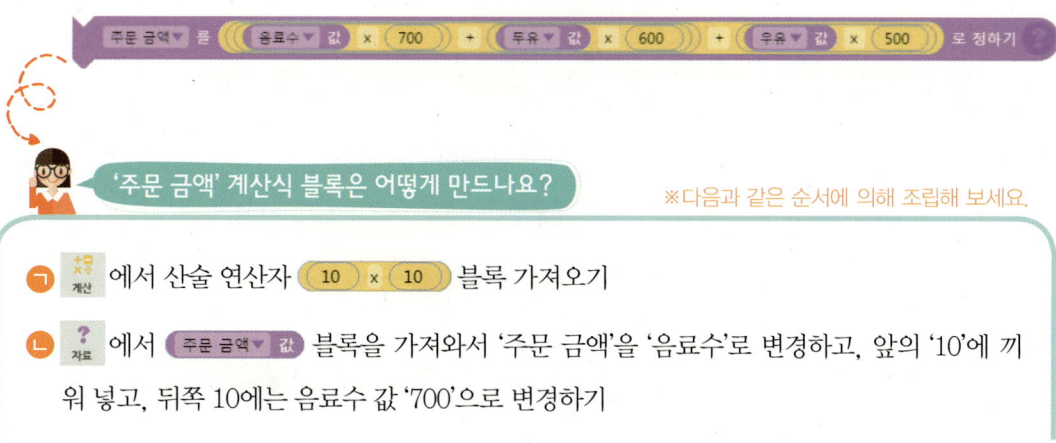

'주문 금액' 계산식 블록은 어떻게 만드나요?   ※다음과 같은 순서에 의해 조립해 보세요.

ㄱ. 계산 에서 산술 연산자 `10 x 10` 블록 가져오기

ㄴ. 자료 에서 `주문 금액 값` 블록을 가져와서 '주문 금액'을 '음료수'로 변경하고, 앞의 '10'에 끼워 넣고, 뒤쪽 10에는 음료수 값 '700'으로 변경하기

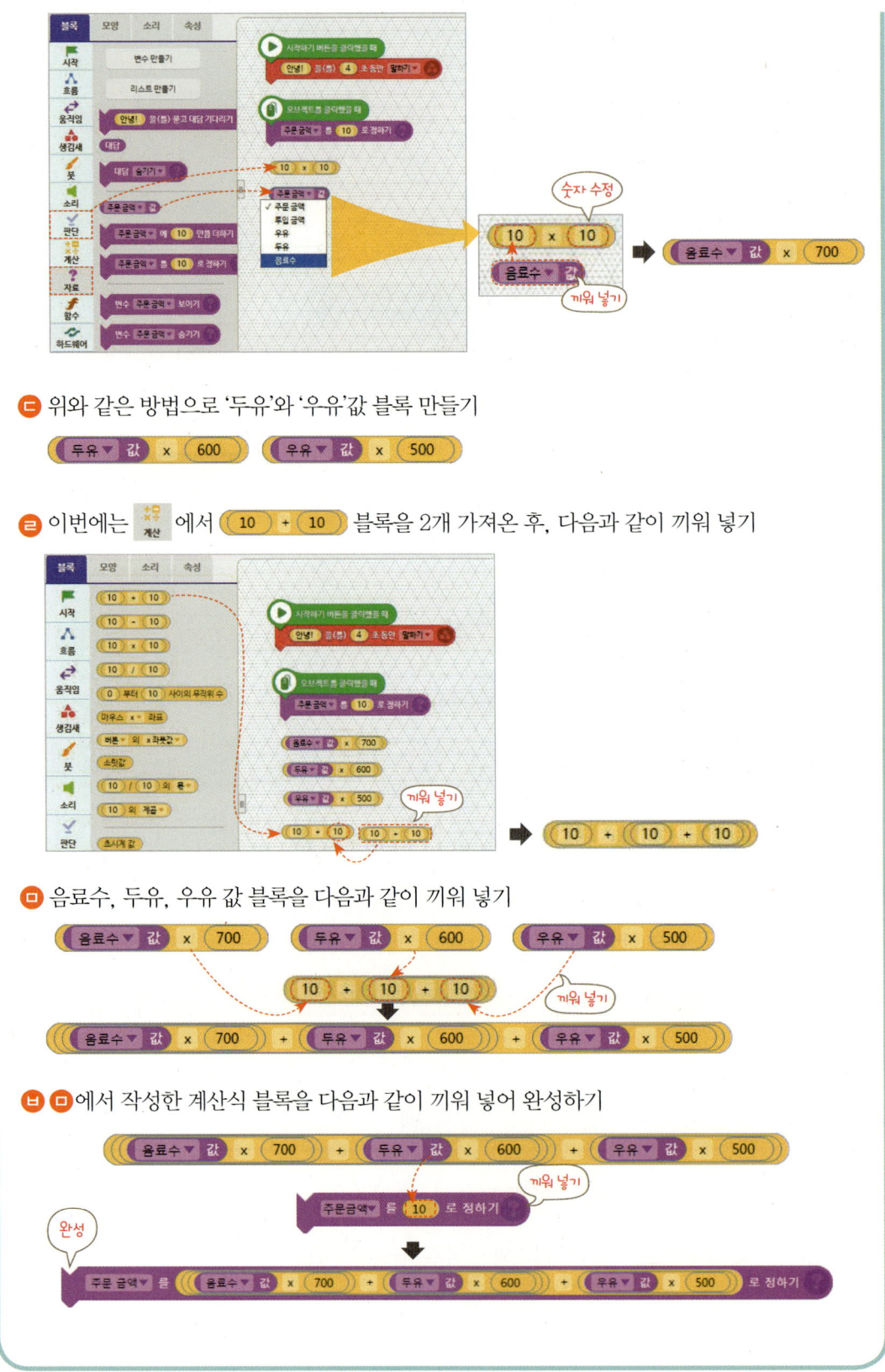

❺ ? 자료 에서 [안녕! 을(를) 묻고 대답 기다리기] 블록을 가져와 조립하고, '안녕!'에 '금액을 투입하세요.' 로 변경합니다.

```
오브젝트를 클릭했을 때
주문 금액▼ 를 (음료수▼ 값) x 700 + (두유▼ 값) x 600 + (우유▼ 값) x 500 로 정하기
(금액을 투입하세요.) 을(를) 묻고 대답 기다리기
    └ 글자 수정
```

❻ 이번에는 ? 자료 에서 [주문금액▼ 를 10 로 정하기] 블록을 가져온 후, '주문 금액'을 '투입 금액'으로 변경합니다. 또한 (대답) 블록을 가져와 '10'에 끼워 넣습니다.

```
오브젝트를 클릭했을 때
주문 금액▼ 를 (음료수▼ 값) x 700 + (두유▼ 값) x 600 + (우유▼ 값) x 500 로 정하기
(금액을 투입하세요.) 을(를) 묻고 대답 기다리기
투입 금액▼ 를 대답 로 정하기
    └ 변경     └ 끼워넣기
```

★2 자동판매기에 투입 금액을 넣었을 때 금액이 충분한지 아니면 금액이 부족한지를 판단하는 프로그램을 만들어 봅시다.

❶ 효름 에서 오른쪽과 같은 선택 구조 블록을 가져온 후, '참'을 수정하여 블록을 완성합니다.

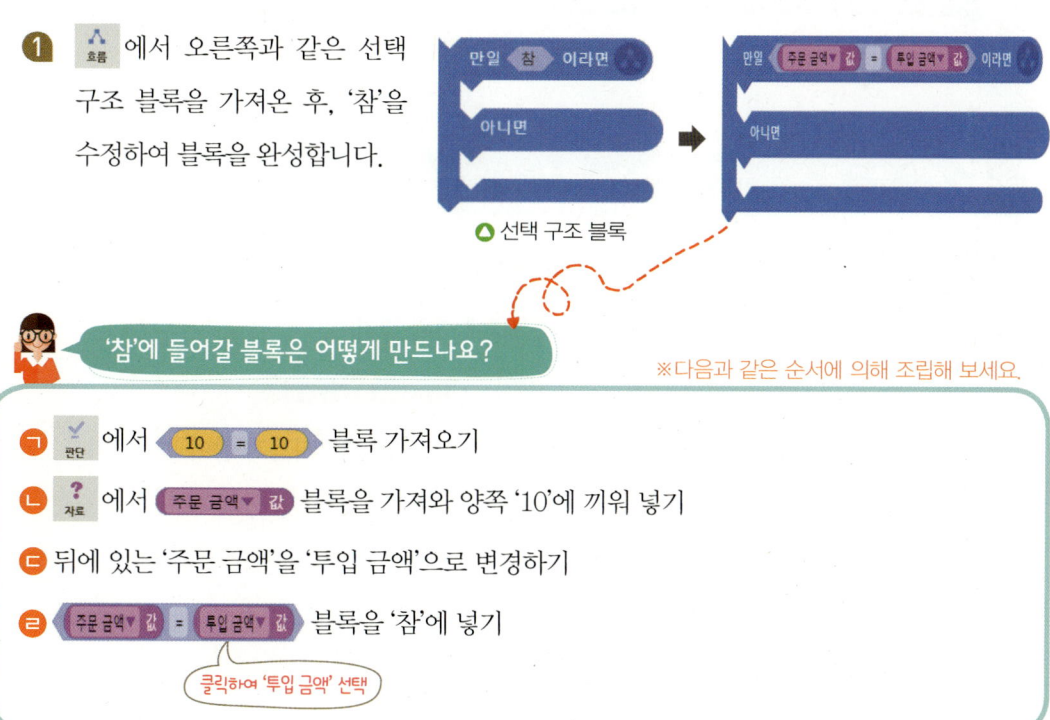

△ 선택 구조 블록

'참'에 들어갈 블록은 어떻게 만드나요?

※ 다음과 같은 순서에 의해 조립해 보세요.

ㄱ 판단 에서 (10 = 10) 블록 가져오기
ㄴ ? 자료 에서 (주문 금액▼ 값) 블록을 가져와 양쪽 '10'에 끼워 넣기
ㄷ 뒤에 있는 '주문 금액'을 '투입 금액'으로 변경하기
ㄹ (주문 금액▼ 값 = 투입 금액▼ 값) 블록을 '참'에 넣기
    └ 클릭하여 '투입 금액' 선택

❷ 🌱생김새 에서 `안녕! 을(를) 4 초 동안 말하기` 블록을 가져와 '안녕!'을 '맛있게 드세요', 숫자 '4'를 '1'로 수정하여 다음과 같이 끼워 넣습니다.

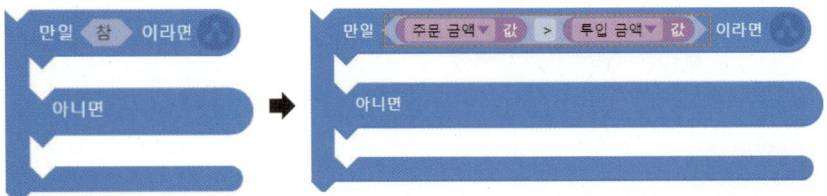

❸ 다시 ❶과 같은 방법으로 선택 구조를 가져 온 후, '참'을 다음과 같이 변경합니다.

❹ ❸ 선택 구조에 '주문 금액'과 '투입 금액'을 비교하여 돈을 더 넣어야 할지 아니면 잔돈을 받아야 할지를 판단하는 블록을 다음과 같이 만듭니다.

※ a와 b는 다음의 내용을 참고하여 완성합니다.

'주문 금액'과 '투입 금액'의 비교에 따라 처리하는 블록은 어떻게 만드나요?

ㄱ 계산 에서 산술 연산자 `10 - 10` 블록 가져오기

ㄴ ?자료 에서 `주문 금액 값` 블록을 가져와 양쪽 '10'에 끼워 넣기

ㄷ 뒤에 있는 '주문 금액'을 '투입 금액'으로 바꾸기 → `주문 금액 값 - 투입 금액 값`

ㄹ 계산 에서 `안녕! 과(와) 엔트리 를 합치기` 블록을 찾아 가져온 후, 다음과 같이 변경하기

ㅁ 🌱생김새 에서 `안녕! 을(를) 4 초 동안 말하기` 블록을 가져와 다음과 같이 변경하기

ㅂ 위에서 완성한 블록에서 마우스 오른쪽 버튼을 클릭하면 나오는 메뉴에서 [코드 복사 & 붙여넣기]를 선택하여 다음과 같이 수정하기

ㅅ a와 b를 ❹의 선택 구조에 끼워 넣기

❺ ❷에서 만든 블록에 ❹에서 만든 블록을 끼워 넣습니다.

❻ ⭐1과 ⭐2에서 작업한 명령어 블록을 연결하여 프로그램을 완성합니다.

03. 자동판매기 만들기 · 85

5단계 프로그램을 실행하여 잘 작동하는지 점검하기

⭐ 실행 화면의 [시작하기] 버튼을 클릭하여 원하는 음료들을 선택하는 등의 작업을 통해 프로그램이 잘 작동하는지 확인합니다.

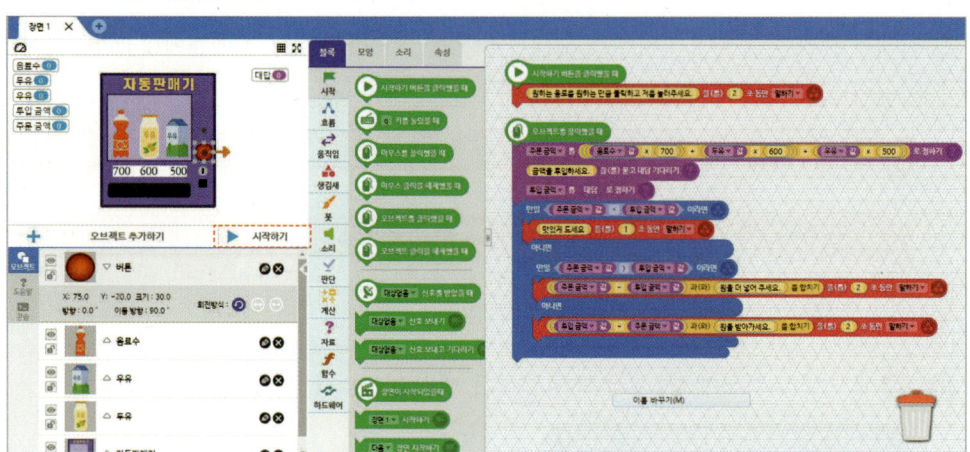

① 원하는 음료를 구입하고 싶은 만큼 클릭합니다.

② 마우스로 동그란 버튼을 클릭하고 투입 금액을 입력합니다.

③ 투입 금액이 주문 금액보다 클 때 남은 금액을 받아가라는 메시지가 출력되나요?

④ 투입 금액이 주문 금액보다 작을 때 부족한 금액을 더 넣어달라는 메시지가 출력되나요?

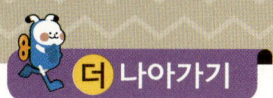

- 거스름돈 변수를 만들어 자동으로 계산해 주는 자판기를 만들어 봅시다.

  ① 투입 금액이 주문 금액보다 클 때 거스름돈 변숫값을 지정하고 거스름돈을 출력합니다.

  ② 투입 금액이 주문 금액보다 작을 때, '주문 금액 - 투입 금액'의 금액만큼 더 넣어달라는 메시지를 출력합니다.

• 완성 파일: 3장_자동판매기 만들기(더 나아가기).ent

※ 정답은 248쪽을 참고하세요.

04 도난 경보 시스템 만들기

활동 목표
- 감지센서를 이용하여 신호 보내기를 해 봅시다.
- 신호를 받으면 경보 장치가 작동하도록 만들어 봅시다.
- 장면을 추가하여 이야기를 만들어 봅시다.

김대리의 회사 금고에는 매우 중요한 서류가 들어 있습니다. 도둑으로부터 회사 금고를 지키기 위해 도난 경보 시스템을 만들어 봅시다.

실행 결과

[장면 1]

△ 초기 화면    △ 김대리 퇴근하기    △ 도난 경보 시스템 작동하기

[장면 2]

△ 도둑 침입하기    △ 도둑이 감지센서에 접근하기    △ 도난 경보 시스템이 작동하면 경찰 출동하기

처리 조건 두 개의 장면, 즉 김대리가 퇴근할 때와 도둑이 침입했을 때로 나누어 도난 경보 시스템의 작동 상태를 프로그램으로 만듭니다.

• 완성 파일: 3장_도난 경보 시스템 만들기.ent

문제 해결하기

1 문제 분석 및 알고리즘 설계

실행 결과와 처리 조건을 분석하여 프로그램에서 수행할 작업들을 설계합니다.

1단계	기본 오브젝트는 지우고, 필요한 오브젝트 추가하기
2단계	감지센서와 감지센서 범위, 경고 LED 만들기
3단계	김대리가 퇴근하면서 감지센서 스위치를 켜도록 만들기
4단계	'장면 2' 배경 만들기
5단계	키보드의 방향키로 도둑을 좌우로 움직이기
6단계	감지센서에 도둑이 닿으면 움직임 신호 보내기
7단계	움직임 신호를 받으면 빨간 LED가 켜지고, 경찰 나타나기
8단계	프로그램을 실행하고 잘 작동하는지 점검하기

2 필요한 오브젝트 설정

프로그램에서 필요한 각각의 오브젝트와 기능들을 지정합니다.

오브젝트	구현하고 싶은 기능	관련 과정
사무실	• 배경으로 사용합니다.	1단계
금고	• 배경으로 사용합니다.	1단계
김대리	① 김대리를 추가하고, 화면 밖으로 움직이게 합니다. ② 스위치 앞에 가면 스위치가 켜지도록 합니다. ③ 스위치가 켜지면 감지센서 범위가 화면에 나타나도록 합니다. ④ 김대리가 화면 밖으로 나가면 '장면 1'에서 '장면 2'가 시작되도록 합니다.	3단계 4단계
도둑	• 도둑을 추가하고, 키보드를 이용하여 좌우로 움직이게 만듭니다.	5단계
감지센서 범위	① 감지센서를 추가합니다. ② 도둑에 닿으면 움직임 있음, 닿지 않으면 움직임 없음 신호를 보내게 합니다.	2단계 6단계
빨간 LED	① 빨간 LED를 추가합니다. ② 움직임 신호를 받으면 빨간 LED가 켜지도록 합니다.	2단계 7단계
경찰	① 경찰을 추가한다. ② 움직임 신호를 받으면 경찰이 나타나도록 합니다.	7단계

프로그래밍하기

1단계 기본 오브젝트는 지우고, 배경과 금고 만들기

★ 배경과 금고 오브젝트를 추가해 봅시다.

❶ 처음 나오는 '엔트리봇' 오브젝트를 클릭한 후 ✕ 버튼을 클릭하여 오브젝트를 삭제합니다.

❷ [오브젝트 추가하기] 버튼을 클릭한 후, 검색 창에서 '사무실'을 검색하여 '사무실 안' 오브젝트를 선택하고 [적용하기(1)] 버튼을 클릭합니다.

❸ 위와 같은 방법으로 '보물상자'를 검색하여 '보물상자(2)' 오브젝트도 추가합니다.

 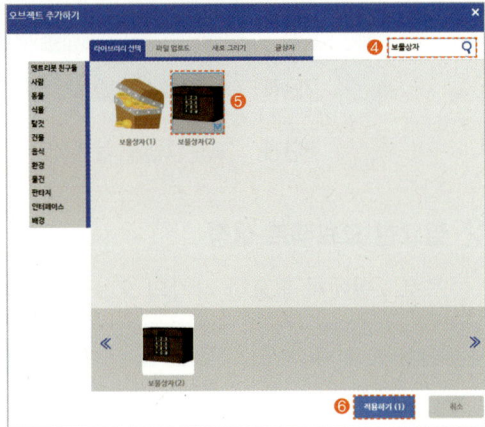

❹ '보물상자(2)' 오브젝트의 ✎ 버튼을 클릭하여 이름은 '금고', 위치는 'X: 80, Y: -80', 크기는 '80'으로 수정합니다.

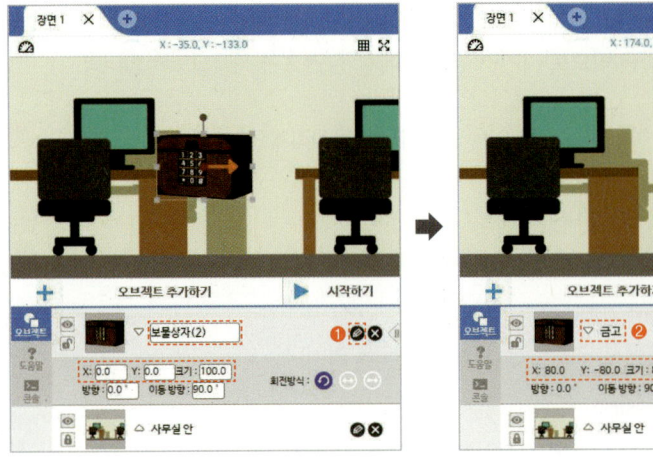

90 · 3장 실생활 문제 해결 프로젝트

2단계 감지센서와 감지센서 범위, 경고 LED 만들기

 '감지센서'와 '감지센서 범위' 오브젝트를 추가해 봅시다.

① [오브젝트 추가하기] 버튼을 클릭한 후, 검색 창에서 '감지센서'를 검색하여 '움직임 감지센서' 오브젝트를 선택하고 [적용하기(1)] 버튼을 누릅니다.

② '움직임 감지센서' 오브젝트의 ✏ 버튼을 클릭한 후 위치는 'X: 70, Y: 120', 크기는 '50'으로 수정합니다.

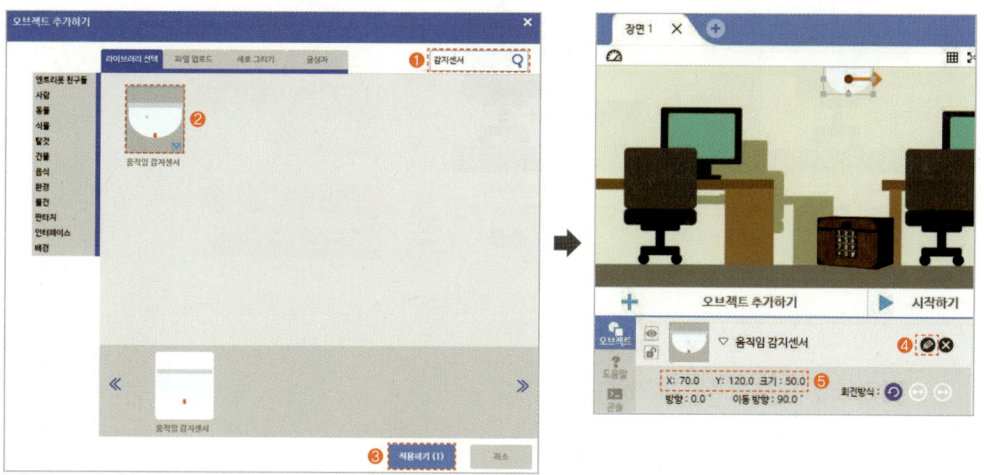

③ 다시 [오브젝트 추가하기] 버튼을 클릭하여 '움직임 감지센서1' 오브젝트를 1개 더 추가한 후, [모양] 탭에서 '움직임 감지센서_영역'을 선택하여 모양을 변경합니다.

④ 추가한 '움직임 감지센서1' 오브젝트의 ✏ 버튼을 클릭한 후 이름은 '감지센서 범위' 위치는 'X: 50, Y: 0', 크기는 '270', 방향은 '27'로 수정합니다.

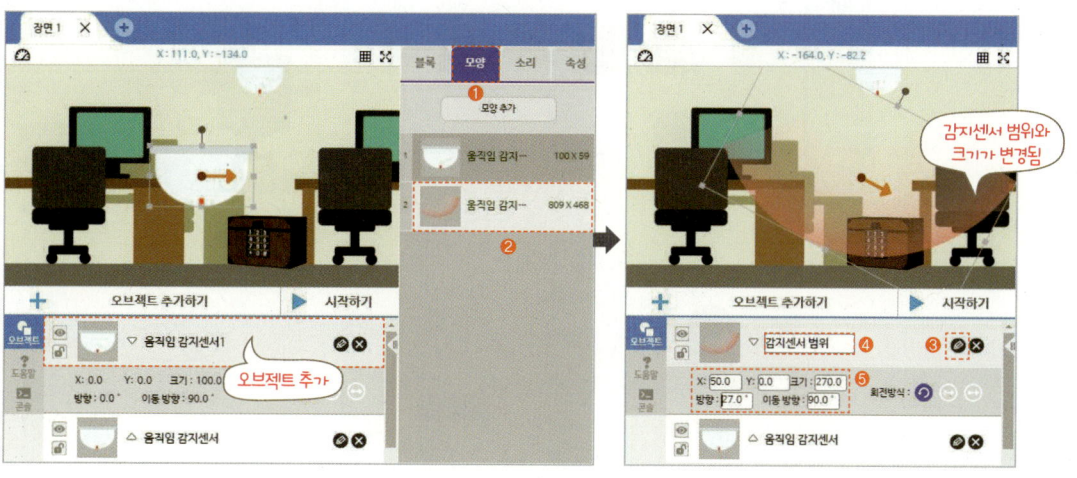

04. 도난 경보 시스템 만들기 · **91**

'감지센서 범위' 오브젝트의 모양을 숨겨 봅시다.

[시작하기] 버튼을 클릭했을 때 '감지센서 범위' 오브젝트의 모양을 숨기기 위하여 '감지센서 범위' 오브젝트를 클릭한 후, [블록] 탭에서 명령어 블록들을 블록 조립소로 가져와 다음과 같이 조립합니다.

 '빨간LED' 오브젝트를 추가해 봅시다.

① [오브젝트 추가하기] 버튼을 클릭한 후, 'LED'를 검색하여 '빨간LED' 오브젝트를 선택하고 [적용하기(1)] 버튼을 누릅니다.

② '빨간LED' 오브젝트의 🖉 버튼을 클릭한 후 위치는 'X: 135, Y: 110', 크기는 '45', 방향은 '180'으로 수정합니다.

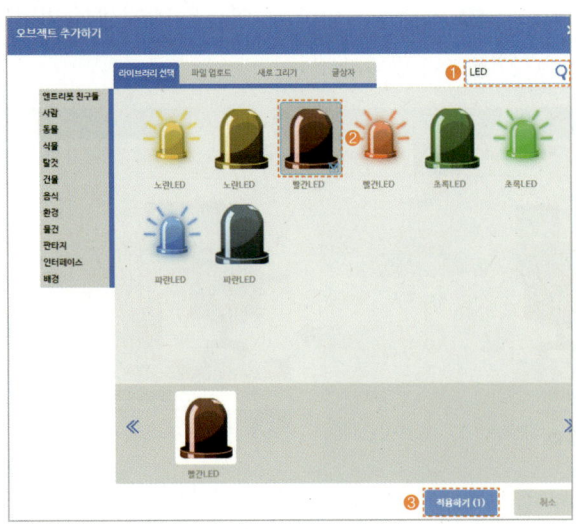

오브젝트의 작동 상태를 확인해 봅시다.

❶ 감지센서와 감지센서 범위, 빨간 LED를 추가한 모습은 다음과 같습니다.

❷ 이때 [시작하기] 버튼을 클릭하면 '감지센서 범위'가 화면에서 사라지는지 확인합니다.

3단계 김대리가 퇴근하면서 감지센서 스위치를 켜도록 만들기

 '스위치' 오브젝트를 추가해 봅시다.

❶ [오브젝트 추가하기] 버튼을 클릭한 후, 검색 창에서 '스위치'를 검색하여 '스위치(1)' 오브젝트를 선택하고 [적용하기(1)] 버튼을 누릅니다.

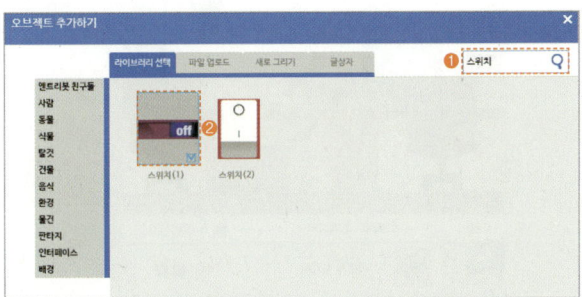

❷ '스위치(1)' 오브젝트의 ✏ 버튼을 클릭하여 위치는 'X: -203, Y: 56', 크기는 '48'로 수정합니다.

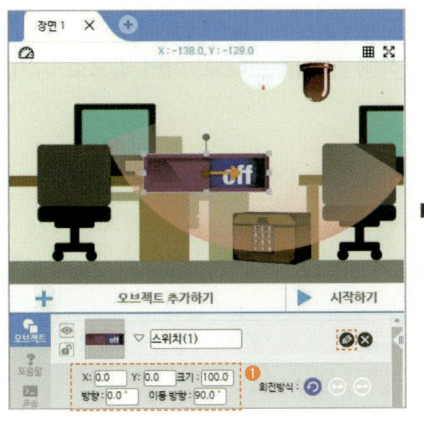 

04. 도난 경보 시스템 만들기 · **93**

'김대리' 오브젝트를 추가해 봅시다.

① [오브젝트 추가하기] 버튼을 클릭한 후, 검색 창에서 '회사원'을 검색하여 '바쁜 회사원(4)' 오브젝트를 선택하고 [적용하기(1)] 버튼을 누릅니다.

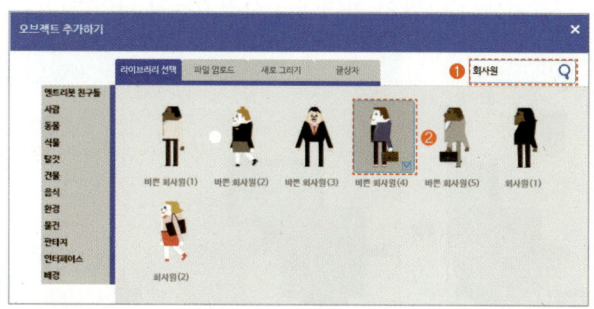

② '바쁜 회사원(4)' 오브젝트의 [모양] 탭에서 3번째 '바쁜 회사원(4)_3'을 선택하여 모양을 변경합니다.

③ '바쁜 회사원(4)' 오브젝트의 ✏️ 버튼을 클릭한 후 이름은 '김대리' 위치는 'X: -26, Y: -22', 크기는 '135'로 수정합니다.

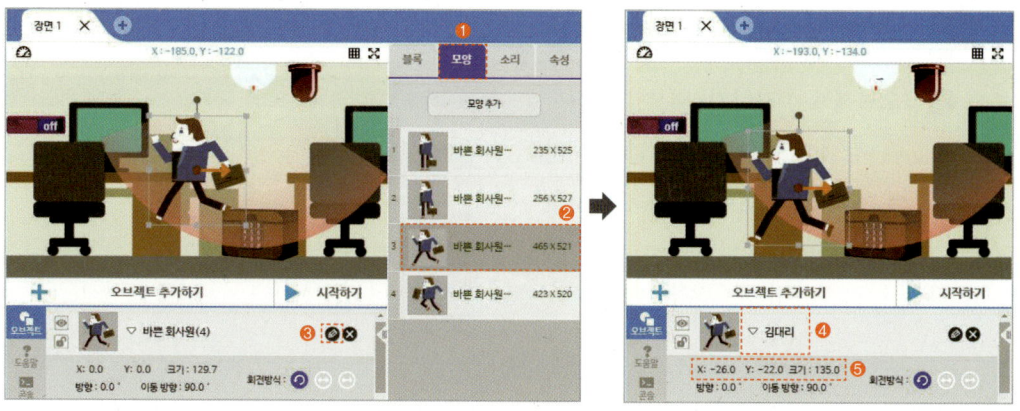

 '김대리' 오브젝트가 스위치 앞으로 이동하여 센서 작동 신호를 보내고, 화면 밖으로 나가도록 만들어 봅시다.

① '김대리' 오브젝트를 선택한 후, [블록] 탭에서 명령어 블록들을 가져와 조립합니다.

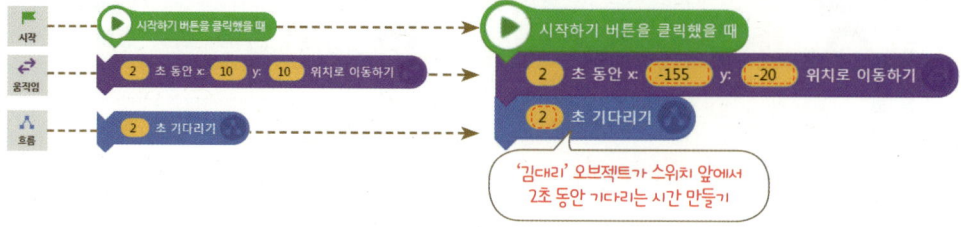

❷ [속성] 탭에서 [신호]–[신호 추가] 버튼을 클릭하여 '신호 1'을 만들고, '센서작동'으로 이름을 변경합니다.

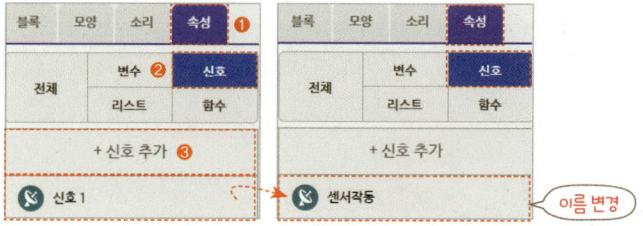

❸ 계속해서 [블록] 탭의 🏁 에서 [센서작동 신호 보내기] 블록을 블록 조립소로 가져와 연결합니다.

❹ '김대리' 오브젝트가 센서 작동 후 2초 동안 기다리는 시간을 만들기 위해 흐름 에서 [2초 기다리기], 그리고 센서 작동 후 '김대리' 오브젝트가 화면 밖으로 사라지도록 하기 위하여 움직임 에서 [2초 동안 x: 10 y: 10 위치로 이동하기] 블록을 가져와 조립합니다.

❺ 완성된 프로그램은 다음과 같습니다.

※ 이때 '김대리' 오브젝트가 화면 밖으로 완전히 사라지도록 하기 위해 x 좌표의 값을 '–300' 이상으로 지정하도록 합니다.

 센서 작동 신호를 받으면 '스위치 켜짐'으로 모양을 바꾸도록 해 봅시다.

'스위치(1)' 오브젝트에 명령을 만들기 위해 '스위치(1)' 오브젝트를 클릭한 후, 다음과 같이 명령어 블록을 가져와 조립합니다.

04. 도난 경보 시스템 만들기 · 95

센서 작동 신호를 받으면 화면에 '감지센서 범위'가 나타나도록 해 봅시다.

'감지센서 범위' 오브젝트를 선택한 후, 다음과 같이 명령어 블록을 가져와 조립합니다.

4단계 '장면 2' 배경 만들기

 장면을 하나 더 추가해 봅시다.

① 앞에서 작업한 [장면 1]의 배경을 복사하여 사용하기 위해 [장면 1] 탭 위에서 마우스 오른쪽 버튼을 클릭하여 [복제하기] 메뉴를 선택하면 [장면 1]의 내용이 복제됩니다.

② [장면 1의 복제본] 이름 위에서 마우스로 클릭하여 복제한 장면의 이름을 '장면 2'로 수정합니다.

 장면 복제에 대해 자세히 알고 싶어요.

배경과 여러 가지 오브젝트가 담긴 장면을 똑같이 만들기 위해서는 '장면' 복제를 하면 편리합니다. 복제하고 싶은 장면에서 마우스 오른쪽 버튼을 클릭하여 [복제하기]메뉴를 선택하면 장면을 복제할 수 있습니다.

위와 같이 '장면'을 복제할 경우, 오브젝트의 이름은 '김대리'에서 '김대리1'과 같이 자동으로 오브젝트 이름 뒤에 숫자가 붙게 됩니다.

 복제된 [장면 2]에서 불필요한 오브젝트를 삭제해 봅시다.

[장면 2]에는 '김대리1' 오브젝트가 등장할 필요가 없으므로 '김대리1' 오브젝트의 ❌ 버튼을 클릭하여 오브젝트를 삭제합니다.

04. 도난 경보 시스템 만들기 · 97

궁금해요 '장면'이 여러 개일 때 주의할 점은 무엇인가요?

'장면'을 복제하여 사용할 경우, 각 오브젝트마다 코드를 작성할 때 혼란이 올 수 있습니다. 예를 들어 [장면 2]에서는 김대리 오브젝트가 필요없으므로 삭제한다고 했을 때 잘못하여 '장면 1'의 '김대리' 오브젝트를 삭제하면 프로그램이 제대로 작동하지 않습니다. 따라서 삭제할 오브젝트의 위치가 '장면 2'의 '김대리1' 오브젝트인지 다시 한 번 확인한 후 삭제하도록 합니다. 만약 오브젝트를 잘못 삭제하였을 때에는 그 즉시 `Ctrl` + `Z`를 클릭하면 되돌릴 수 있습니다.

 3 복제한 [장면 2]의 '스위치(1)1' 오브젝트 모양을 'OFF'에서 'ON'으로 변경해 봅시다.

[장면 2]의 '스위치(1)1' 오브젝트를 선택하고, [모양] 탭에서 두 번째 '스위치(1)_켜짐'을 선택하여 모양을 변경합니다.

 4 [장면 1]과 [장면 2]를 연결해 봅시다.

❶ 다시 [장면 1]로 돌아와 '김대리' 오브젝트를 선택합니다.

❷ '김대리' 오브젝트가 화면에서 완전히 사라지면 [장면 2]가 시작되도록 [블록] 탭의 `시작`에서 `장면1▼ 시작하기` 블록을 가져온 후, '장면 2'로 바꾸어 다음과 같이 마지막에 연결합니다.

5단계 도둑을 좌우로 움직이도록 만들기

⭐ **1** **[장면 2]에서 '도둑' 오브젝트를 추가해 봅시다.**

❶ [장면 2]에서 [오브젝트 추가하기] 버튼을 클릭한 후, 검색 창에서 '회사원'을 검색하여 '회사원(1)' 오브젝트를 선택하고 [적용하기(1)] 버튼을 클릭합니다.

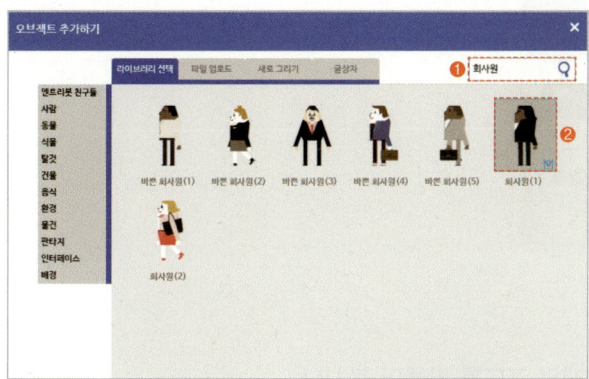 

❷ '회사원(1)' 오브젝트를 걷는 모양으로 바꾸기 위해 [모양] 탭에서 5번째 '회사원(1)_5' 오브젝트 모양을 선택합니다.

※ [5단계]부터는 [장면 2]에서 블록을 조립해야 합니다. 만약 [장면 1]에 있는 오브젝트의 블록 조립소에서 명령어를 조립하면 프로그램이 원하는 대로 작동하지 않으므로 주의하세요.

❸ '회사원(1)_5'의 이동 방향을 바꾸기 위해 편집 틀에서 ↔(좌우로 회전)을 클릭하여 변경한 후 [파일]-[저장하기]를 선택하여 저장합니다.

④ '회사원(1)' 오브젝트의 버튼을 클릭한 후 이름은 '도둑', 위치는 'X: -240, Y: -60'으로 수정합니다.

⭐ 2 '도둑' 오브젝트를 움직이도록 3개의 코드를 만들어 봅시다.

① 첫 번째 코드는 도둑 오브젝트의 [블록] 탭에서 명령어 블록을 가져와 다음과 같이 조립합니다.

② 두 번째 코드는 다음과 같이 명령어 블록을 조립한 후, '안녕!'을 '금고쪽으로 움직여 보세요'로 수정합니다.

③ 세 번째 코드는 오른쪽 화살표와 왼쪽 화살표로 도둑을 움직일 수 있도록 만들기 위해 다음과 같이 명령어 블록을 조립합니다.

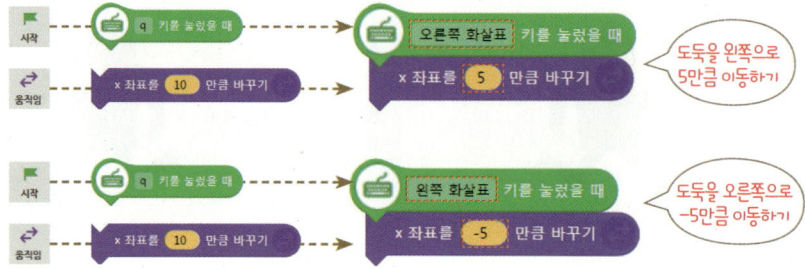

④ 도둑 오브젝트에서 완성한 코드는 다음과 같습니다.

6단계 도둑에 닿으면 움직임 신호 보내기

⭐ 도둑이 움직이다 감지센서에 닿으면 움직임 신호를 보내도록 만들어 봅시다.

① [속성] 탭에서 [신호]-[신호 추가] 버튼을 클릭하여 '신호 2'와 '신호 3'을 추가한 후, '움직임 없음' 신호와 '움직임 있음' 신호로 이름을 변경합니다.

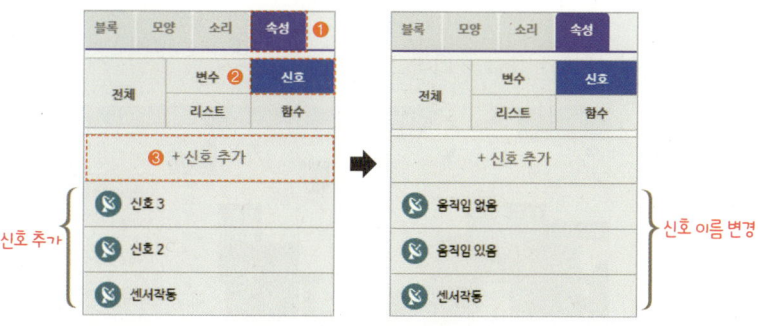

② [장면 2]에서 '감지센서 범위1' 오브젝트를 선택한 후, [장면 1]을 복사할 때 가지고 있던 블록들을 모두 삭제합니다.

04. 도난 경보 시스템 만들기 · 101

❸ [블록] 탭에서 명령어 블록을 가져와 오른쪽 같이 조립합니다.

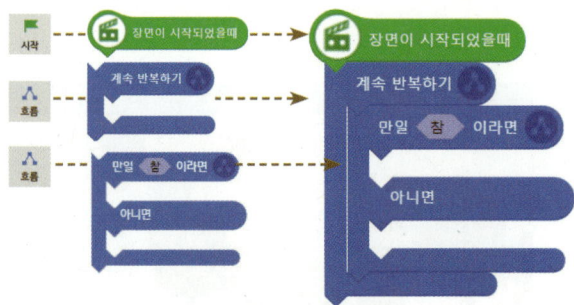

❹ 계속해서 명령어 블록을 가져와 연결합니다. 이때 `마우스포인터 에 달았는가?` 블록에서 '마우스 포인터'를 '도둑'으로 변경합니다.

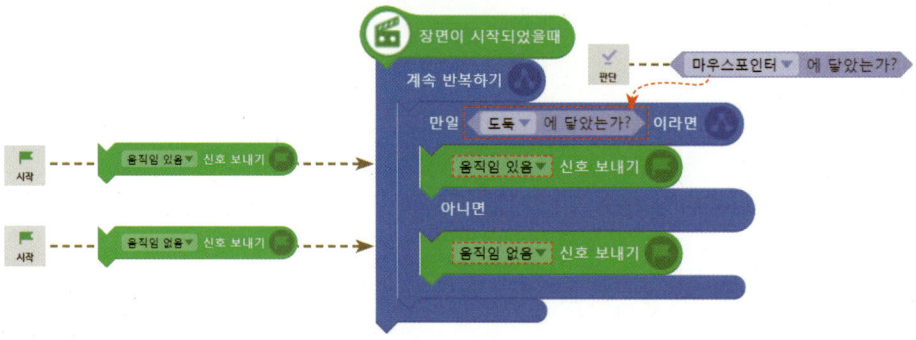

❺ 완성된 코드는 다음과 같습니다.

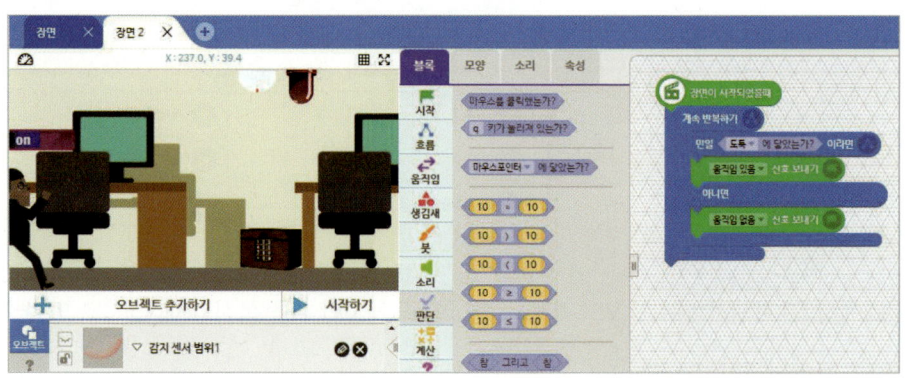

7단계   움직임 신호를 받으면 빨간 LED가 켜지고 경찰 나타나기

 1   움직임 신호를 받으면 빨간 LED가 켜지도록 만들어 봅시다.

[장면 2]의 '빨간 LED1' 오브젝트를 선택한 후, [블록] 탭에서 다음과 같이 명령어 블록을 가져와 조립합니다.

102 · 3장 실생활 문제 해결 프로젝트

 움직임 신호를 받으면 경찰이 나타나도록 코드를 2개 만들어 봅시다.

① [오브젝트 추가하기] 버튼을 클릭한 후, 우측 검색 창에서 '경찰'을 검색하여 '경찰(1)' 오브젝트를 선택하고 [적용하기(1)] 버튼을 누릅니다.

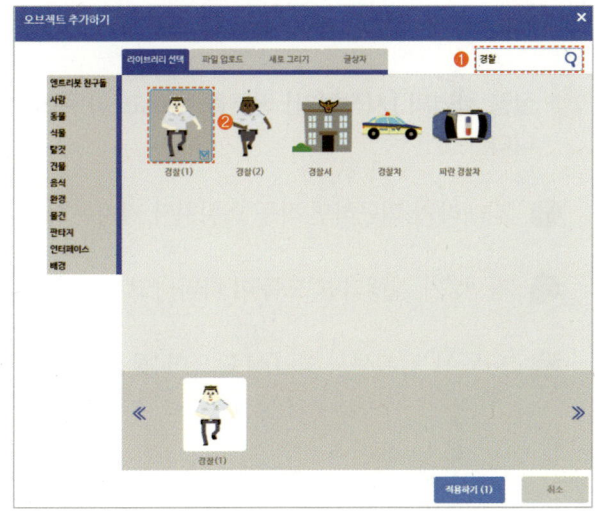

② '경찰(1)' 오브젝트의 버튼을 클릭하여 위치를 'x: −300, y: −40'으로 변경합니다.

③ 먼저 첫 번째 코드를 다음과 같이 조립합니다.

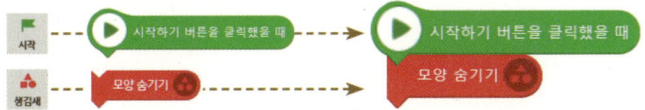

④ 계속해서 두 번째 코드를 다음과 같이 조립합니다.

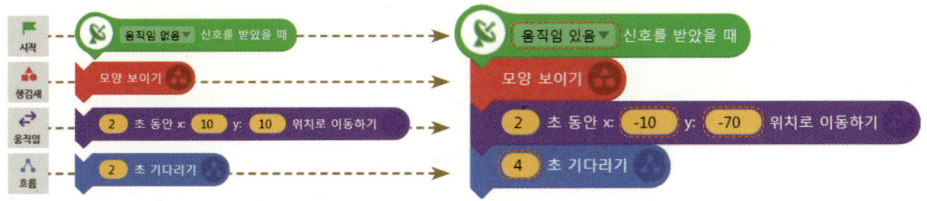

04. 도난 경보 시스템 만들기 · 103

❺ 완성된 코드는 다음과 같습니다.

8단계 프로그램을 실행하고 잘 작동하는지 점검하기

⭐ 실행 화면의 [시작하기] 버튼을 누르고 마우스를 클릭하여 프로그램이 잘 작동하는지 확인합니다.

❶ '김대리'가 퇴근하면 작동 스위치가 켜지는지 확인합니다.

❷ '장면2'가 실행되면 '도둑'이 나타나고 '도둑'을 키보드로 움직일 수 있는지 확인합니다.

❸ '도둑'이 '감지센서 영역'에 닿으면 '빨간 LED'가 켜지고 '경찰'이 나타나는지 확인합니다.

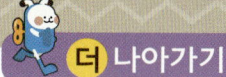

1 경찰이 도둑을 계속 따라다니도록 바꾸어 봅시다.

• 완성 파일: 3장_도난 경보 시스템 만들기(더 나아가기_1).ent

2 도둑이 금고에 닿으면 금고가 열리도록 만들어 봅시다.

• 완성 파일: 3장_도난 경보 시스템 만들기(더 나아가기_2).ent

※ 정답은 248쪽을 참고하세요.

★ 엔트리 홈페이지 [공유하기]-[작품 공유]에서 검색어를 '삼양미디어' 또는 '엔트리&햄스터'를 검색하여 해당 작품을 찾아 실행해 보세요. (파일 모음 주소: https://playentry.org/samyang_ent#!/)

★ 삼양미디어 홈페이지(www.samyangm.com)의 [고객센터]-[자료실]에서 '엔트리&햄스터_소스파일'을 다운로드 받아 활용해 보세요.

4장

교과 연계 프로젝트

01 [국어] 스포츠 매거진 만들기
02 [과학] 물체의 위치 찾기 시뮬레이션
03 [수학, 미술] 삼각형으로 패턴 그림 그리기
04 [과학] 달의 위상 변화

01 국어 스포츠 매거진 만들기

활동 목표
- 신문기사에서 패턴을 분석하고 변수로 만들 키워드들을 찾아 봅시다.
- 변수를 활용하여 자동 기사 작성 로봇을 만들어 봅시다.

신문기사에 쓰이는 핵심 키워드들을 변수에 입력받아 자동으로 기사를 작성하여 화면에 보여주는 프로그램을 만들어 봅시다.

> 기사 작성 로봇이 다음과 같은 기사를 써서 화면에 나타낼 수 있도록 <처리 조건>에 따라 프로그램이 진행되도록 만들어 보세요.

실행 결과

▲ 초기 화면

▲ 경기장 묻기

▲ 이긴 팀 묻기

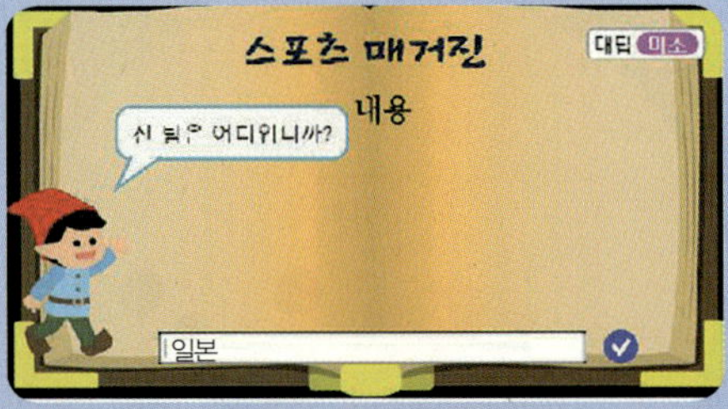

▲ 진 팀 묻기

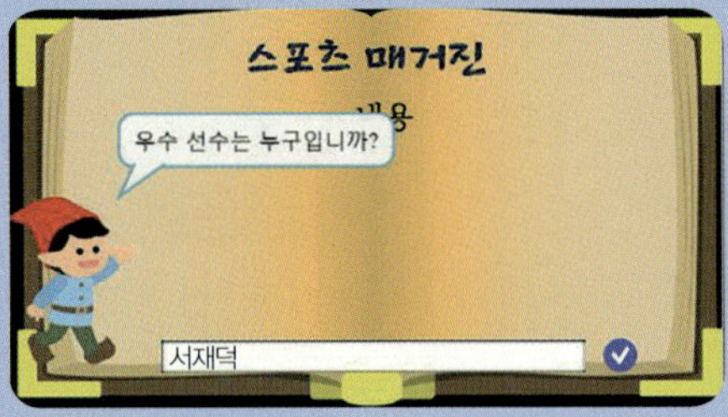

▲ 우수 선수 묻기

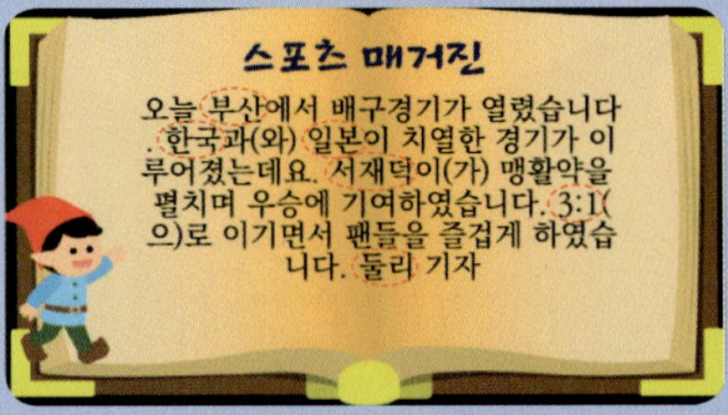

▲ 기사 내용 보여주기

처리 조건 경기가 열린 장소, 팀명, 우수 선수 이름, 팀 점수 등을 입력하면 기사 내용이 자동으로 나타나게 합니다.

- 완성 파일: 4장_스포츠 매거진 만들기.ent

문제 해결하기

1 문제 분석 및 알고리즘 설계

실행 결과와 처리 조건을 분석하여 프로그램에서 수행할 작업들을 설계합니다.

1단계	기본 오브젝트는 지우고, 필요한 오브젝트 추가하기
2단계	필요한 변수 만들기
3단계	기사 로봇 오브젝트 입력값 변수에 저장하기
4단계	글상자 자동 글쓰기 완성하기
5단계	기사 내용 모두 지우기
6단계	프로그램을 실행하고 잘 작동하는지 점검하기

2 필요한 오브젝트 설정

프로그램에서 필요한 각각의 오브젝트와 기능들을 지정합니다.

오브젝트	구현하고 싶은 기능	관련 과정
책 배경	• 배경으로 사용합니다.	1단계
제목	• 글상자를 추가하여 스포츠 매거진 배경에 제목이 나오도록 복사합니다.	1단계
내용	① 글상자를 추가하여 '내용'이라고 배경에 나오도록 합니다. ② 글쓰기가 완성된 화면이 보이도록 합니다. ③ Space Bar 를 누르면 글쓰기가 모두 지워지도록 합니다.	1단계 4단계 5단계
기사로봇	① 기사 오브젝트를 추가합니다. ② 오브젝트를 클릭하면 묻고 답한 값을 변수에 저장하도록 합니다.	1단계 2단계 3단계

프로그래밍하기

1단계 기본 오브젝트는 지우고, 필요한 오브젝트 추가하기

⭐1 배경 오브젝트를 추가해 봅시다.

① 처음 나오는 '엔트리봇' 오브젝트를 클릭한 후 ❌ 버튼을 클릭하여 '엔트리봇' 오브젝트를 삭제합니다.

② [오브젝트 추가하기] 버튼을 클릭한 후, 검색창에서 '책'을 검색하여 '책 배경' 오브젝트를 선택하고 [적용하기(1)] 버튼을 클릭합니다.

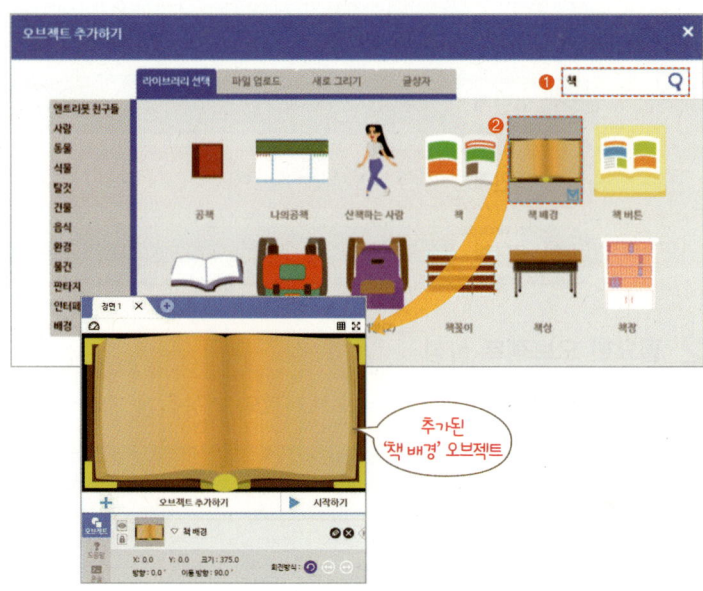

⭐2 제목이 들어갈 텍스트 오브젝트를 추가해 봅시다.

① [오브젝트 추가하기] 버튼을 클릭한 후, [글상자] 탭을 선택합니다.

▸ 제목 입력하기

② 글자 모양은 '한라산체', 글자색은 '파란색', 배경색은 '배경 없음'으로 선택한 후, 입력란에는 '스포츠 매거진'이라고 입력하고 [적용하기(1)] 버튼을 클릭합니다.

③ '글상자' 오브젝트의 ✏ 버튼을 클릭하여 '글상자'를 '제목'으로 변경하고, 위치는 'X: 0, Y: 100', 크기는 '100'으로 지정합니다.

⭐ 기사 내용이 들어갈 텍스트 오브젝트를 추가해 봅시다.

① [오브젝트 추가하기] 버튼을 클릭한 후, [글상자] 탭을 선택합니다.

② 글자 모양은 '바탕체', 배경색은 '배경 없음'으로 선택한 후, 글상자의 내용을 입력하는 부분에 '내용'이라고 입력하고 Enter↵로 줄 바꿈을 할 수 있도록 ☑ 버튼을 누른 다음 [적용하기(1)] 버튼을 클릭합니다.

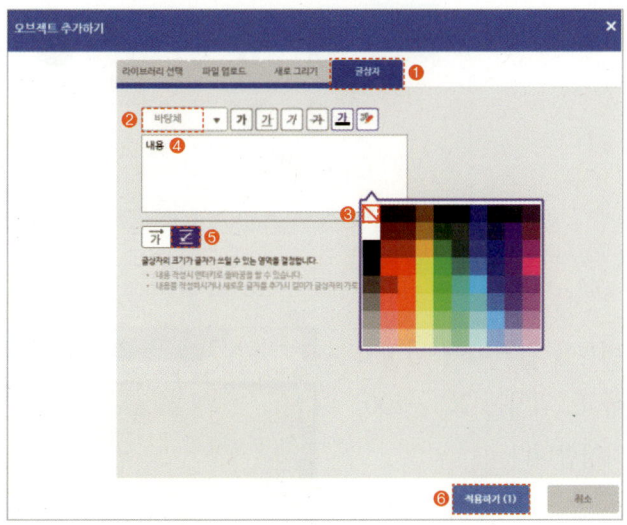

③ '글상자' 오브젝트의 ✏ 버튼을 클릭하여 '글상자'를 '내용'으로 변경하고, 위치는 'X: 0, Y: −30', 크기는 '300'으로 변경합니다.

4 [글상자] 탭에서 글자 크기 스크롤을 조절하여 글자 크기를 적절하게 변경합니다.

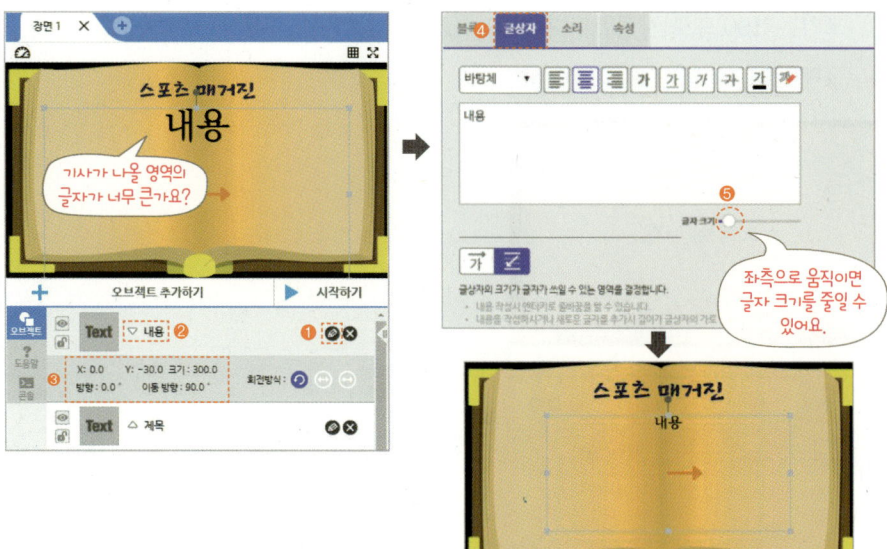

⭐ **4 '기사로봇' 오브젝트를 추가해 봅시다.**

1 [오브젝트 추가하기] 버튼을 클릭한 후, [라이브러리 선택]-[판타지]-[전체]에서 '난쟁이(3)' 오브젝트를 선택하고 [적용하기(1)] 버튼을 클릭합니다.

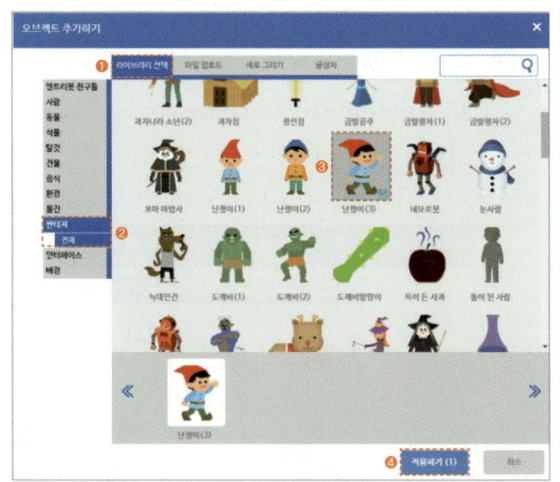

2 '난쟁이(3)' 오브젝트의 ✏ 버튼을 클릭하여 '난쟁이(3)'를 '기사로봇'으로 변경하고, 위치는 'X: -200, Y: -50', 크기는 '100'으로 지정합니다.

❸ 앞으로 쓸 기사 내용이 맨 앞으로 나오게 하기 위해 '기사로봇' 오브젝트를 클릭한 후, '제목' 오브젝트를 드래그하여 아래로 이동합니다.

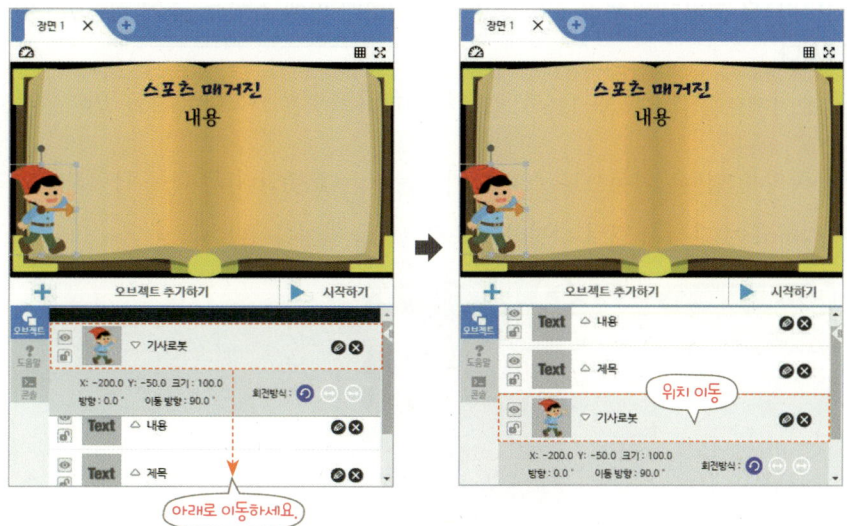

2단계 필요한 변수 만들기

⭐ 필요한 변수를 만들어 봅시다.

❶ [속성] 탭에서 [변수]-[변수 추가] 버튼을 클릭합니다.

❷ 변수 이름은 '기사 쓰기', '경기장', '이긴 팀', '진 팀', '우수 선수', '팀 점수', '기자 이름'과 같이 총 7개의 변수를 만듭니다.

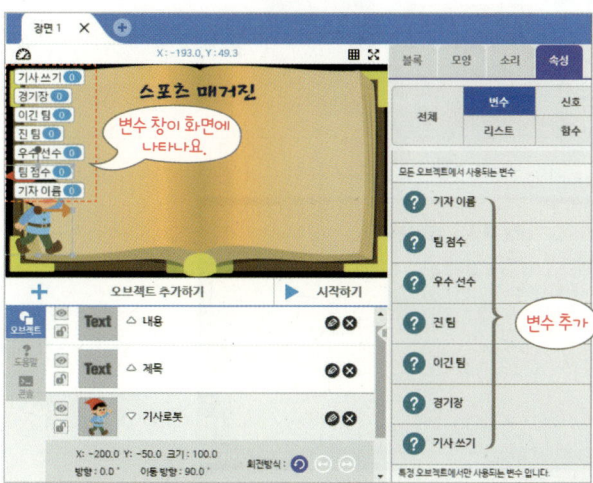

01. [국어] 스포츠 매거진 만들기 · 113

3단계 기사로봇 오브젝트 입력값 변수에 저장하기

1 [시작하기] 버튼을 클릭하면 변수 창이 화면에 나타나지 않게 숨기고, 초기 화면이 나타나도록 만들어 봅시다.

① 기사로봇 오브젝트를 클릭한 후, [블록] 탭에서 명령어 블록을 가져와 다음과 같이 조립합니다.

② 마지막 블록의 '안녕!'은 '자동으로 스포츠 기사를 쓰는 로봇입니다. 나를 클릭하면 시작합니다.'로 수정하고 숫자 '4'를 '2'로 수정하여 프로그램을 완성합니다.

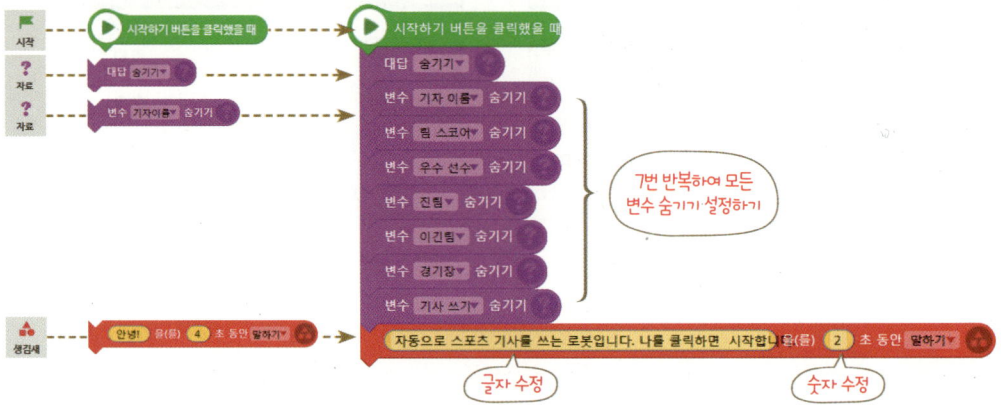

③ ▶시작하기 버튼을 클릭하여 프로그램을 실행하면 다음과 같습니다.

▲ 초기 화면

기사에 필요한 키워드를 입력받아 변수에 저장하도록 만들어 봅시다.

① '기사로봇' 오브젝트를 선택한 후, [블록] 탭에서 명령어 블록을 가져와 다음과 같이 조립합니다.

② [시작]에서 [오브젝트를 클릭했을 때], [자료]에서 [안녕! 을(를) 묻고 대답 기다리기] 블록을 가져와 '안녕!'에 '경기장은 어디입니까?'를 입력합니다. 계속해서 [기자 이름▼ 를 10 로 정하기] 블록을 가져와 조립하고 '기자 이름'을 '경기장'으로 바꾸고, 숫자 '10'에 [대답] 블록을 끼워 넣습니다.

③ ②에서 만든 명령어 블록의 가장 상위 블록에서 마우스 오른쪽 버튼을 클릭하여 나온 메뉴에서 [코드 복사 & 붙여넣기]를 선택하여 코드를 복사하여 조립하는 작업을 5번 반복합니다.

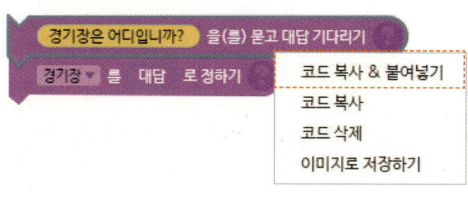

④ 붙여넣기한 블록에서 다음과 같이 키워드의 내용을 변경합니다.

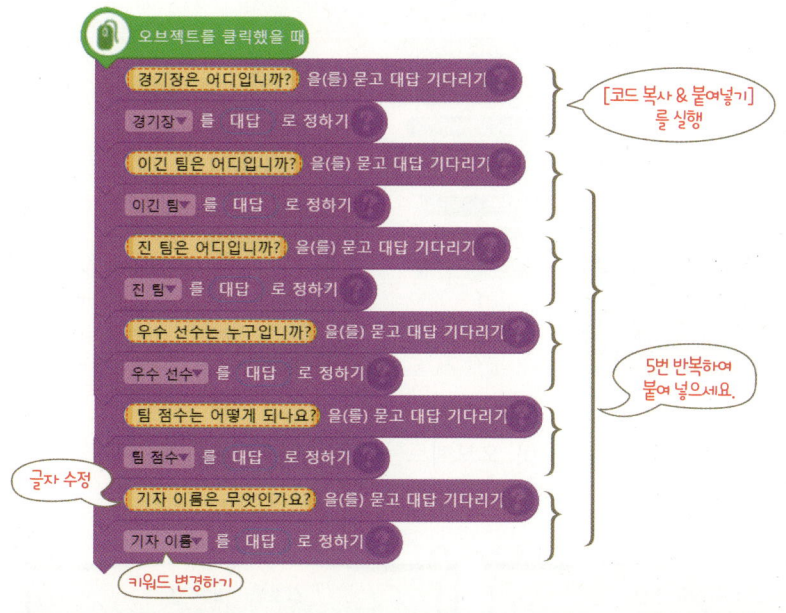

궁금해요 변수에 값을 입력받아 저장하기는 어떻게 하나요?

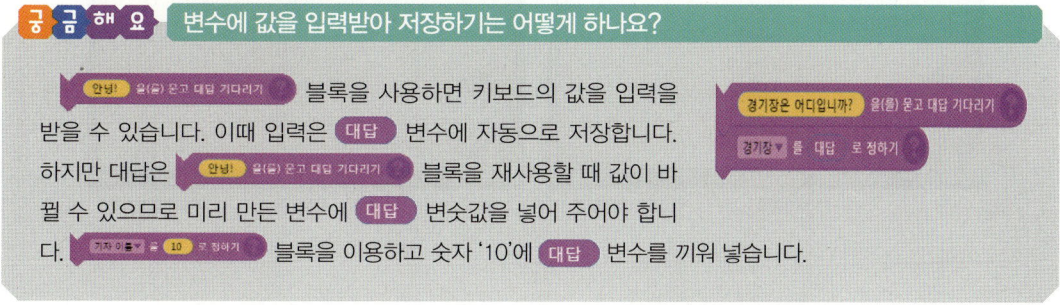

[안녕! 을(를) 묻고 대답 기다리기] 블록을 사용하면 키보드의 값을 입력을 받을 수 있습니다. 이때 입력은 [대답] 변수에 자동으로 저장합니다. 하지만 대답은 [안녕! 을(를) 묻고 대답 기다리기] 블록을 재사용할 때 값이 바뀔 수 있으므로 미리 만든 변수에 [대답] 변숫값을 넣어 주어야 합니다. [기자 이름▼ 를 10 로 정하기] 블록을 이용하고 숫자 '10'에 [대답] 변수를 끼워 넣습니다.

⭐ **3** 입력이 모두 끝난 후에는 '기사 쓰기' 신호를 보내 완성된 기사가 화면에 나타나도록 해 봅시다.

① 신호 생성을 위해 [속성] 탭에서 [신호]-[신호 추가] 버튼을 클릭하여 '신호 1'을 '기사 쓰기'로 수정합니다.

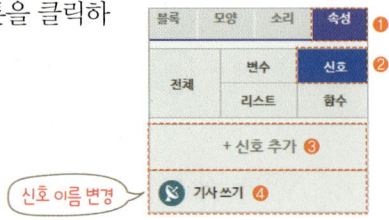

② [블록] 탭의 시작 에서 기사 쓰기 신호 보내기 블록을 가져와 마지막에 조립하여 코드를 완성합니다.

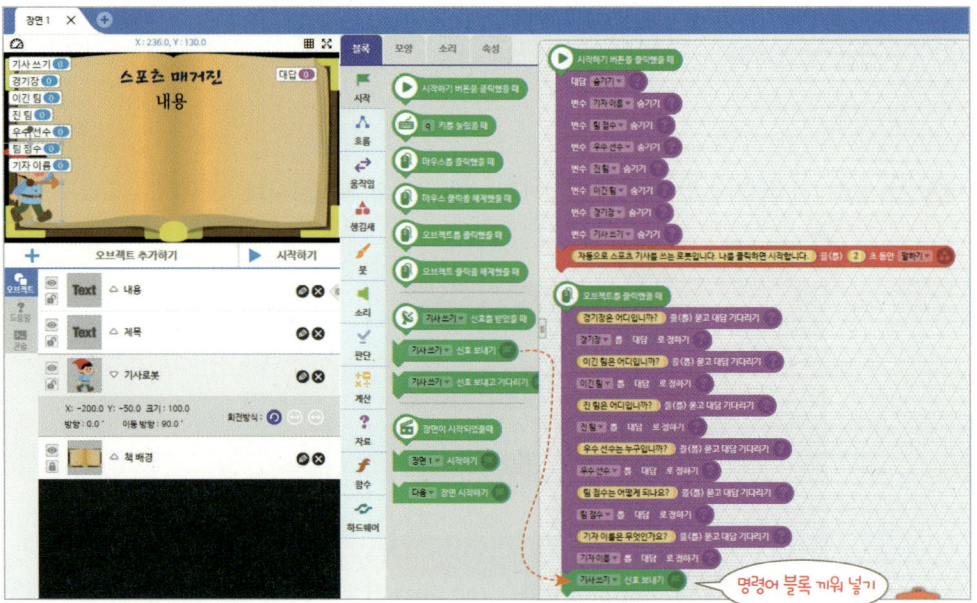

③ [시작하기] 버튼을 클릭한 후 '기사로봇' 오브젝트를 클릭하면 다음과 같은 화면들이 차례로 실행되는지 확인합니다.

위와 같이 질문하는 화면은 4개가 더 나옵니다.

116 · 4장 교과 연계 프로젝트

4단계 자동으로 기사글 완성하기

⭐ '기사 쓰기' 신호를 받았을 때, 기사가 자동으로 완성될 수 있도록 만들어 봅시다.

① '내용' 오브젝트를 선택하고, [블록] 탭에서 다음과 같이 명령어 블록을 가져와 조립합니다.

② ①에서 조립한 블록을 다음과 같이 수정합니다.

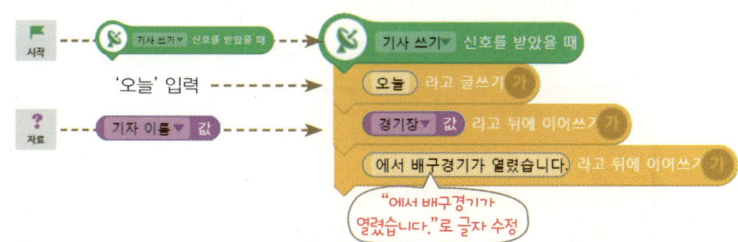

③ 복사해서 사용할 블록 위에서 마우스 오른쪽 버튼을 클릭하여 나오는 메뉴에서 [코드 복사 & 붙여넣기]를 선택하여 명령어 블록을 붙여넣기 합니다.

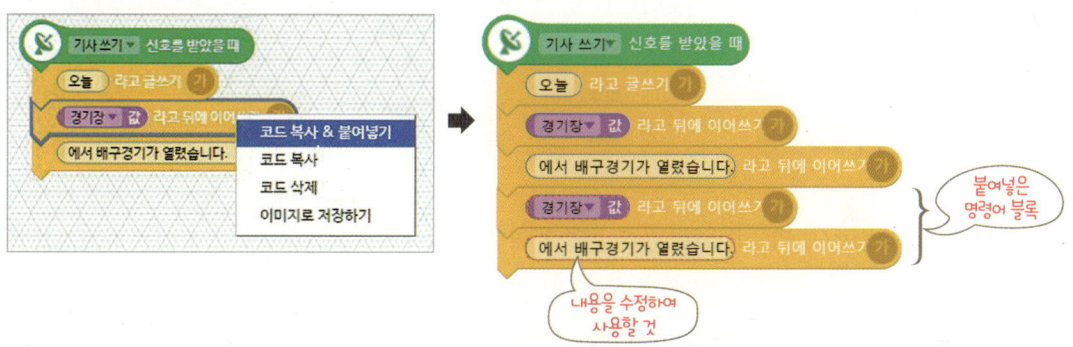

④ ③과 같은 동작을 4번 더 반복하여 명령어 블록을 조립하고, 다음과 같이 내용을 변경하여 코드를 완성합니다.

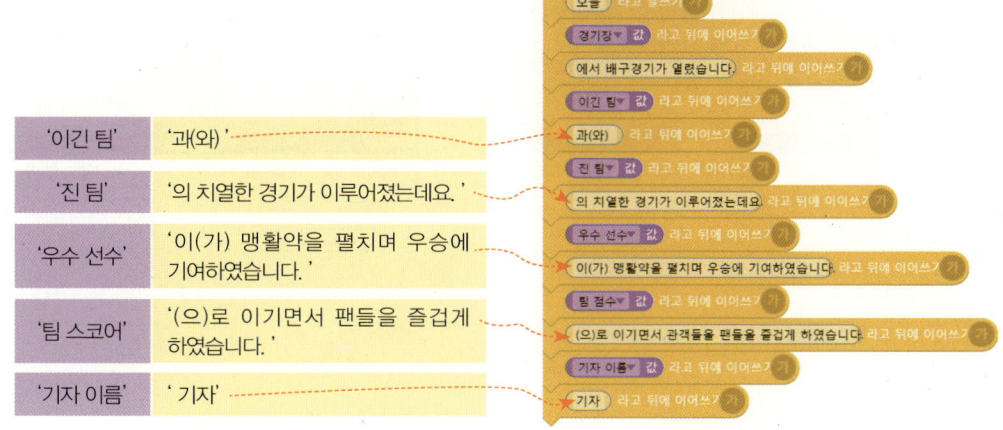

- '이긴 팀' → '과(와) '
- '진 팀' → '의 치열한 경기가 이루어졌는데요. '
- '우수 선수' → '이(가) 맹활약을 펼치며 우승에 기여하였습니다. '
- '팀 스코어' → '(으)로 이기면서 팬들을 즐겁게 하였습니다. '
- '기자 이름' → ' 기자'

01. [국어] 스포츠 매거진 만들기 · 117

5단계 기사 내용 모두 지우기

⭐ Space Bar 를 누르면 글상자 안의 기사 내용이 모두 지워지도록 만들어 봅시다.

① '내용' 오브젝트를 클릭한 후, 다음과 같이 명령어 블록을 조립합니다.

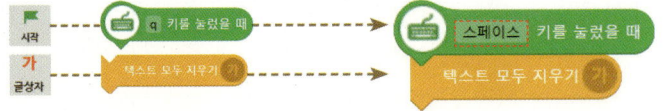

② '내용' 오브젝트에서 작성한 코드는 다음과 같이 2개 입니다.

③ [시작하기] 버튼을 눌러 프로그램을 실행해 봅시다. 기사를 출력한 후에는 Space Bar 를 눌러 기사 내용이 모두 지워지는지 확인합니다.

6단계 프로그램을 실행하고 잘 작동하는지 점검하기

⭐ **실행 화면의 [시작하기] 버튼을 클릭하여 프로그램이 잘 작동하는지 확인합니다.**

❶ 마우스로 기사로봇을 클릭하여 시작합니다.

❷ 기사로봇이 기사에 필요한 6개의 질문을 말풍선으로 물어보면, 키보드로 그에 맞는 답변(키워드)을 입력합니다.

질문	답변 예
경기장은 어디입니까?	부산
이긴 팀은 어디입니까?	한국
진 팀은 어디입니까?	일본
우수 선수는 어디입니까?	서재덕
팀 점수는 어떻게 되나요?	3 대 2
기자 이름은 무엇인가요?	홍길동

❸ 화면에 답변한 내용으로 기사가 완성되어 나오는지 확인합니다.

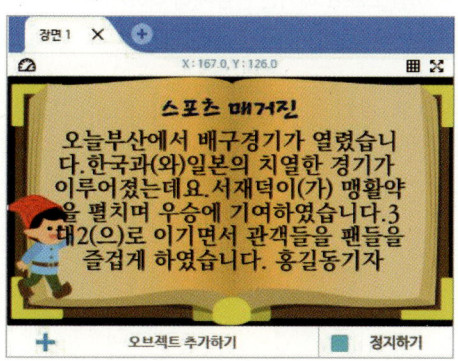

❹ [Space Bar]를 눌러 작성했던 기사 내용이 지워지는지 확인합니다.

- 다음 조건에 따라 작품을 발전시켜 프로그램을 만들어 봅시다.

  ① 기사의 글자 모양과 글자색을 바꾸어 봅시다.

  ② 기사에 현재 년, 월, 일을 추가해 봅시다.

  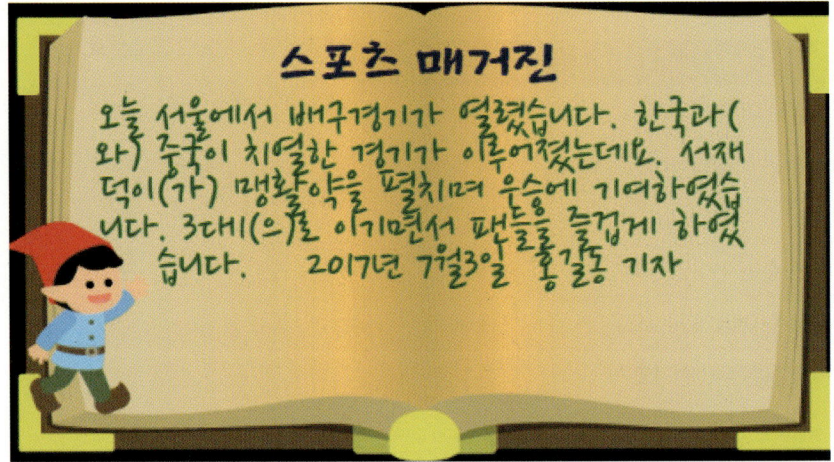

  • 완성 파일: 4장_스포츠 매거진 만들기(더 나아가기).ent

  ③ 경기 종목도 입력하여 자동으로 다양한 스포츠 경기 기사를 쓰도록 변경해 봅시다.

※ 정답은 248쪽을 참고하세요.

02 [과학] 물체의 위치 찾기 시뮬레이션

활동 목표
- 묻고 대답하기를 이용하여 물체의 위치를 말하여 봅시다.
- 선택 구조를 이용하여 물체의 방향과 거리에 맞게 물체를 움직여 봅시다.

엔트리 군은 과학시간에 물체의 위치는 기준점, 방향, 거리를 이용하여 말할 수 있다고 배웠습니다. 초등학교 5학년 과학 '물체의 빠르기' 단원에 나와 있는 물체의 위치 나타내기 시뮬레이션을 만들어 물체의 위치 찾기를 연습해 봅시다.

실행 결과

△ 목적지 묻기

△ 동쪽 이동 거리 묻기

△ 서쪽 이동 거리 묻기

△ 남쪽 이동 거리 묻기

△ 북쪽 이동 거리 묻기

△ 최종 결과

처리 조건 찾아갈 장소와 이동 방향(동쪽, 서쪽, 남쪽, 북쪽)을 키보드로 입력하면, 자동차가 해당 방향으로 진행하도록 합니다.

• 완성 파일: 4장_물체의 위치찾기 시뮬레이션.ent

문제 해결하기

1 문제 분석 및 알고리즘 설계

실행 결과와 처리 조건을 분석하여 프로그램에서 수행할 작업들을 설계합니다.

- 1단계 기본 오브젝트는 지우고, 배경 추가하기
- 2단계 자동차 오브젝트 추가하기
- 3단계 방향과 거리를 묻고 대답하게 만들기
- 4단계 방향과 거리에 따라 자동차를 움직이게 만들기
- 5단계 다시하기 버튼 만들기
- 6단계 프로그램을 실행하고 잘 작동하는지 점검하기

2 필요한 오브젝트 설정

프로그램에서 필요한 각각의 오브젝트와 기능들을 지정합니다.

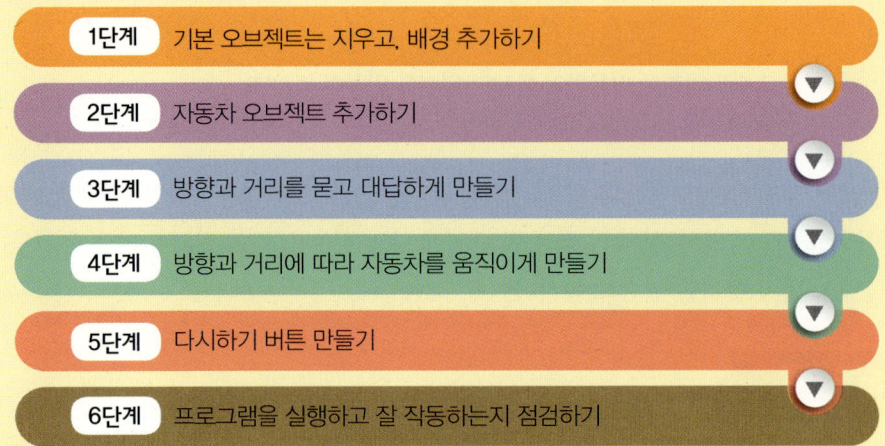

오브젝트	구현하고 싶은 기능	관련 과정
네거리지도	① 지정 웹 사이트에서 '네거리 지도.jpg' 파일을 다운로드하여 사용하도록 합니다. ② '네거리 지도' 이미지를 배경 오브젝트로 추가합니다.	1단계
흰 자동차	① 흰 자동차 오브젝트를 추가합니다. ② 동서남북 방향으로 이동하는 거리를 묻고 대답하게 합니다. ③ 방향에 따라 거리만큼 자동차를 움직이게 합니다. ③ 방향에 맞게 자동차의 방향을 바꾸게 합니다.	2단계 3단계 4단계 4단계
다시하기 버튼	① 다시하기 버튼 오브젝트를 추가합니다. ② 버튼을 클릭하면 처음부터 다시 실행하게 합니다.	5단계

3 필요한 변수 설정

실행 결과 화면을 참고로 하여 프로그램 작업 중에 필요한 변수를 지정합니다.

변수	기능
동쪽	동쪽으로 이동할 거리를 기억합니다.
서쪽	서쪽으로 이동할 거리를 기억합니다.
남쪽	남쪽으로 이동할 거리를 기억합니다.
북쪽	북쪽으로 이동할 거리를 기억합니다.

1단계 기본 오브젝트는 지우고, 배경 추가하기

★ 배경 이미지로 사용할 파일을 지정 웹 사이트에서 다운로드해 봅시다.

① 처음 나오는 '엔트리봇' 오브젝트의 ✖ 버튼을 클릭하여 '엔트리봇' 오브젝트를 삭제합니다.

② [내 컴퓨터]의 바탕 화면에 사용할 '네거리지도.jpg' 파일을 다운로드하여 저장하기 위해 [오브젝트 추가하기] 버튼을 클릭한 후 [파일 업로드] 탭을 선택합니다.

③ [파일 추가]를 클릭한 후, [내 컴퓨터]에 저장한 '네거리지도.jpg' 파일을 선택하고 [열기] 버튼을 클릭합니다.

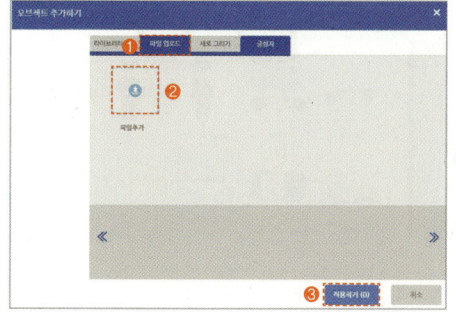 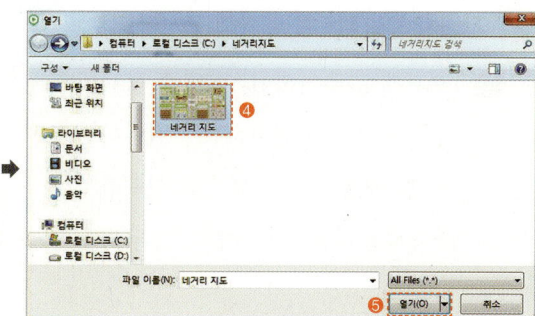

❹ '네거리지도' 오브젝트를 선택하고 [적용하기(1)] 버튼을 누릅니다.

❺ '네거리지도' 오브젝트의 🖉 버튼을 클릭한 후, 위치는 'X: 0, Y: 20', 크기는 '360'으로 수정합니다.

2단계 자동차 오브젝트 추가하기

★ **자동차 오브젝트를 추가해 봅시다.**

❶ [오브젝트 추가하기] 버튼을 클릭한 후, 검색 창에서 '차'를 검색하여 '흰 자동차' 오브젝트를 선택하고 [적용하기(1)] 버튼을 누릅니다.

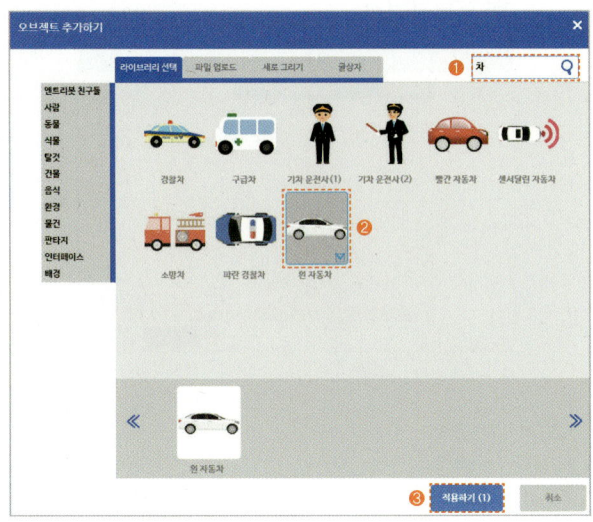

❷ '흰 자동차' 오브젝트의 [모양] 탭에서 '흰 자동차_옆' 오브젝트 모양을 '흰 자동차_위'로 변경합니다.

❸ 오브젝트 화면에서 '흰 자동차' 오브젝트의 ✏ 버튼을 클릭하여 위치를 'X: 0, Y: 20', 크기를 '35'로 수정합니다.

3단계 방향과 거리를 묻고 대답하는 프로그램 만들기

1 방향을 저장할 변수를 동쪽, 서쪽, 남쪽, 북쪽과 같이 4개를 만들어 봅시다.

❶ [속성] 탭에서 [변수]-[변수 추가] 버튼을 클릭하여 다음과 같이 4개의 변수를 만듭니다.

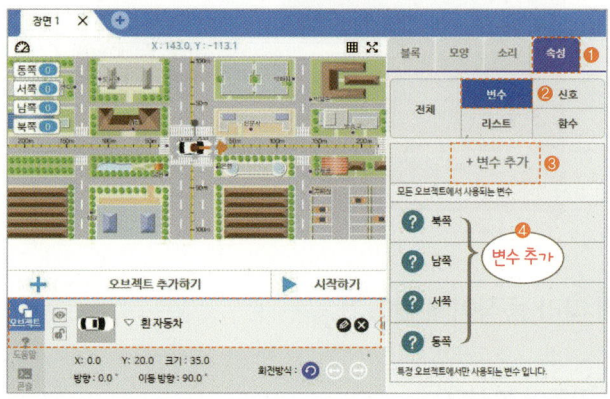

❷ 화면에 나타난 '동쪽', '서쪽', '남쪽', '북쪽' 변수 창을 드래그하여 지도 아래쪽에 일렬로 배치합니다.

묻고 대답하기를 만들어 봅시다.

① '흰 자동차' 오브젝트를 클릭한 후, [블록] 탭에서 명령어 블록을 찾아 다음과 같이 조립합니다.

② 반복되는 부분을 [코드 복사 & 붙여넣기] 메뉴를 이용하여 '서쪽', '남쪽', '북쪽'에 대한 묻고 대답하기도 추가하여 완성합니다.

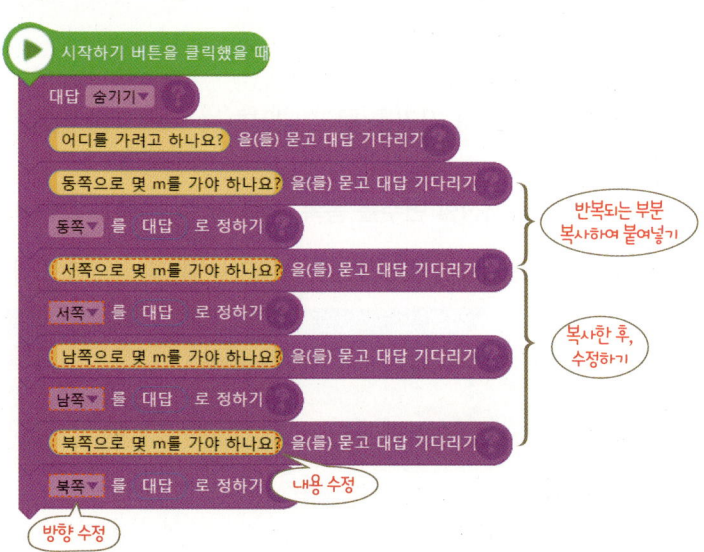

4단계 자동차를 방향과 거리에 따라 움직이게 만들기

 '동쪽'으로 '대답'만큼 움직이게 만들어 봅시다.

① 자동차 오브젝트를 클릭한 후, [블록] 탭에서 다음과 같이 기본 명령어 블록을 가져와 조립합니다.

② '동쪽'으로 이동하기 위해 [자료]에서 [동쪽 값] 블록을 x 좌푯값에 끼워넣고, y좌푯값은 0으로 수정합니다.

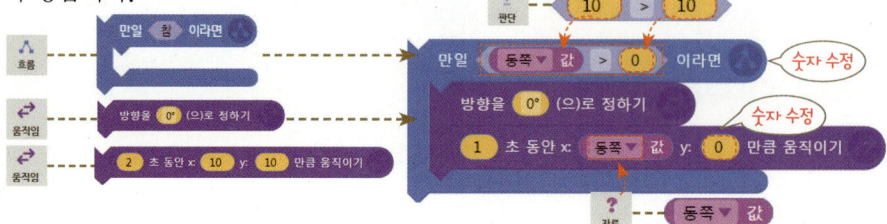

❸ 위와 같이 작성한 블록을 [3단계]에서 작성한 프로그램 아래쪽에 조립합니다.

궁금해요 자동차를 어떻게 동서남북으로 이동하나요?

자동차는 오른쪽 그림과 같이 x좌표와 y좌표에 따라 움직입니다.

화면의 중심값은 x: 0, y: 0입니다. 따라서 좌우의 움직임은 x좌푯값의 변화로 나타내고, 상하의 움직임은 y좌푯값의 변화로 나타낼 수 있습니다. 그러므로 지도에서 오른쪽(동쪽)으로 움직이려면 x좌푯값이 변하고, 지도에서 위쪽(북쪽)으로 움직이려면 y좌푯값이 변하도록 해야 합니다.

⭐2 **서쪽으로 '대답'만큼 움직이게 만들어 봅시다.**

❶ ⭐1 의 과정으로 만든 블록의 상위 블록에서 마우스 오른쪽 버튼을 클릭하여 [코드 복사 & 붙여넣기] 메뉴로 복사한 후, 다음과 같이 수정하여 아래쪽에 조립합니다.

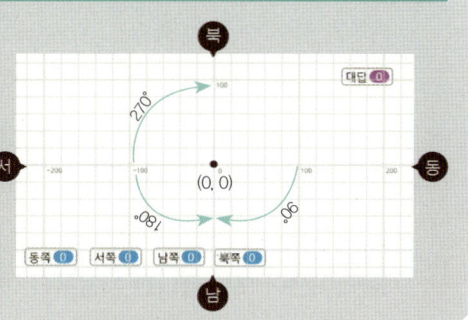

❷ 자동차가 이동하는 방향을 바꾸기 위해 `동쪽▼ 값` 블록 대신 `서쪽▼` 블록으로 변경하고, `방향을 0°(으)로 정하기` 블록에서 0°를 '180°'로 수정합니다.

⭐3 **남쪽으로 '대답'만큼 움직이게 만들어 봅시다.**

❶ ⭐2 와 같은 방법으로 블록을 복사한 후, 내용을 오른쪽과 같이 수정합니다.

❷ 남쪽으로 이동하기 위해 x좌푯값은 0, y좌푯값은 남쪽(아래) 방향으로 이동하도록 변경합니다.

4 북쪽으로 '대답'만큼 움직이게 만들어 봅시다.

① 와 같은 방법으로 블록을 복사한 후, 오른쪽과 같이 수정합니다.

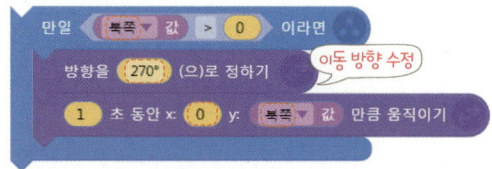

② 북쪽으로 이동하기 위해 y좌푯값에, x좌푯값을 수정합니다.

 5 시뮬레이션이 모두 끝나면 처음부터 다시 실행할 수 있도록 신호 보내기를 만들어 봅시다.

① [속성] 탭에서 [신호]-[신호 추가] 버튼을 클릭하여 '신호 1'을 만듭니다.

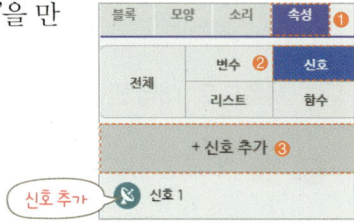

② [블록] 탭의 시작 에서 신호1 신호 보내기 블록을 가져와 블록 묶음 제일 아래에 조립하여 코드를 완성합니다.

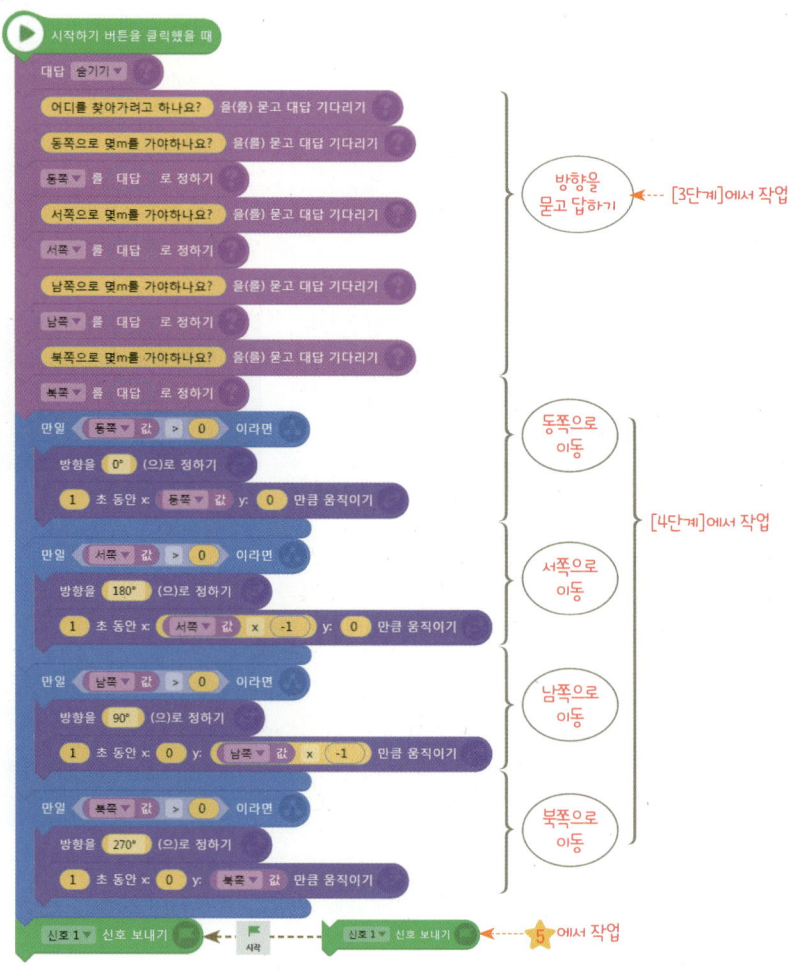

5단계 다시하기 버튼 만들기

1. 다시하기 버튼 오브젝트를 추가해 봅시다.

① [오브젝트 추가하기] 버튼을 클릭한 후, 검색 창에서 '버튼'을 검색하여 '다시하기 버튼' 오브젝트를 선택하고 [적용하기(1)] 버튼을 누릅니다.

② '다시하기 버튼' 오브젝트의 버튼을 클릭한 후, 위치는 'X: 170, Y: -110', 크기는 '70'으로 수정합니다.

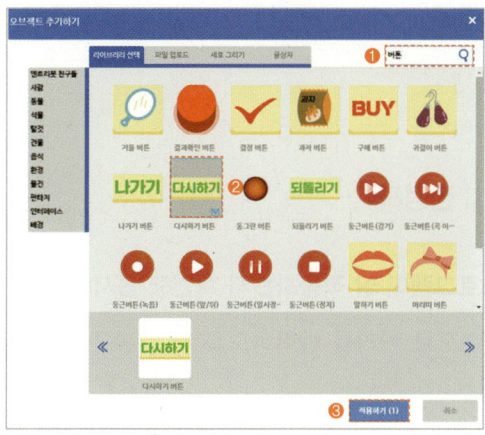

2. '물체의 위치 찾기 시뮬레이션'이 시작되면, '다시하기 버튼' 오브젝트는 화면에 나타나지 않도록 만들어 봅시다.

① '다시하기 버튼' 오브젝트를 클릭한 후, [블록] 탭에서 다음과 같은 명령어 블록을 찾아 조립합니다.

02. [과학] 물체의 위치 찾기 시뮬레이션 · 129

❷ '다시하기 버튼' 오브젝트에서 완성된 코드는 다음과 같습니다.

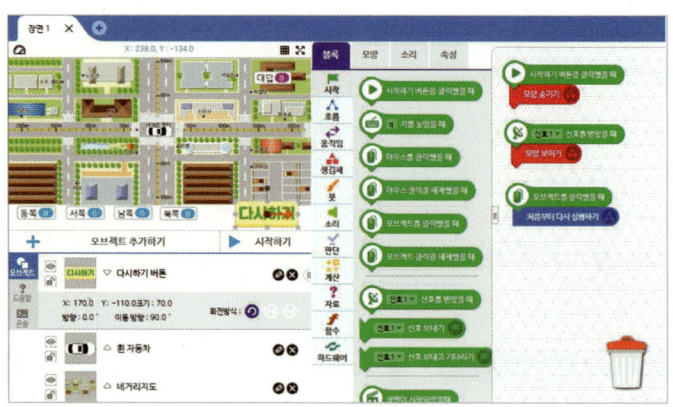

6단계 프로그램을 실행하고 잘 작동하는지 점검하기

⭐ **실행 화면의 [시작하기] 버튼을 클릭하여 프로그램이 잘 작동하는지 확인해 봅시다.**

❶ 찾아가는 장소와 동쪽, 서쪽, 남쪽, 북쪽 순으로 거리를 입력하도록 하는 질문에 답변을 입력합니다.

㉠ 어디를 찾아가려고 하나요? 스포츠 센터
동쪽으로 몇 m를 가야 하나요? 0
서쪽으로 몇 m를 가야 하나요? 140
남쪽으로 몇 m를 가야 하나요? 0
북쪽으로 몇 m를 가야 하나요? 70

❷ 답변한 내용에 따라 자동차가 이동하는지 확인합니다.

❸ '다시하기 버튼'을 클릭하면 처음부터 다시 실행하는지 확인합니다.

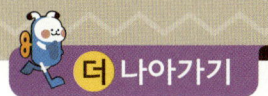 

1 자동차가 이동하면서 이동 방향과 거리를 말하도록 프로그램을 수정해 봅시다.

• 완성 파일: 4장_물체의 위치 찾기 시뮬레이션(더 나아가기_1).ent

2 자동차로 시뮬레이션하여 도착한 목적지에 대한 리스트를 만들어 봅시다. 또한 [다시하기]를 추가해 봅시다.

• 완성 파일: 4장_물체의 위치 찾기 시뮬레이션(더 나아가기_2).ent

※ 정답은 249쪽을 참고하세요.

03 삼각형으로 패턴 그림 그리기

수학, 미술

활동 목표
- 그리기와 이동 방향 회전하기를 이용하여 삼각형을 그려 봅시다.
- 계속 반복하기를 이용하여 삼각형을 이용한 패턴 그림을 그려 봅시다.

선이나 도형이 많이 겹치게 하면 어떠한 모습을 만들어 냅니다. 삼각형을 조금씩 회전하며 연속적으로 그리면 어떤 모양이 나올까요? 삼각형으로 만들어내는 다양한 원형의 패턴을 만들어 봅시다.

실행 결과

△ 초기 화면

△ 마우스를 클릭한 위치에 도형 그리기

△ 다양한 위치에서 마우스를 클릭한 경우

△ Space Bar 를 누르면 도형 그리기를 멈춤

처리 조건
- 실행 화면에서 마우스 포인터의 위치를 옮겨 가면서 마우스를 클릭하면 삼각형이 일정 간격을 회전하면서 그림이 계속 그려지도록 합니다. 이때, 색도 바뀌게 합니다.
- Space Bar 를 누르면 도형 그리기가 멈추고, 다시 마우스를 클릭하면 도형이 그려지도록 합니다.
- 완성 파일: 4장_삼각형으로 패턴 그림 그리기.ent

문제 해결하기

1 문제 분석 및 알고리즘 설계

실행 결과와 처리 조건을 분석하여 프로그램에서 수행할 작업들을 설계합니다.

- **1단계** 기본 오브젝트는 지우고, 연필 오브젝트 추가하기
- **2단계** 연필 오브젝트의 중심점 옮기기
- **3단계** 삼각형을 회전하면서 그리는 작업을 무한 반복하기
- **4단계** 다양한 기능 넣기
- **5단계** 프로그램을 실행하고 잘 작동하는지 점검하기

2 필요한 오브젝트 설정

프로그램에서 필요한 각각의 오브젝트와 기능들을 지정합니다.

오브젝트	구현하고 싶은 기능	관련 과정
연필	① 마우스를 클릭한 위치에서 그리기 패턴을 시작합니다. ② 삼각형을 그립니다. ③ 각도를 회전하며 계속 삼각형을 그리도록 합니다. ④ 경우에 따라 마우스로 클릭한 위치로 마우스 포인터를 이동하여 삼각형을 그리도록 합니다. ⑤ Space Bar 를 누르면 그리는 일을 중단합니다.	1단계 2단계 3단계 3단계 4단계 5단계 5단계

프로그래밍하기

1단계 기본 오브젝트는 지우고, 연필 오브젝트 추가하기

⭐ 기본 오브젝트를 삭제하고, 연필 오브젝트를 추가해 봅시다.

① 처음 나오는 '엔트리봇' 오브젝트의 ❌ 버튼을 클릭하여 '엔트리봇' 오브젝트를 삭제합니다.

② [오브젝트 추가하기] 버튼을 클릭한 후, 검색 창에서 '연필'을 검색하여 '연필(1)' 을 선택하고 [적용하기(1)] 버튼을 클릭합니다.

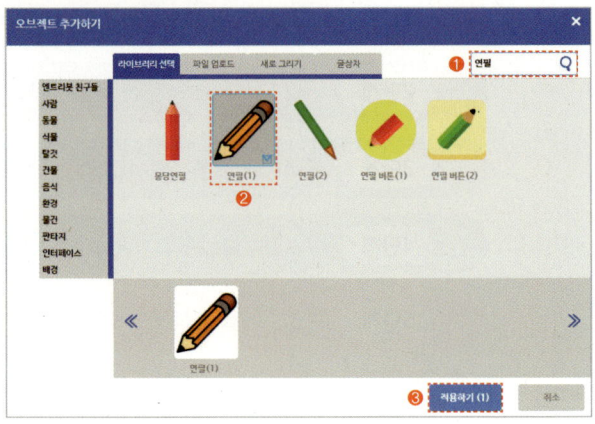

2단계 연필 오브젝트의 중심점 옮기기

⭐ 연필 오브젝트의 중심점을 이동해 봅시다.

① 연필 오브젝트를 클릭하여 오브젝트 중앙에 있는 오브젝트 '중심점(갈색점)'을 확인합니다.

② 연필 오브젝트의 '중심점'을 마우스로 끌기하여 연필심 끝부분으로 이동합니다.

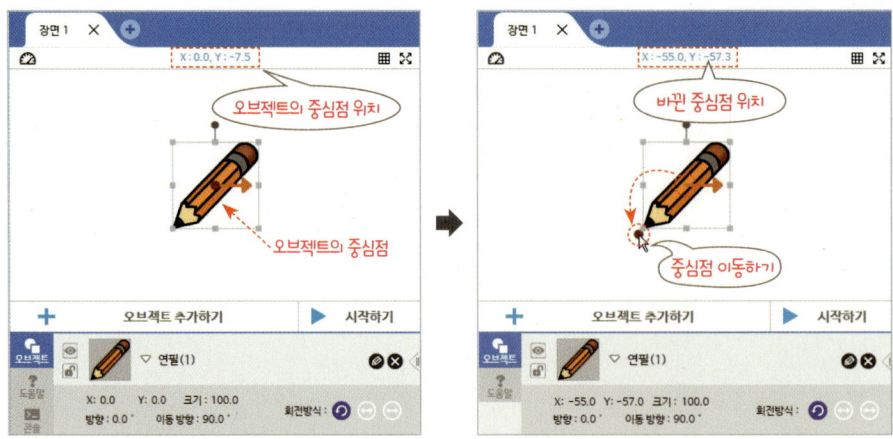

※ 현재 연필 오브젝트의 중심점 위치는 'X:-55, Y:-57'로 변경되었습니다. 이 중심점은 오브젝트의 크기와 상관없이 오브젝트의 정확한 위치를 알려 주는 좌표 역할을 합니다. 또한 그리기 명령을 준 경우 그리기가 시작되는 지점이 되며, 오브젝트의 방향 회전 시 이 점을 기준으로 회전합니다.

3단계 삼각형 그리기

1 마우스를 클릭하면 삼각형을 그리도록 만들어 봅시다.

① 마우스를 클릭하면 선을 긋고, 120° 회전하면서 삼각형을 그리기 위해 다음과 같이 명령어 블록을 조립합니다.

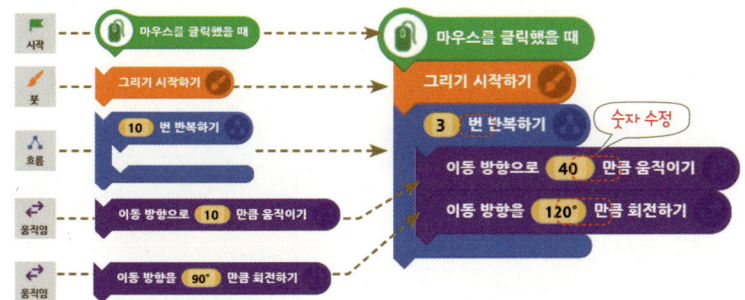

② 실행 화면의 [시작하기] 버튼을 클릭한 후, 실행 화면에서 마우스를 클릭하면 삼각형이 그려집니다.

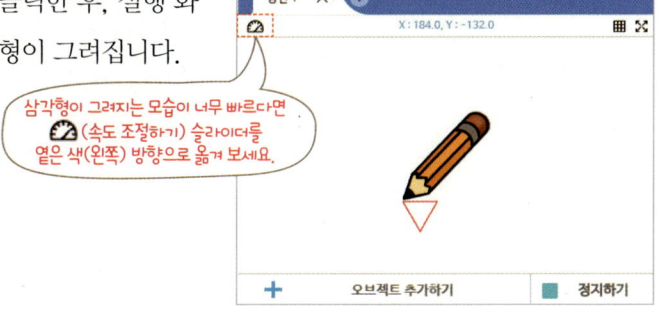

삼각형이 그려지는 모습이 너무 빠르다면 (속도 조절하기) 슬라이더를 옅은 색(왼쪽) 방향으로 옮겨 보세요.

2 삼각형으로 그리는 작업을 10도씩 회전하면서 무한 반복되도록 만들어 봅시다.

① [3단계]에서 작성한 코드에 이동 방향을 10°씩 회전하면서 삼각형을 무한 반복하여 그릴 수 있도록 다음과 같은 명령어 블록을 추가합니다.

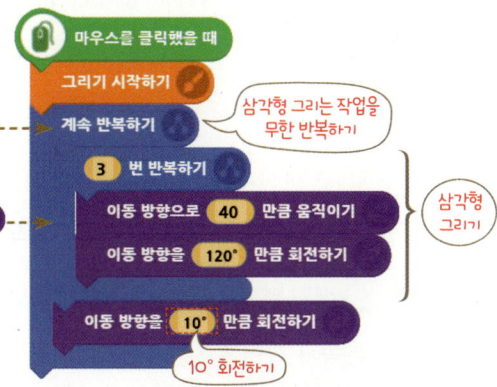

② 실행 화면의 [시작하기] 버튼을 클릭한 후, 마우스를 클릭하면 삼각형이 회전하면서 계속 그려지는지 확인합니다.

4단계 다양한 기능 넣기

⭐1 **연필이 마우스를 클릭한 위치로 이동한 후, 그림을 그리도록 만들어 봅시다.**

① 그리기를 시작하기 전에 마우스 포인터가 이동하도록 `움직임`에서 `연필(1) 위치로 이동하기` 블록을 가져와 다음과 같이 '마우스 포인터'로 변경하여 조립합니다.

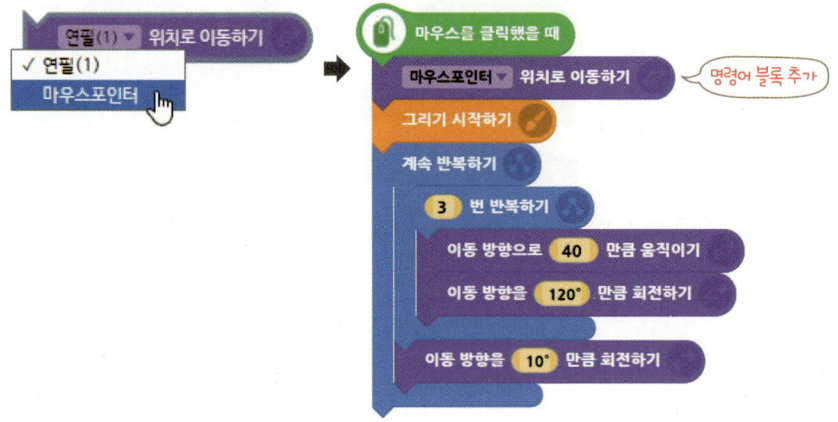

② 실행 화면의 [시작하기] 버튼을 누른 후, 실행 화면에서 마우스 포인터의 위치를 원하는 곳으로 옮겨가면서 클릭하면, 연필은 마우스 포인터를 따라 이동하면서 새로운 도형을 그리는 것을 확인할 수 있습니다.

⭐2 **마우스를 클릭할 때마다 새로운 색으로 삼각형을 그려 봅시다.**

① `붓`에서 `붓의 색을 무작위로 정하기` 블록을 가져와 오른쪽과 같이 추가하면, 색을 바꾸면서 삼각형을 그릴 수 있습니다.

❷ 실행 화면의 [시작하기] 버튼을 누른 후, 마우스 포인터의 위치를 이동하면서 마우스를 클릭하면 그 때마다 새로운 색깔의 도형이 그려집니다.

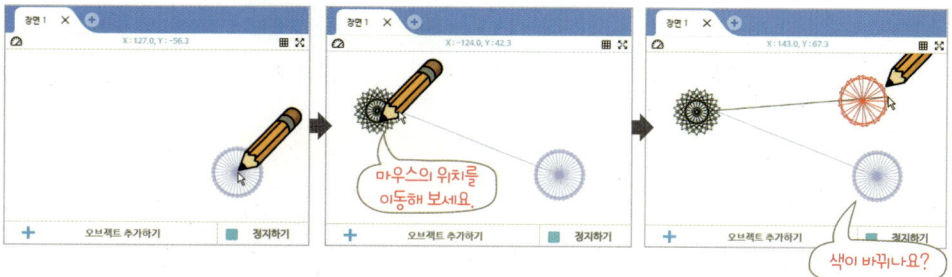

 도형과 도형 사이에 생기는 줄을 삭제해 봅시다.

❶ 오른쪽과 같이 명령어 블록을 추가하면, 마우스를 이동하며 클릭할 때마다 생기는 도형 사이의 줄이 사라집니다.

❷ 실행 화면의 [시작하기] 버튼을 누른 후, 마우스 포인터를 이동하면서 마우스를 클릭하면 도형 사이에 생겼던 줄이 생기지 않음을 확인할 수 있습니다.

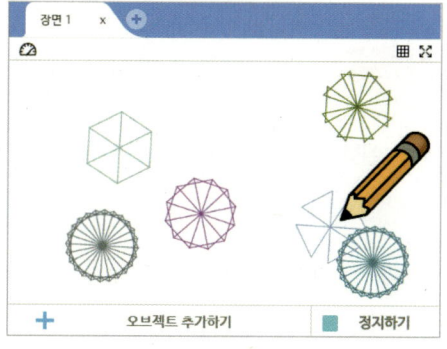

 키보드에서 Space Bar 를 누르면 도형 그리기를 멈추도록 해봅시다.

❶ 다음과 같이 명령어 블록을 가져와 조립하면, 마우스를 클릭했을 때 도형을 그리다가 Space Bar 를 누르면 삼각형을 그리는 작업을 멈춥니다.

03. [수학, 미술] 삼각형으로 패턴 그림 그리기 · 137

❷ '연필' 오브젝트에서 완성된 코드는 다음과 같이 2개 입니다.

❸ 실행 화면의 [시작하기] 버튼을 누른 후, 마우스를 클릭하여 도형을 그리는 중간에 Space Bar 를 눌러 보세요. 다시 마우스를 클릭하면 멈췄던 도형 그리기가 시작되는지 확인합니다.

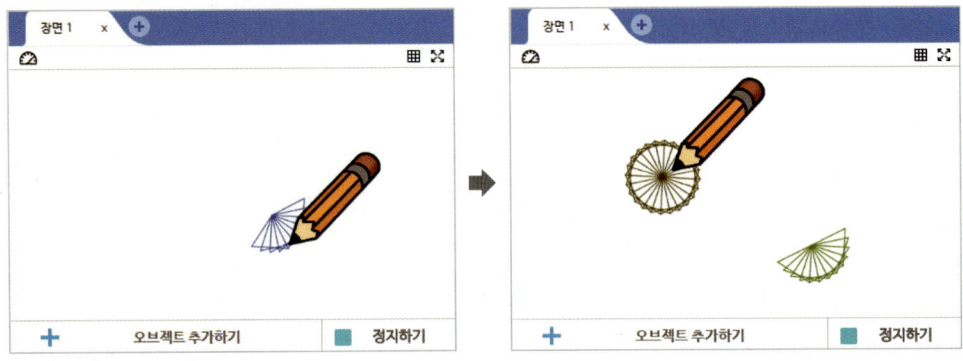

5단계 프로그램을 실행하고 잘 작동하는지 점검하기

⭐ **실행 화면의 [시작하기] 버튼을 누르고, 마우스를 클릭하여 잘 작동하는지 확인합니다.**

❶ 마우스를 클릭하면 삼각형이 그려지는지 확인합니다.

❷ 실행 화면에서 마우스 포인터의 위치를 옮겨 마우스를 클릭하면, 그곳에서 또 다른 도형이 그려지는지 확인합니다.

❸ 도형의 색깔이 바뀌는지 확인합니다.

❹ Space Bar 를 누르면 도형 그리기가 멈추고, 다시 마우스를 클릭하면 도형이 그려지는지 확인합니다.

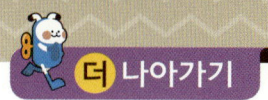 

1 삼각형의 이동 거리를 '80'으로 변경해 봅시다.

- 완성 파일: 4장_삼각형으로 패턴 그림 그리기(더 나아가기 1-이동 거리 80).ent

2 기본 도형이 오각형으로 만들어지도록 변경하여 추상화를 그려 봅시다.

- 완성 파일: 4장_삼각형으로 패턴 그림 그리기(더 나아가기 2-오각형).ent

※ 정답은 251쪽을 참고하세요.

04 달의 위상 변화

과학

- 활동 목표
  - 오브젝트의 회전 중심을 이용하여 지구의 자전, 달의 공전을 만들어 봅시다.
  - 오브젝트의 방향 말하기, 신호 보내기, 선택 구조를 이용하여 달의 위상 변화를 만들어 봅시다.

달의 위상 변화(Phase of the moon)는 지구에서 보았을 때 달의 공전에 따른 태양-지구-달의 위치 변화에 따라 눈에 보이는 모양이 변화하는 것을 말합니다. 지구와 달, 그리고 태양의 상대적 위치에 따라 생기는 현상을 애니메이션으로 만들어 봅시다.

실행 결과

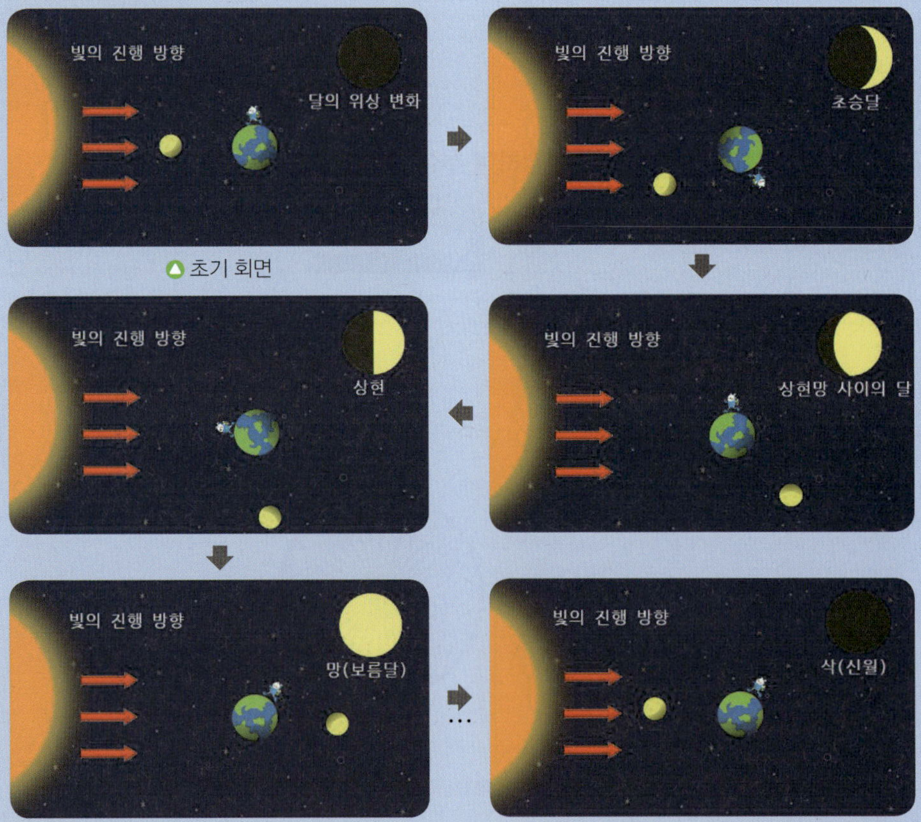

빛의 진행 방향 / 달의 위상 변화	빛의 진행 방향 / 초승달
▲ 초기 화면	
빛의 진행 방향 / 상현	빛의 진행 방향 / 상현망 사이의 달
빛의 진행 방향 / 망(보름달)	빛의 진행 방향 / 삭(신월)

처리 조건 달의 공전 움직임의 위치에 따라 달의 모양이 삭을 시작으로 초승달 → 상현달 → 상현망 사이의 달 → 망(보름달) → 하현망 사이의 달 → 하현 → 그믐달 → 삭(신월) 순으로 계속 반복하도록 합니다.

- 완성 파일: 4장_달의 위상변화.ent

1 문제 분석 및 알고리즘 설계

실행 결과와 처리 조건을 분석하여 프로그램에서 수행할 작업들을 설계합니다.

- **1단계** 기본 오브젝트는 지우고, 필요한 오브젝트 추가하기
- **2단계** 필요한 신호 만들기
- **3단계** 지구의 자전, 달의 공전 애니메이션 만들기
- **4단계** 달의 공전 위치 확인 후 신호를 보내고, 그 신호에 따라 달의 위상 변경하기
- **5단계** 프로그램을 실행하고 잘 작동하는지 점검하기

2 필요한 오브젝트 설정

프로그램에서 필요한 각각의 오브젝트를 추가하고 기능들을 지정합니다.

오브젝트	구현하고 싶은 기능	관련 과정
우주 배경	• 배경으로 사용합니다.	1단계
엔트리봇	• '지구' 오브젝트를 중심으로 회전하도록 합니다.	1단계, 3단계
화살표	• 빛의 진행 방향을 표시합니다.	1단계
태양계-태양	• 태양을 표현합니다.	1단계
태양계-지구	• 지구의 자전 애니메이션을 보여 줍니다.	1단계, 3단계
태양계-달	① '지구' 오브젝트를 중심으로 회전합니다. ② 방향의 위치에 따라 위치값을 말합니다.	1단계, 3단계, 4단계
달1	• 달의 위상 변화 모양을 보여 줍니다.	1단계, 4단계
빛의 진행 방향	• 빛의 진행 방향을 표시합니다.	1단계
달의 위상 변화	① 달의 위상 변화 이름을 표시합니다. ② 신호값에 따라 달의 위상 이름을 표시합니다.	1단계, 4단계, 3단계, 5단계

프로그래밍하기

1단계 기본 오브젝트는 지우고, 필요한 오브젝트 추가하기

⭐ **기본 오브젝트를 추가해 봅시다.**

❶ '엔트리봇' 오브젝트를 선택한 후, [모양] 탭을 클릭합니다. (좌우 뒤집기) 버튼을 클릭하여 모양을 바꾸고 [파일]-[저장하기]를 클릭하여 바뀐 모양을 저장합니다. 이때 기존에 있는 명령어 블록들은 모두 삭제합니다.

❷ [오브젝트 추가하기]를 클릭하여 검색 창에서 '우주'를 검색하여 '우주(3)' 계속해서 '태양계'를 검색하여 '태양계-달', '태양계-지구', '태양계-태양' 오브젝트들을 선택한 후, [적용하기(4)] 버튼을 클릭합니다.

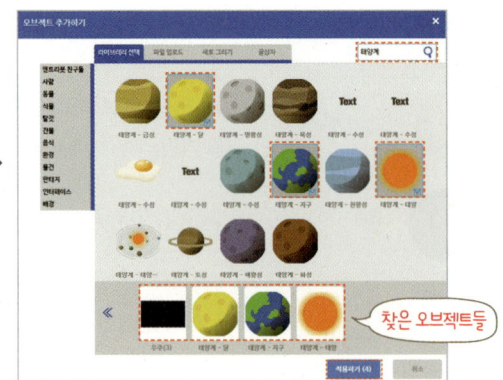

142 · 4장 교과 연계 프로젝트

❸ 각 오브젝트 '태양', '지구', '달', '엔트리봇'의 ✏ 버튼을 클릭하여 크기와 좌표를 다음과 같이 수정하여 위치를 배치합니다.

⭐❷ '빛의 진행 방향', '달의 위상 변화'와 같은 제목 입력을 위해 글상자 오브젝트를 추가해 봅시다.

❶ [오브젝트 추가하기] 버튼을 클릭한 후 [글상자] 탭을 선택합니다. 제목으로 '빛의 진행 방향'을 입력하고 글자 모양은 '코딩고딕체', 글자색은 '흰색', 글자 배경은 ⬜으로 설정하고 [적용하기(1)] 버튼을 누릅니다.

❷ '글상자' 오브젝트의 ✏를 클릭한 후 이름은 '빛의 진행 방향', 위치는 'X: -100, Y : 85', 크기는 '70'로 수정합니다.

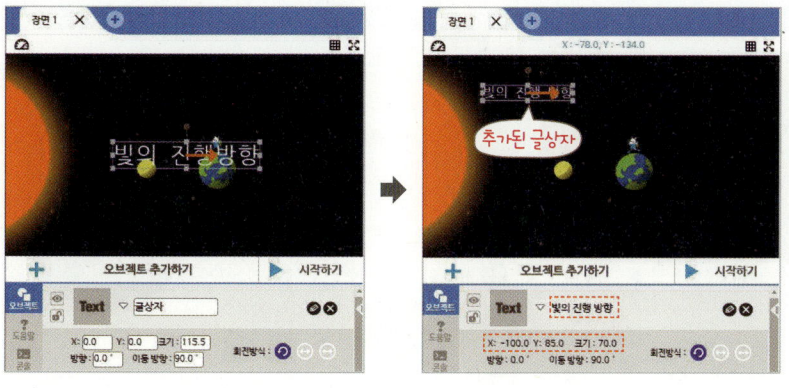

04. [과학] 달의 위상 변화 · **143**

❸ 다시 [오브젝트 추가하기] 버튼을 클릭한 후, [글상자] 탭을 선택하여 ❶과 같은 방법으로 글자 모양, 글자색, 글자 배경을 지정하고 제목으로 '달의 위상 변화'를 입력합니다.

❹ 추가된 '글상자' 오브젝트의 ⊘ 버튼을 클릭한 후 이름은 '달의 위상 변화', 위치는 'X: 165, Y: 30', 크기는 '70'으로 수정합니다.

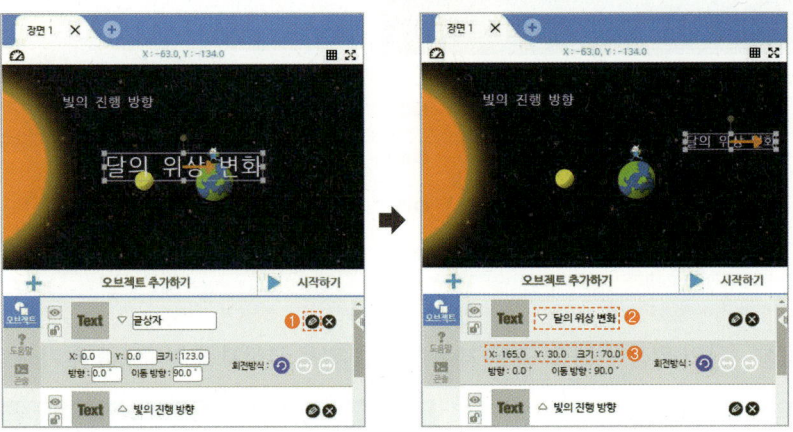

⭐3 달의 위상 변화에 '달' 오브젝트를 추가해 봅시다.

❶ [오브젝트 추가하기]를 클릭한 후 검색 창에서 '달'을 검색하여 '달' 오브젝트를 선택하고 [적용하기(1)] 버튼을 누릅니다.

❷ 추가한 '달' 오브젝트의 ⊘ 버튼을 클릭한 후 위치는 'X: 170, Y: 80', 크기는 '70'으로 수정하고, [모양] 탭에서 '달_5'를 선택합니다.

❸ 변경된 모양을 저장하기 위해 [파일]-[저장하기]를 선택합니다.

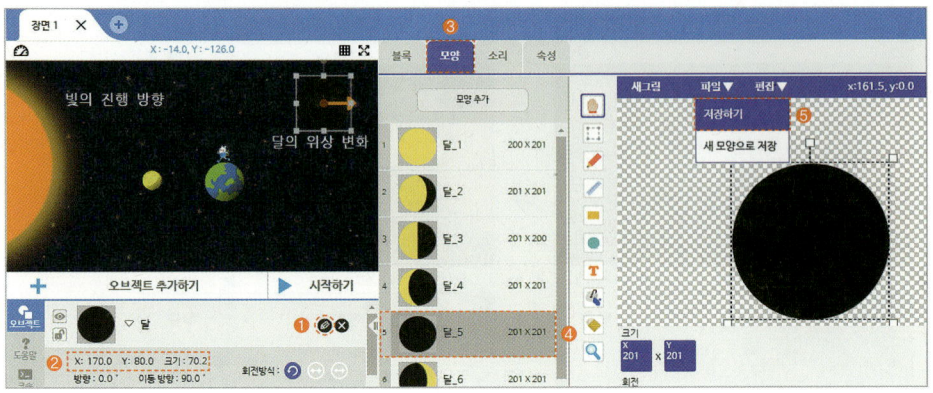

144 · 4장 교과 연계 프로젝트

빛의 진행 방향에 '화살표' 오브젝트를 추가해 봅시다.

① [오브젝트 추가하기]를 클릭하고, 검색 창에서 '화살표'를 검색하여 '룰렛 화살표' 오브젝트를 선택하고 [적용하기(1)] 버튼을 누릅니다.

② '룰렛 화살표' 오브젝트를 선택한 후 [모양] 탭을 클릭합니다. 굵기를 '10'으로 설정하고 '지우기(🟡)' 아이콘을 클릭하여 '룰렛 화살표' 오브젝트에서 '원' 모양 부분을 지운 후 [파일]-[저장하기]를 클릭하여 변경한 그림을 저장합니다.

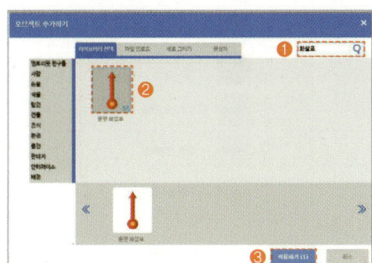
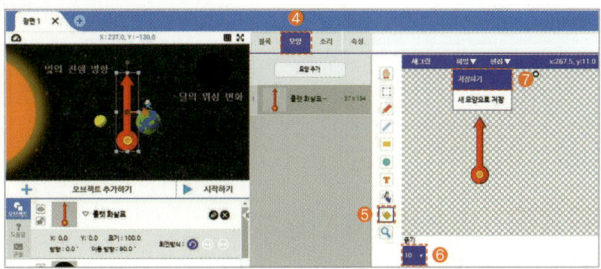

③ '룰렛 화살표' 오브젝트의 🖉 버튼을 클릭한 후 이름은 '빛의 진행화살표', 위치는 'X: -120, Y: 20', 크기는 '40', 방향은 '90'도, 이동 방향은 '0'도로 수정합니다.

④ '빛의 진행화살표' 오브젝트 속성에서 마우스 오른쪽 버튼을 클릭하면 나오는 메뉴에서 [복제]를 2번 반복하여 선택합니다.

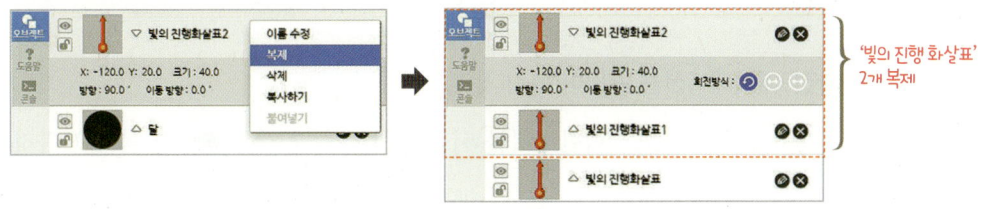

❺ 복제한 2개의 오브젝트 중 '빛의 진행화살표1'의 ✏️을 클릭하여 위치를 'X: -120, Y: -20'로 지정합니다. 이번에는 '빛의 진행화살표2'의 ✏️을 클릭하여 위치를 'X: -120, Y: -60'으로 수정합니다.

2단계 필요한 신호 만들기

⭐ **신호 보내기 신호를 추가해 봅시다.**

❶ [속성] 탭에서 [신호]-[신호 추가] 버튼을 누릅니다.

❷ ❶과 같은 방법으로 '신호 2' ~ '신호 8'까지 만듭니다.

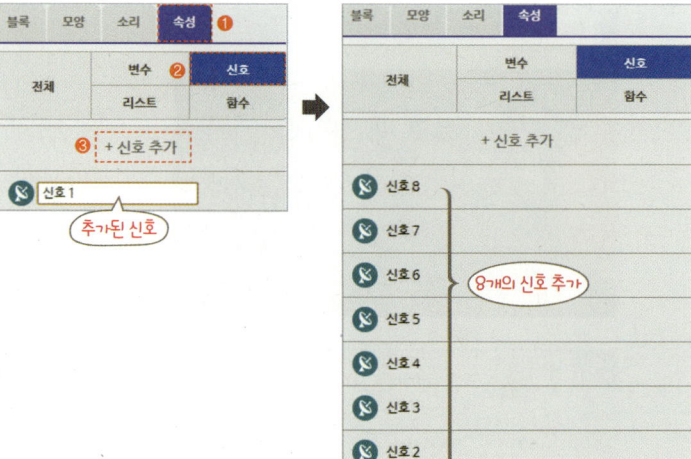

3단계 지구의 자전, 달의 공전 애니메이션 만들기

⭐ **'지구의 자전' 애니메이션을 만들어 봅시다.**

❶ '태양계-지구' 오브젝트를 클릭한 후 [블록] 탭에서 다음과 같은 명령어 블록을 가져와 조립합니다.

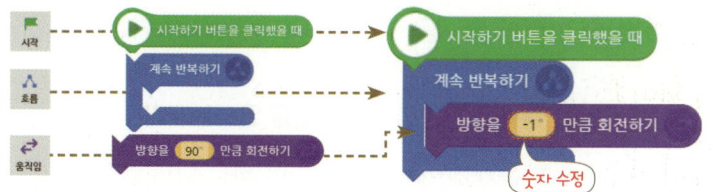

② '태양계–지구' 오브젝트에서 작성한 블록을 복사하기 위해 마우스 오른쪽 버튼을 클릭하여 [코드 복사] 메뉴를 합니다. '엔트리봇' 오브젝트를 클릭한 후 블록 조립소에 [붙여넣기]를 합니다.

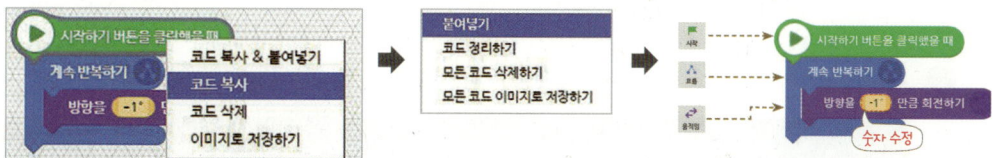

③ '엔트리봇' 오브젝트에서 오브젝트의 회전 중심을 다음과 같이 '태양계–지구' 오브젝트의 중심으로 이동시킵니다.

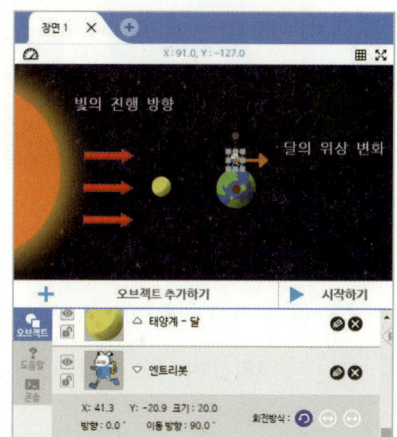

 2 '달의 공전' 애니메이션을 만들어 봅시다.

① '태양계–달' 오브젝트를 선택한 후 달의 오브젝트 회전 중심을 '태양계–지구' 오브젝트의 중심으로 이동시킵니다.

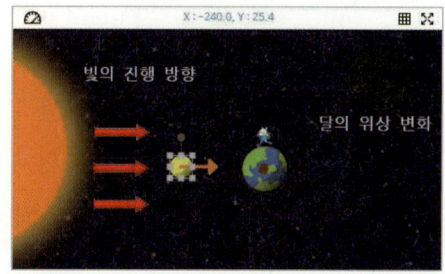

② '태양계–달' 오브젝트를 선택한 후 명령어 블록을 오른쪽과 같이 조립합니다.

※ '태양계–지구' 오브젝트에서 작성한 명령어 블록을 [코드 복사]하여 수정하면 편리해요.

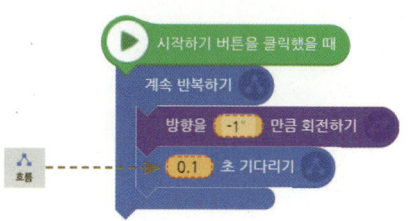

04. [과학] 달의 위상 변화 · **147**

4단계 달의 공전 위치를 확인 후 신호를 보내고, 그 신호에 따라 달의 위상 변경하기

⭐ **1** 달이 지구 주변을 공전할 때 말하기 블록을 사용하여 위치값을 알아봅시다.

❶ '태양계-달' 오브젝트를 선택한 후 다음과 같이 명령어 블록을 하나 더 조립합니다.

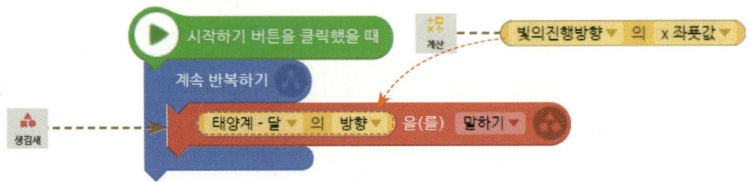

❷ [시작하기] 버튼을 클릭하여 '태양계-달'의 방향값을 확인합니다. .

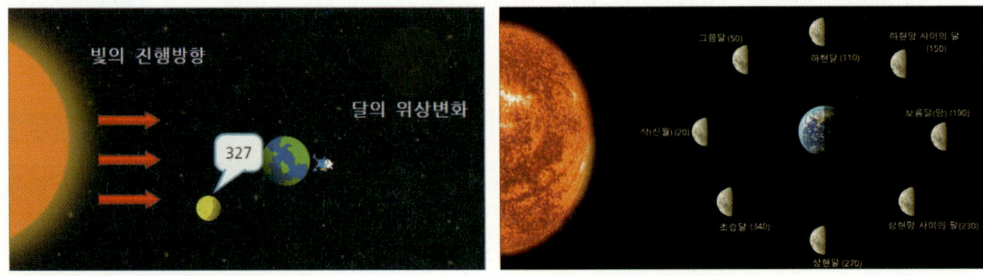

※위에서 '태양계-달'의 방향값은 정확한 수치가 아닌 예시 값입니다

❸ 달의 위상 변화 각 위치를 확인한 후 블록을 분리하여 위치값이 나오지 않게 합니다.

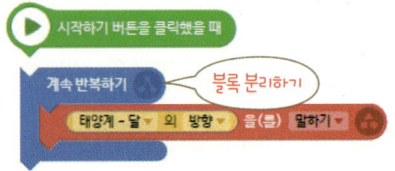

⭐ **2** 달의 공전 위치값에 따라 신호를 만들어 봅시다.

❶ '태양계-달' 오브젝트를 선택한 후 명령어 블록을 다음과 같이 조립합니다.

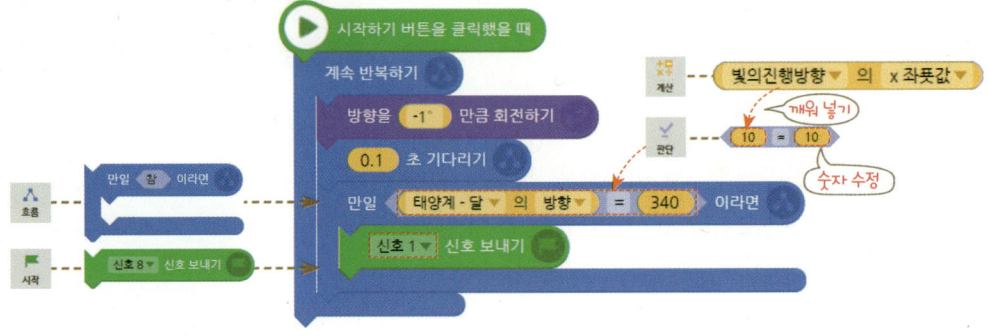

❷ 해당하는 블록을 마우스 오른쪽 버튼을 클릭, [코드 복사 & 붙여넣기]를 선택하여 다음과 같이 명령어 블록을 완성합니다.

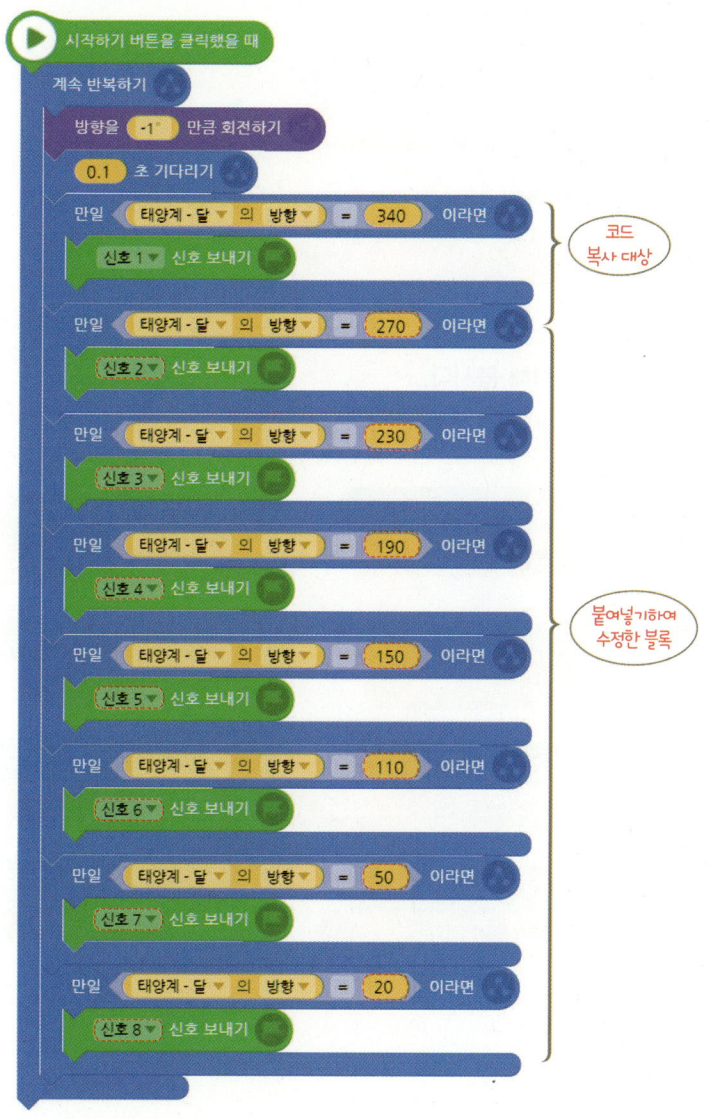

⭐ ❸ 신호값에 따라 달의 위상을 변경해 봅시다.

'달' 오브젝트를 선택한 후 다음과 같이 8개의 코드를 완성합니다.

04. [과학] 달의 위상 변화 • 149

⭐ **4** 신호값에 따라 달의 위상 이름을 변경해 봅시다.

'달의 위상 변화' 글상자 오브젝트를 선택한 후 다음과 같이 8개의 코드를 완성합니다.

5단계 프로그램을 실행하고 잘 작동하는지 점검하기

⭐ 실행 화면의 [시작하기] 버튼을 누르고 마우스를 클릭하여 프로그램이 잘 작동하는지 확인합니다.

① 달, 지구의 움직임을 확인합니다.

② 달의 공전 움직임의 위치에 따라 달의 위상 변화 모양과 이름이 다음과 같이 올바르게 변하는지 확인합니다.

[달의 이름 변화]
초승달 → 상현달 → 상현망 사이의 달 → 망(보름달) → 하현망 사이의 달 → 하현 → 그믐달 → 삭(신월)

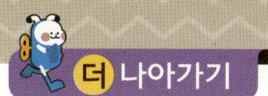

- 태양과 빛의 진행 방향 화살표에 애니메이션 효과를 만들어 봅시다. 이때 이동 거리를 '80'으로 바꾸어 작품을 만들어 봅시다.

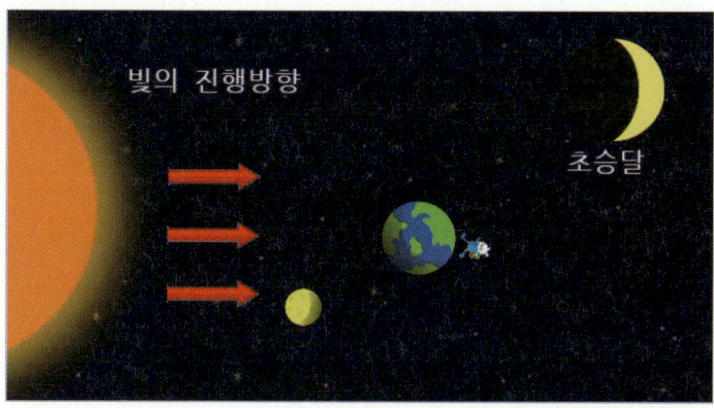

- 완성 파일: 4장_달의 위상 변화(더 나아가기).ent

※ 정답은 251쪽을 참고하세요.

소스 파일은 이곳에서 다운로드 할 수 있어요.

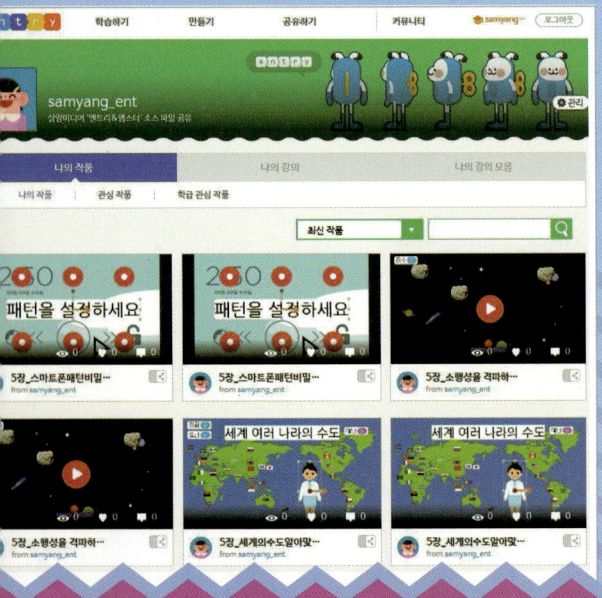

★ 엔트리 홈페이지 [공유하기]-[작품 공유]에서 검색어를 '삼양미디어' 또는 '엔트리&햄스터'를 검색하여 해당 작품을 찾아 실행해 보세요. (파일 모음 주소: https://playentry.org/samyang_ent#!/)

★ 삼양미디어 홈페이지(www.samyangm.com)의 [고객센터]-[자료실]에서 '엔트리&햄스터_소스파일'을 다운로드 받아 활용해 보세요.

5장

나만의 산출물 만들기 프로젝트

01 소행성을 격파하라
02 숫자 야구(Bulls and Cows)
03 스마트폰 패턴 비밀번호 만들기
04 세계의 수도 맞히기 게임

01 소행성을 격파하라

활동 목표
- 조건 구조를 이용하여 물체에 닿으면 튀는 공을 만들어 봅시다.
- 변수를 이용하여 점수판을 만들어 봅시다.
- 신호 보내기 블록을 이용하여 게임을 종료하여 봅시다.

우주 탐사를 떠난 우주선 엔트리호가 소행성들을 만나게 되는데, 이때 소행성을 격파해야 안전한 우주여행을 계속할 수 있습니다. 소행성 격파 게임을 만들어 위험으로부터 벗어나 봅시다.

실행 결과

△ [시작하기] 버튼을 누르면 공이 발사될 것

△ 키보드의 ←, →로 반사판을 좌우로 움직이기

△ 공이 반사판, 벽, 소행성 등에 닿으면 튕겨 이동하기

△ 공이 소행성에 닿으면 소행성이 사라지고 점수 올리기

△ 공이 바닥판에 닿으면 게임이 종료되고 [다시하기 버튼] 나오기

처리 조건 공이 반사판이나 벽, 소행성 등에 닿으면 반사하여 튕기면서 계속 움직이도록 합니다. 이때 키보드의 좌우 화살표를 눌러 아래 반사판을 공이 이동하는 방향으로 움직이면서 공을 받아 주도록 합니다.

• 완성 파일: 5장_소행성을 격파해라.ent

문제 해결하기

1 문제 분석 및 알고리즘 설계

실행 결과와 처리 조건을 분석하여 프로그램에서 수행할 작업들을 설계합니다.

1단계	기본 오브젝트는 지우고, 배경 만들기
2단계	좌우로 움직이는 반사판 만들기
3단계	물체를 만나면 이리저리 튀는 공 만들기
4단계	공에 닿으면 소행성이 사라지게 만들기
5단계	소행성에 닿으면 공이 튕기도록 만들기
6단계	점수판 만들기
7단계	게임 종료 신호, 다시하기 버튼 만들기
8단계	프로그램을 실행하고 잘 작동하는지 점검하기

2 사용할 오브젝트 설정

프로그램에서 필요한 각각의 오브젝트를 추가하고 기능들을 지정합니다.

오브젝트	구현하고 싶은 기능	관련 과정
우주(2)	① 우주(2) 오브젝트는 배경 화면으로 사용합니다. ② 프로그램에 필요한 오브젝트들을 추가합니다.	1단계
반사판	① 키보드의 좌우 화살표를 누르면 좌우로 움직이게 합니다. ② 반사판이 좌우 측 벽에 닿으면 더 이상 화면 밖으로 움직이지 않게 합니다.	2단계
공	① 공이 이리저리 움직이게 합니다. ② 공이 반사판 또는 좌우 화면 벽에 닿으면 튕기도록 합니다. ③ 소행성에 닿으면 공이 튕기도록 합니다. ④ 바닥판에 닿으면 게임을 종료합니다.	3단계 5단계 7단계
소행성	① 공에 맞으면 소행성이 사라지게 합니다. ② 공에 맞으면 점수가 올라가게 합니다. ③ 소행성을 복제하여 여러 개 만듭니다.	4단계 6단계

프로그래밍하기

1단계 기본 오브젝트는 지우고, 배경 만들기

⭐ **배경 오브젝트를 추가해 봅시다.**

① 처음 나오는 '엔트리봇' 오브젝트의 ❌ 버튼을 클릭하여 '엔트리봇' 오브젝트를 삭제합니다.

② [오브젝트 추가하기] 버튼을 클릭한 후, [라이브러리 선택]-[배경]에서 '우주(2)' 오브젝트를 선택하고 [적용하기(1)] 버튼을 누릅니다.

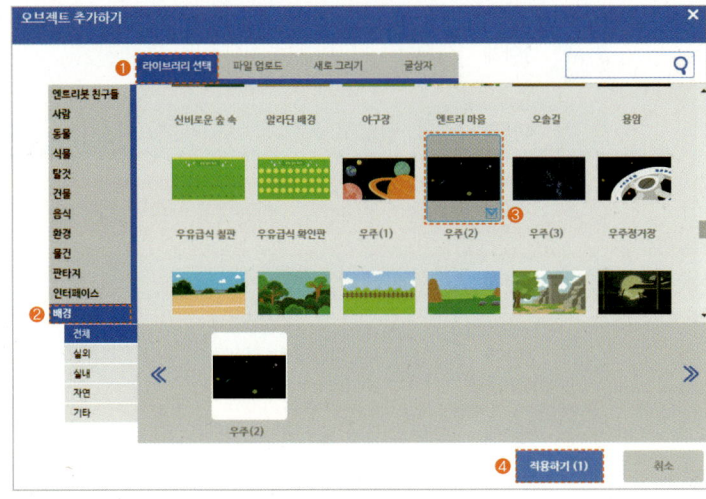

2단계 좌우로 움직이는 반사판 만들기

⭐ **반사판 오브젝트를 추가해 봅시다.**

① [오브젝트 추가하기] 버튼을 클릭한 후, 검색 창에서 '판'을 검색하여 '판' 오브젝트를 선택하고 [적용하기(1)] 버튼을 누릅니다.

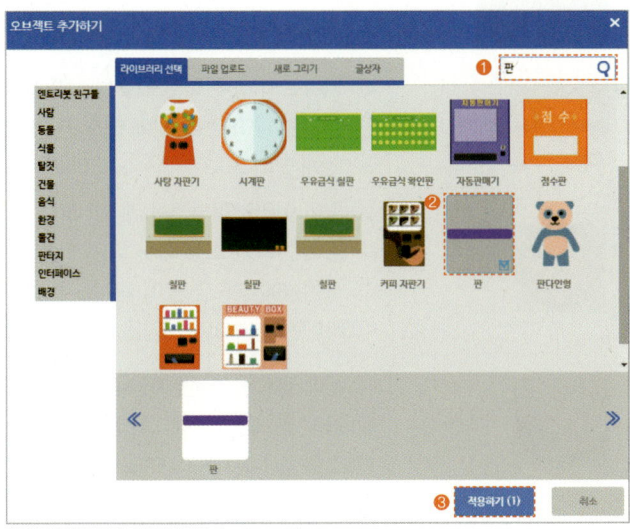

❷ '판' 오브젝트의 ✏ 버튼을 클릭하여 이름을 '반사판'으로 변경하고, 위치는 'X: 0, Y: -100', 크기는 '55'로 수정합니다.

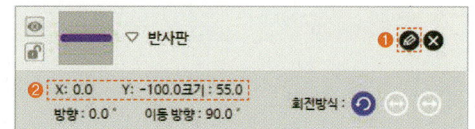

⭐2 **반사판을 좌우로 이동하도록 만들어 봅시다.**

❶ 키보드에서 ←(왼쪽 화살표)를 누를 때마다 반사판이 왼쪽으로 이동할 수 있도록 반복문과 함께 명령어 블록을 다음과 같이 조립합니다.

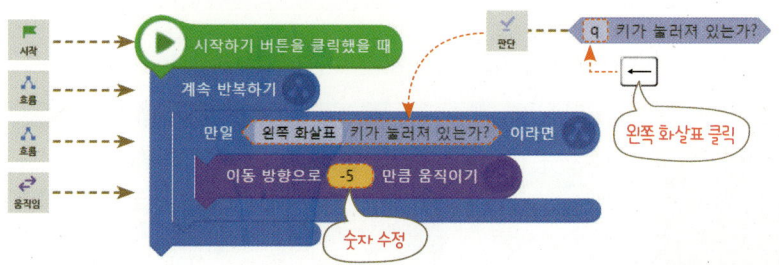

❷ ❶과정과 같은 방법으로 →(오른쪽 화살표)를 클릭하였을 때 반사판이 오른쪽으로 움직일 수 있도록 명령어 블록을 조립합니다.

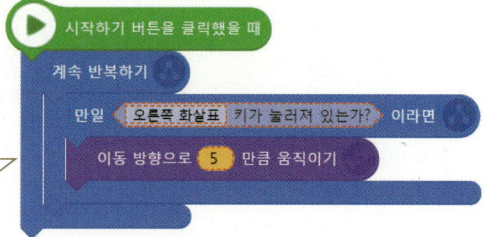

⭐3 **반사판이 좌우로 움직였을 때, 화면 벽을 벗어나지 않게 만들어 봅시다.**

❶ 먼저 왼쪽 벽을 벗어나지 않게 만들기 위하여 다음과 같이 명령어 블록을 조립합니다.

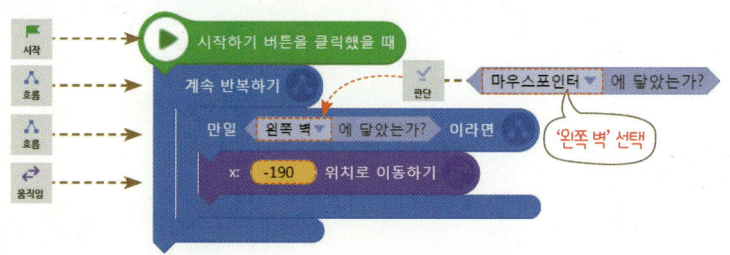

❷ 이번에는 오른쪽 벽을 벗어나지 않도록 만들기 위하여 ❶에서 만든 코드를 복제한 후, '왼쪽 벽'을 '오른쪽 벽'으로, 'X: 190'으로 수정합니다.

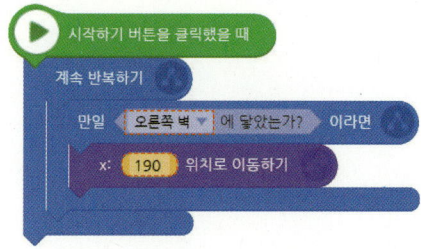

궁금해요 화면에서 반사판이 좌우 벽을 벗어나지 않게 하려면 어떻게 해야 하나요?

키보드를 이용하여 반사판을 좌우로 움직이도록 만들면, 경우에 따라 화면에서 사라지는 문제가 발생합니다. 이러한 문제점을 해결하기 위하여 반사판이 벽에 부딪히면 더 이상 화면 밖으로 나가지 않도록 위치를 정해 주어야 합니다.

예를 들어 반사판이 왼쪽 벽에 닿으면, x좌표의 위치를 'X: -190'으로 이동하도록 지정합니다. 이때 x좌표의 위치는 반사판 끝이 벽에 닿았을 때 반사판 중앙의 x좌표로 정하면 됩니다.

❸ '반사판' 오브젝트에는 다음과 같이 4개의 코드가 완성됩니다.

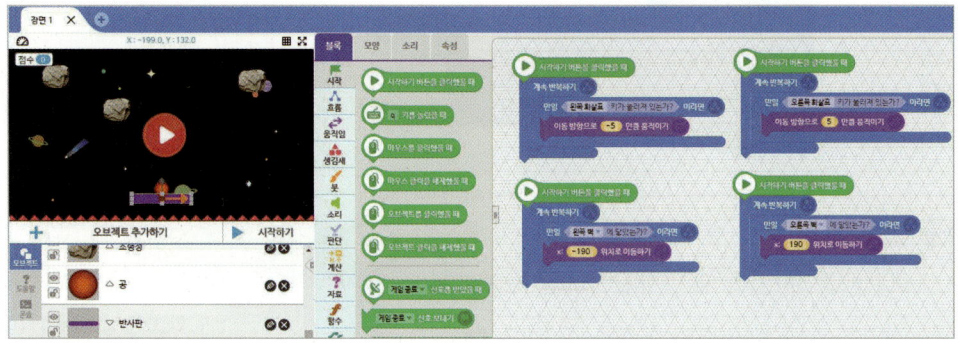

3단계 공이 물체를 만나면 이리저리 튀도록 만들기

⭐ 1 **공 오브젝트를 추가해 봅시다.**

❶ [오브젝트 추가하기] 버튼을 클릭한 후, 검색 창에서 '버튼'을 검색하여 '동그란 버튼' 오브젝트를 선택하고 [적용하기(1)] 버튼을 누릅니다.

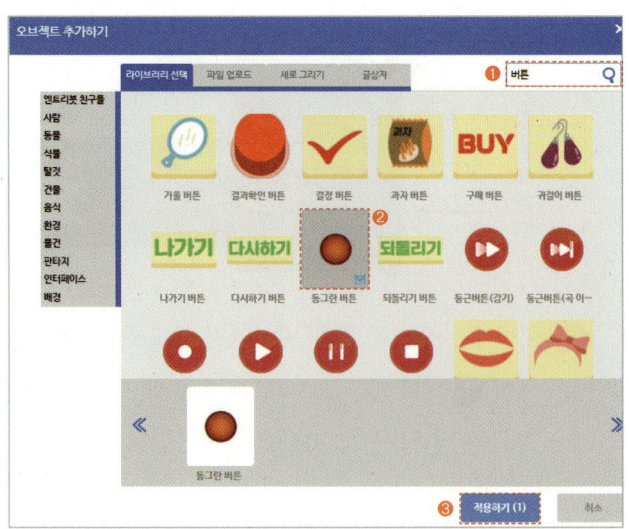

158 · 5장 나만의 산출물 만들기 프로젝트

❷ 추가한 '동그란 버튼' 오브젝트의 ✏️ 버튼을 클릭한 후 이름은 '공', 위치는 'X: 0, Y: −85', 크기는 '25', 이동 방향은 '270'으로 수정합니다.

⭐ 2 [시작하기] 버튼을 클릭하면 공이 움직이도록 만들어 봅시다.

❶ '공' 오브젝트를 클릭한 후, 명령어 블록을 다음과 같이 조립합니다.

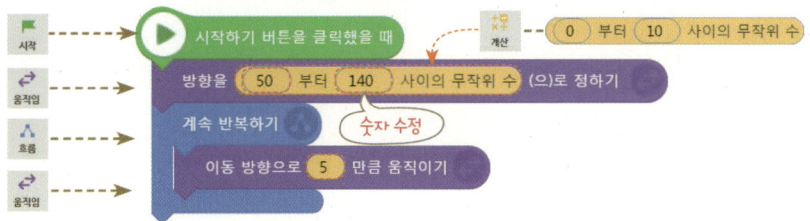

❷ 이번에는 화면 좌우 끝에 닿으면 공이 튕기게 만들기 위해 오른쪽과 같이 명령어 블록을 조립합니다.

❸ 공이 반사판에 부딪히면 다시 튕겨 나오도록 하기 위해 다음과 같이 명령어 블록을 조립합니다.

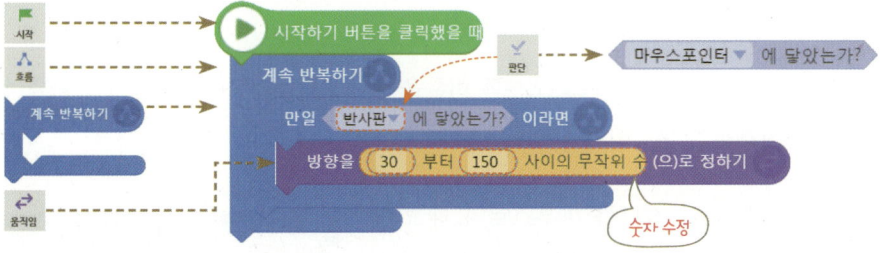

❹ '공' 오브젝트에는 다음과 같이 3개의 코드가 완성됩니다.

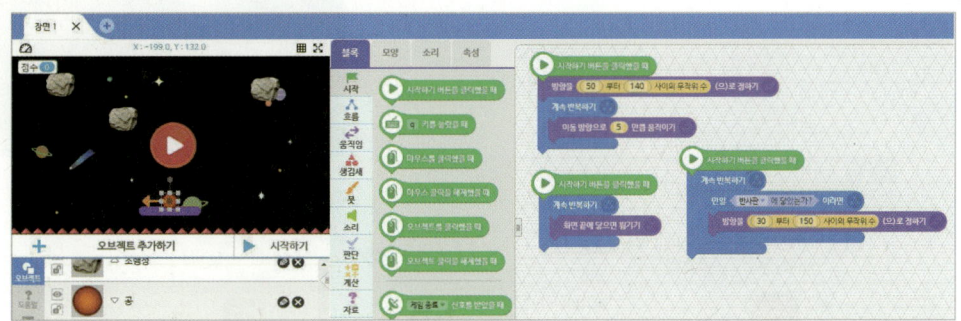

4단계 공이 소행성에 닿으면 사라지게 만들기

⭐ 1 **'소행성' 오브젝트를 추가해 봅시다.**

❶ [오브젝트 추가하기] 버튼을 클릭한 후, 검색 창에서 '돌'을 검색하여 '자갈돌' 오브젝트를 선택하고 [적용하기(1)] 버튼을 누릅니다.

❷ '자갈돌' 오브젝트의 ✏ 버튼을 클릭한 후 이름은 '소행성', 위치는 'X: -70, Y: 40', 크기는 '40', 이동 방향은 '180'으로 수정합니다.

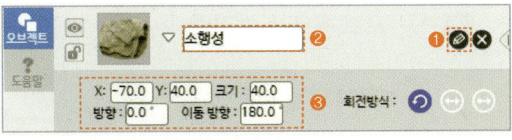

⭐ 2 **공이 소행성에 닿으면 사라지도록 해 봅시다.**

소행성 오브젝트를 클릭한 후 오른쪽과 같이 명령어 블록을 조립합니다.

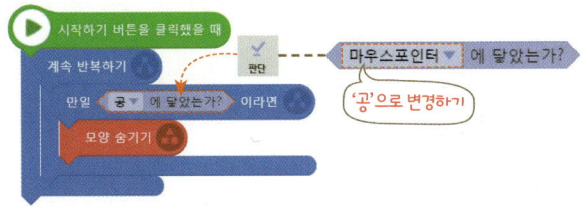

 3 **'소행성' 오브젝트를 복제하여 추가해 봅시다.**

❶ '소행성' 오브젝트 창에서 마우스 오른쪽 버튼을 클릭하면 나오는 메뉴 중 [복제]를 선택하면 '소행성1' 오브젝트가 복제됩니다.

❷ 복제한 '소행성1' 오브젝트를 마우스로 드래그하여 다른 소행성과 겹치지 않도록 적당한 위치에 배치합니다.

③ ❶, ❷와 같은 방법으로 '소행성' 오브젝트를 하나 더 복제하여 마우스로 드래그하여 원하는 위치에 배치합니다.

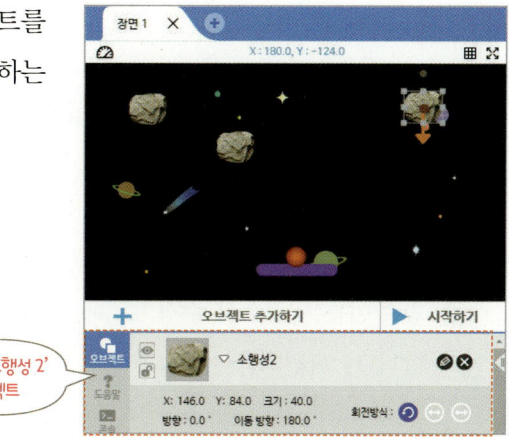

5단계 공이 각각의 소행성에 닿으면 튕기도록 만들기

⭐1 '공' 오브젝트가 '소행성' 오브젝트에 닿으면 튕기도록 만들어 봅시다.

'공' 오브젝트를 선택하고, 다음과 같이 명령어 블록을 가져와 조립합니다.

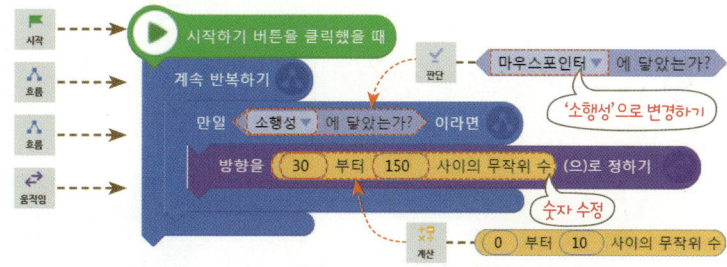

⭐2 공이 '소행성1', '소행성2'에 닿으면 튕기도록 만들어 봅시다.

❶ ⭐1에서 작성한 명령어 블록을 복사하여 사용하기 위해 마우스 오른쪽 버튼을 클릭하면 나오는 메뉴에서 [코드 복사 & 붙여 넣기]를 선택합니다.

❷ 복사한 코드에서 `소행성▼ 에 닿았는가?` 를 `소행성1▼ 에 닿았는가?` 로 변경합니다.

❸ ❶과 같은 방법을 명령어 블록을 복사하여 붙인 후, `소행성▼ 에 닿았는가?` 블록을 `소행성2▼ 에 닿았는가?` 블록으로 각각 변경합니다.

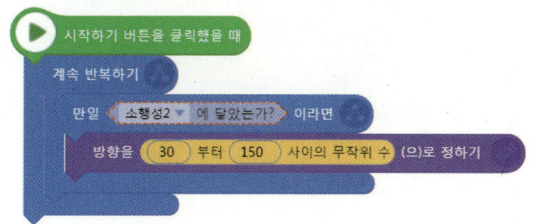

6단계 점수판 만들기

⭐ 각각의 소행성을 격파하면 점수가 올라가도록 만들어 봅시다.

1. 점수를 저장하기 위해서는 변수를 만들어야 하므로 [속성] 탭에서 [변수]-[변수 추가] 버튼을 클릭합니다.

2. 변수 이름은 '점수'로 수정합니다. 화면 상단에 '점수 0'이라는 변수 창이 나타납니다.

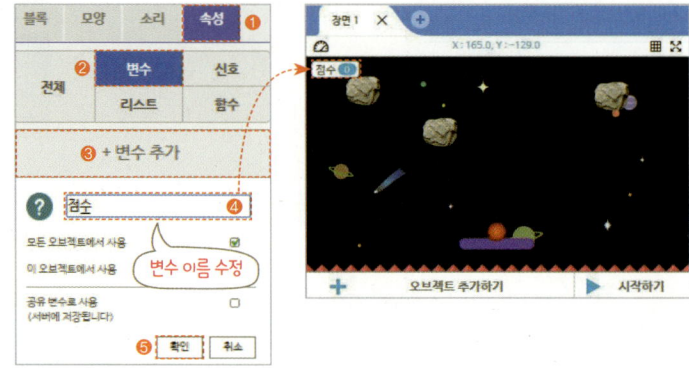

3. 추가한 '점수' 변수를 사용하기 위해 '소행성' 오브젝트를 클릭한 후, 다음과 같이 명령어 블록을 추가합니다.

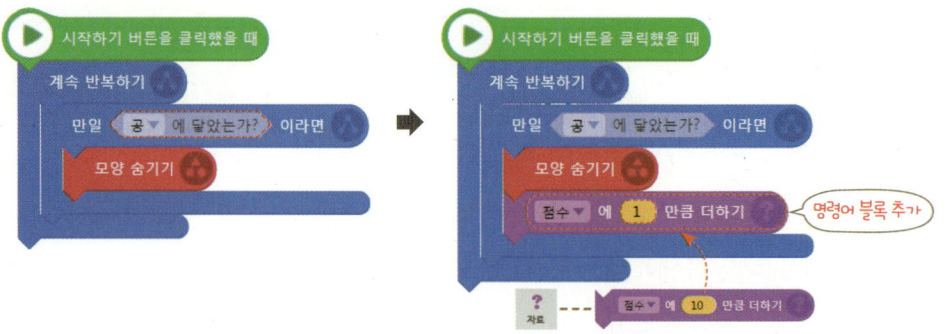

4. '소행성1'과 '소행성2' 오브젝트에 대해서도 3과 같이 [점수▼ 에 1 만큼 더하기] 블록을 추가합니다.

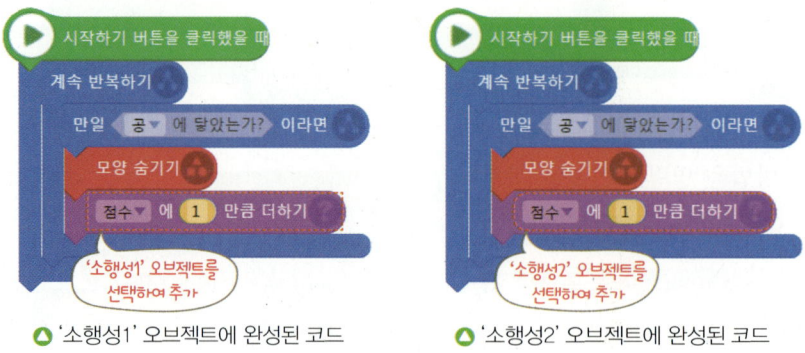

▲ '소행성1' 오브젝트에 완성된 코드   ▲ '소행성2' 오브젝트에 완성된 코드

7단계 게임 종료 신호, '다시하기 버튼' 만들기

 '다시하기 버튼'을 만들어 봅시다.

① [오브젝트 추가하기] 버튼을 클릭한 후, 검색 창에서 '버튼'을 검색하여 '둥근 버튼(앞/뒤)' 오브젝트를 선택하고 [적용하기(1)] 버튼을 누릅니다.

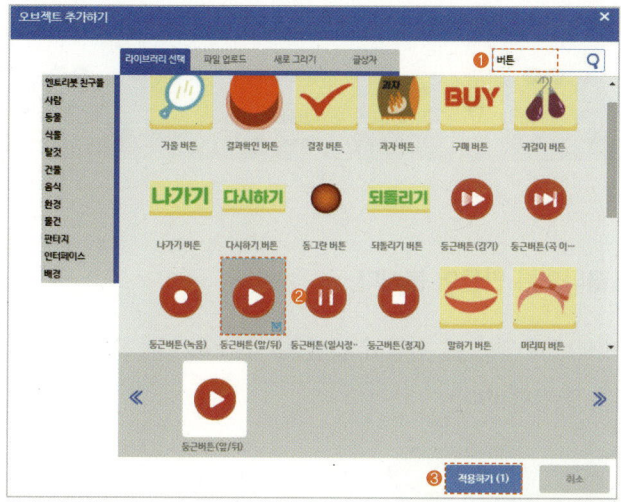

② '둥근 버튼(앞/뒤)' 오브젝트의 ✏ 버튼을 클릭한 후, 이름은 '다시하기 버튼', 크기는 '70'으로 수정합니다.

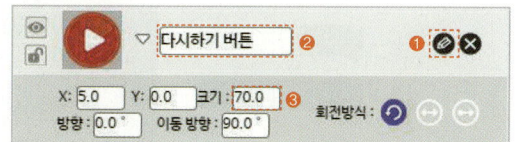

③ 처음 게임이 시작되었을 때는 '다시하기 버튼'이 화면에 나타나지 않아야 하므로 '다시하기 버튼' 오브젝트를 선택한 후, 오른쪽과 같은 명령어 블록을 조립합니다.

 게임 종료 신호를 만들어 봅시다.

[속성] 탭에서 [신호]-[신호 추가] 버튼을 클릭한 후, 신호 이름을 '게임 종료'로 입력합니다.

※ 여기에서 '신호 보내기' 블록을 사용하는 이유는 게임이 끝났을 때 '다시하기 버튼'이 나타나게 하기 위해서 입니다.

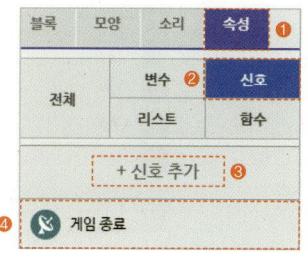

01. 소행성을 격파하라 · 163

공이 닿을 바닥판을 만들어 봅시다.

① [오브젝트 추가하기] 버튼을 클릭한 후, 검색 창에서 '가시'를 검색하여 '가시' 오브젝트를 선택하고 [적용하기(1)] 버튼을 누릅니다.

② '가시' 오브젝트의 ✏ 버튼을 클릭하여 '가시'를 '바닥판'으로 바꾸고, 위치는 'X: 0, Y: -130', 크기는 '250'으로 수정합니다.

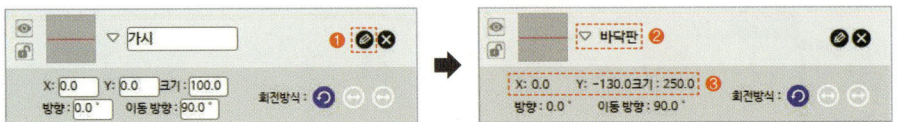

 공이 바닥판에 닿으면 게임이 끝나도록 만들어 봅시다.

① '공' 오브젝트가 '바닥판' 오브젝트에 닿으면 게임이 끝날 수 있도록 '공' 오브젝트를 클릭한 후, 다음과 같이 명령어 블록을 조립합니다.

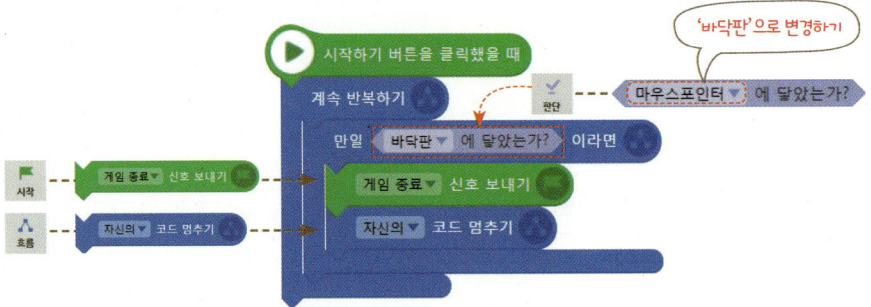

② '공' 오브젝트에는 다음과 같이 7개의 코드가 완성됩니다.

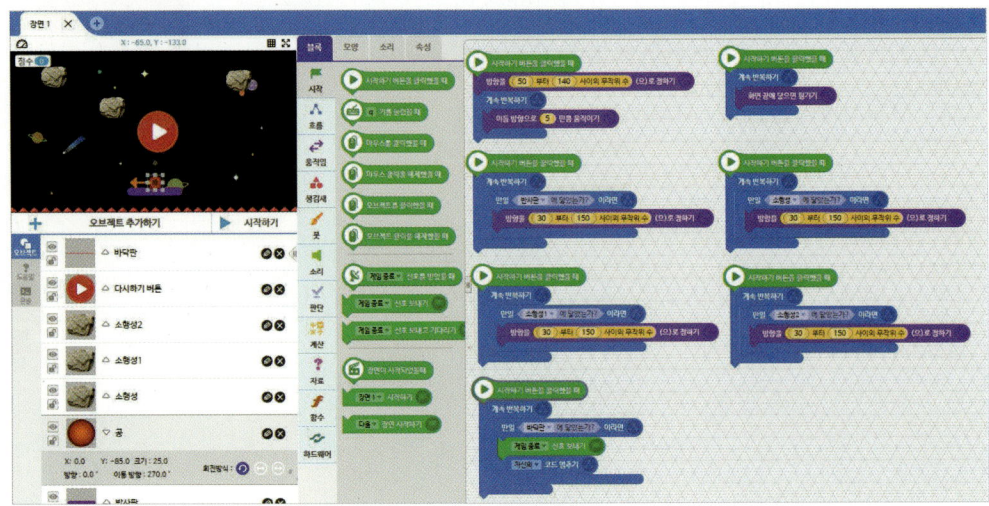

5 게임이 끝나면 '다시하기 버튼'이 실행되도록 만들어 봅시다.

❶ '다시하기 버튼' 오브젝트를 클릭한 후 다음과 같이 명령어 블록을 조립하면, 게임이 끝났을 때 '다시하기 버튼'이 화면에 나옵니다.

❷ '다시하기 버튼'을 클릭하면 게임을 다시 실행할 수 있도록 다음과 같이 명령어 블록을 조립합니다.

❸ 최종적으로 '다시하기 버튼'에는 다음과 같이 3개의 완성된 코드가 있습니다.

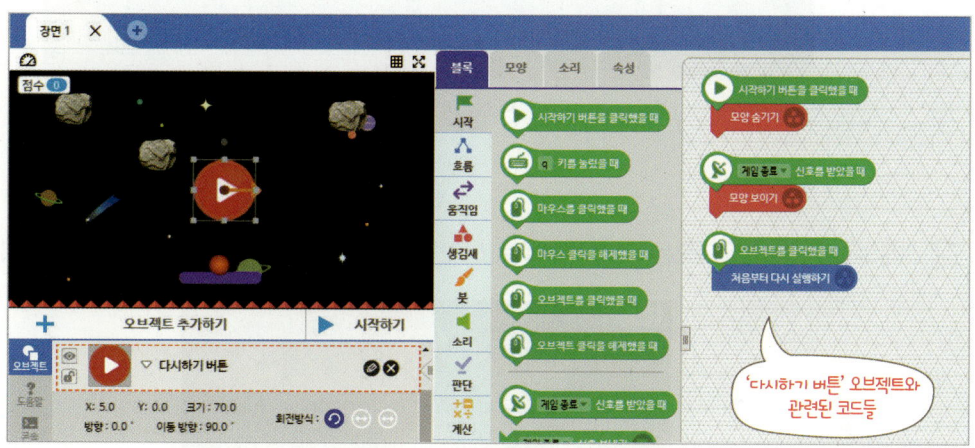

8단계 프로그램을 실행하고 잘 작동하는지 점검하기

⭐ 실행 화면의 [시작하기] 버튼을 누르고 마우스를 클릭하여 프로그램이 잘 작동하는지 확인합니다.

❶ [시작하기] 버튼을 누르면 공이 발사되는지 확인합니다.

❷ 키보드의 좌우 화살표를 누르면 반사판이 좌우로 움직이는지 확인합니다.

❸ 공이 반사판이나 벽, 소행성에 닿으면 반사하여 튕기는지 확인합니다.

❹ 공이 소행성에 닿으면 소행성이 없어지고, 점수가 올라가는지 확인합니다.

❺ 공이 바닥판에 닿으면 게임이 종료되고, '다시하기 버튼'이 나타나는지 확인합니다.

01. 소행성을 격파하라 · **165**

1 3개의 소행성이 반사판을 향하여 천천히 다가오도록 만들어 봅시다.

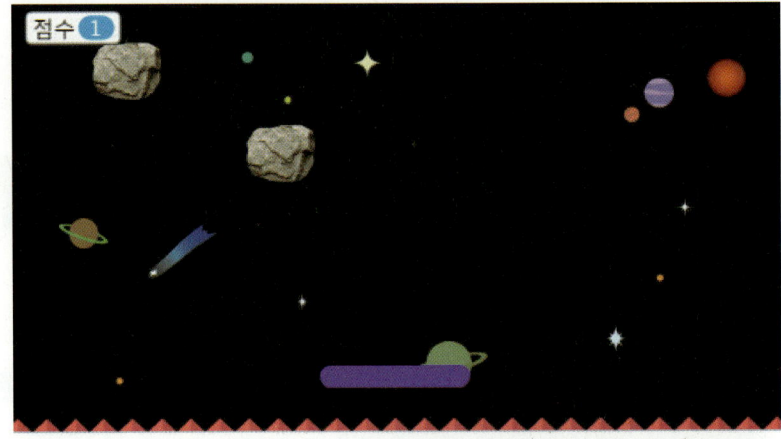

• 완성 파일: 5장_소행성을 격파하라(더 나아가기_1).ent

2 3개의 소행성이 다가오는 위치가 계속하여 변하면서, 위에서 아래로 내려오도록 해 봅시다.

• 완성 파일: 5장_소행성을 격파하라(더 나아가기_2).ent

※ 정답은 251쪽을 참고하세요.

숫자 야구(Bulls and Cows)

활동 목표
- 무작위 수를 이용하여 3개의 숫자를 만들어 봅시다.
- 선택 구조, 묻고 답하기, 변수, 말하기를 이용하여 3개의 숫자 정보를 알려 주도록 만들어 봅시다.

숫자 야구 게임은 상대방이 그 수를 추론하는데 자리의 위치와 값이 같으면 bulls(또는 스트라이크), 같은 숫자가 다른 위치에 있으면 cows(또는 볼)가 되며, 추론한 사람에게 각각 몇 개인지 정보를 주어서 그 수를 맞히는 게임입니다. 숫자 야구 게임을 만들어 연습해 봅시다.

실행 결과

△ 첫 번째 수 입력

△ 두 번째 수 입력

△ 세 번째 수 입력

△ 입력한 수를 판정(스트라이크, 볼, 아웃 등)하기

△ 앞의 작업을 다시 반복하기

△ 다음 판정 결과 나타내기

처리 조건 도전 기회를 20회 반복하도록 합니다.

• 완성 파일: 5장_Bulls and Cows.ent

문제 해결하기

1 문제 분석 및 알고리즘 설계
실행 결과와 처리 조건을 분석하여 프로그램에서 수행할 작업들을 설계합니다.

1단계	기본 오브젝트는 지우고, 필요한 오브젝트 추가하기
2단계	필요한 신호, 변수, 소리 추가하기
3단계	신호를 사용하여 애니메이션 만들기
4단계	중복되지 않는 임의의 숫자 3개, 입력, 판정 알고리즘 만들기
5단계	판정 결과 알고리즘 만들기
6단계	프로그램을 실행하고 잘 작동하는지 점검하기

2 필요한 오브젝트 설정
프로그램에서 필요한 각각의 오브젝트와 기능들을 지정합니다.

오브젝트	구현하고 싶은 기능	관련 과정
야구경기장	① 배경으로 사용합니다.	1단계
글상자	① 제목을 나타냅니다. ② 신호 4개를 만듭니다. ③ 변수(도전기회, Strike, Ball, Out, 첫번째입력, 두번째입력, 세번째입력, 첫번째수, 두번째수, 세번째수)를 만듭니다.	1단계
야구공	① 시작할 때 모양을 숨깁니다. ② 신호를 받았을 때, 모양을 보이고 소리를 내면서 정해진 시간 내에 일정한 좌표로 이동하고 신호를 보냅니다. ③ 신호를 받았을 때, 소리를 내면서 정해진 시간 내에 일정한 좌표로 이동합니다.	1단계 3단계
투수	① 시작할 때 일정한 시간 동안에 모양을 바꾸고 신호를 보냅니다. ② 신호를 받았을 때, 판정 결과를 말합니다.	1단계 3단계 5단계
타자	① 신호를 받았을 때, 일정한 시간 동안에 모양을 바꾸고 신호를 보냅니다. ② 도전기회, Strike, Ball, Out의 변수를 정하고, 첫번째입력, 두번째입력, 세번째입력의 변수에 묻고 대답 기다리기를 통하여 입력합니다. ③ 선택 구조를 이용하여 판정에 필요한 값을 각 변수에 더하고, 판정 결과 코드에 신호를 보냅니다.	1단계 3단계 4단계

프로그래밍하기

1단계 기본 오브젝트는 지우고, 필요한 오브젝트 추가하기

★ **1** 배경 오브젝트를 추가해 봅시다.

❶ '엔트리봇' 오브젝트를 선택하고 ❌ 버튼을 클릭하여 엔트리봇 오브젝트와 관련된 코드를 삭제합니다.

❷ [오브젝트 추가하기] 버튼을 클릭한 후 [글상자] 탭을 선택합니다. 제목으로 'Bulls and Cows' 를 입력하고 글자 모양은 '코딩고딕체', 글자색은 '검은색'을 선택한 후, [적용하기(1)] 버튼을 누릅니다.

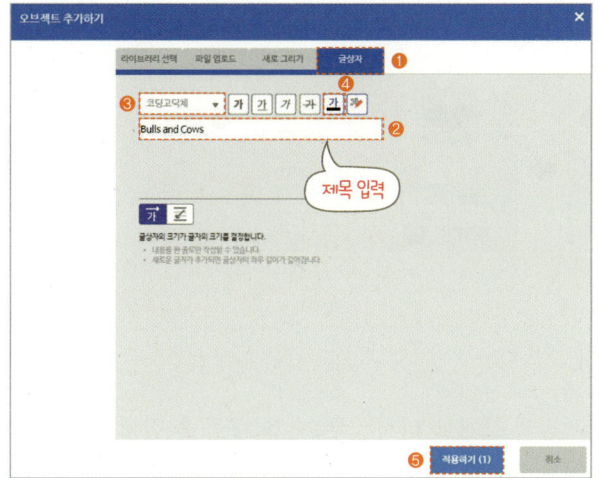

❸ '글상자' 오브젝트의 ✏️ 버튼을 클릭한 후 이름은 'Bulls and Cows', 위치는 'X: 0, Y: 110', 크기는 '150'으로 수정합니다.

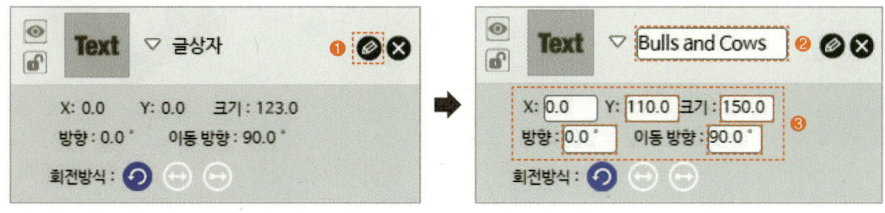

❹ 다시 [오브젝트 추가하기]를 클릭한 후, 검색 창에서 '야구'를 검색하여 '야구경기장' 오브젝트를 선택하고 [적용하기(1)] 버튼을 누릅니다.

5 '야구경기장' 오브젝트의 ✏ 버튼을 클릭한 후 위치는 'X: 0, Y: −20', 크기는 '245'로 수정합니다.

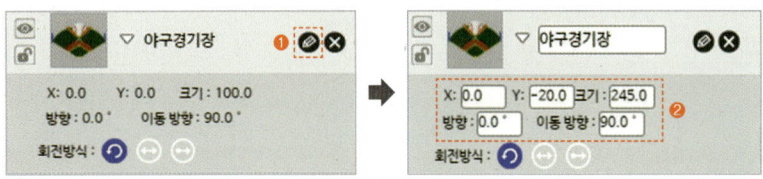

2 필요한 오브젝트를 추가해 봅시다.

1 [오브젝트 추가하기]를 클릭한 후 검색 창에서 '타자', '투수', '야구공'을 검색하여 각각의 오브젝트를 선택하고 [적용하기(3)] 버튼을 누릅니다.

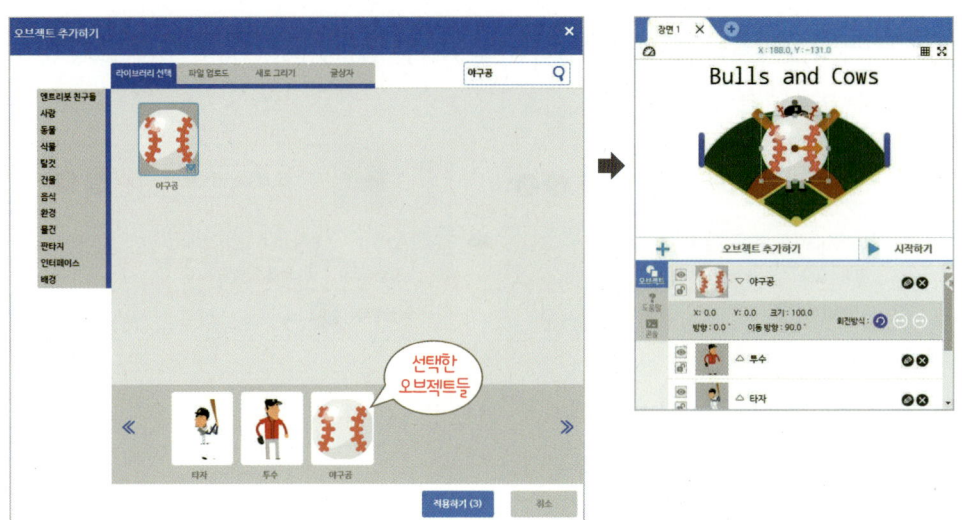

❷ 먼저 '투수' 오브젝트를 클릭한 후 [모양] 탭에서 '투수_2'로 변경합니다.

❸ '투수' 오브젝트의 ✏ 버튼을 클릭한 후 위치는 'X: -170, Y: -60', 크기는 '90'으로 수정합니다.

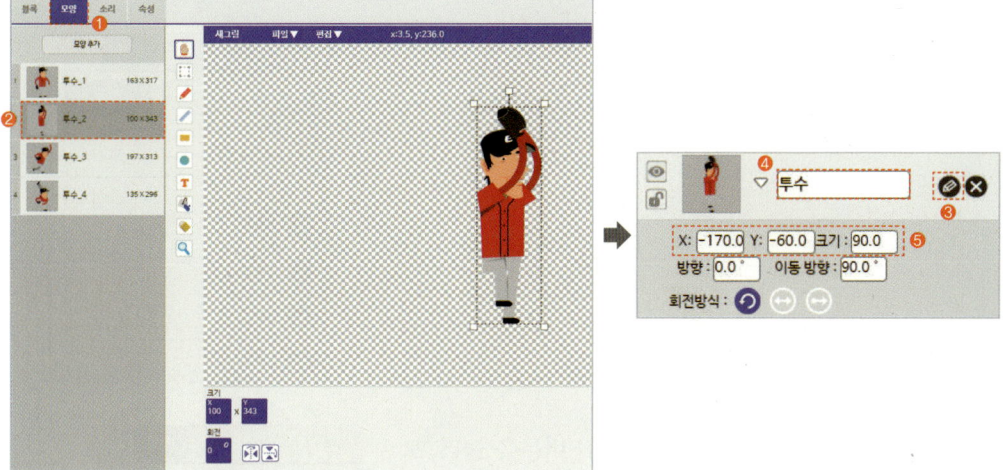

❹ 이번에는 '타자' 오브젝트의 ✏ 버튼을 클릭한 후 위치는 'X: 170, Y: -60', 크기는 '120'으로 수정합니다.

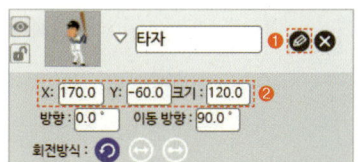

❺ 또한 '야구공' 오브젝트의 ✏ 버튼을 클릭한 후 위치는 'X: 170, Y: -60', 크기는 '120'으로 수정합니다.

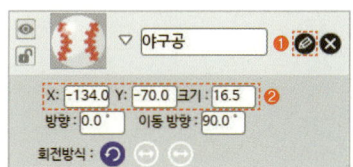

❻ 3개의 오브젝트가 다음과 같이 배치되었는지 확인합니다.

2단계 필요한 신호, 변수, 소리 추가하기

⭐ **1** 필요한 신호를 추가해 봅시다.

[속성] 탭에서 [신호]-[신호 추가] 버튼을 4번 눌러 '신호 1'~'신호 4'까지 만듭니다.

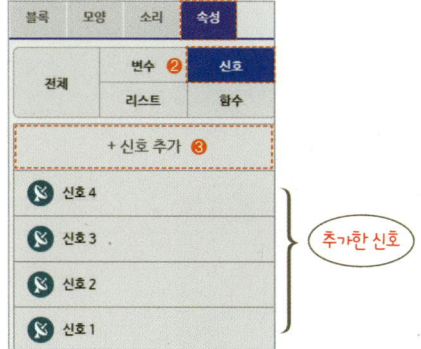

⭐ **2** 필요한 변수를 추가해 봅시다.

❶ [속성] 탭의 [변수]-[변수 추가] 버튼을 눌러 '모든 오브젝트에서 사용'으로 '도전기회', 'Out', 'Ball', 'Strike', '첫번째수', '두번째수', '세번째수', '첫번째입력', '두번째입력', '세번째입력'과 같이 10개의 변수를 만듭니다.

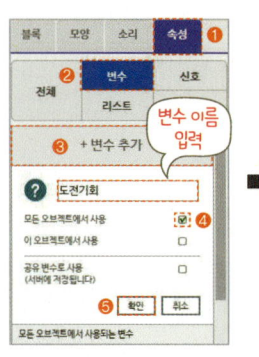
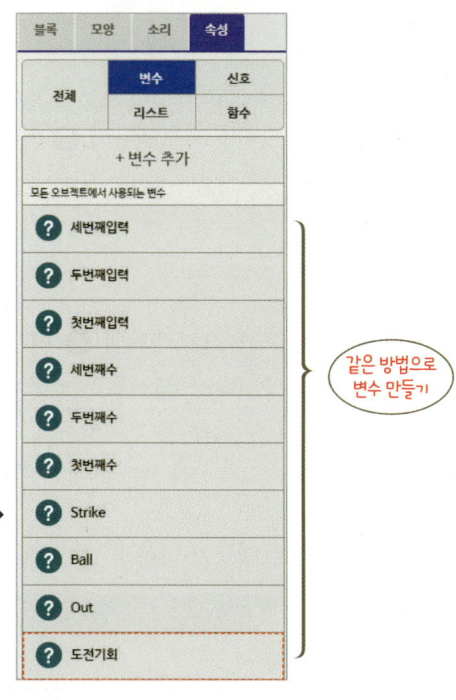

❷ 추가한 각각의 변수를 드래그하여 다음과 같이 배치합니다.

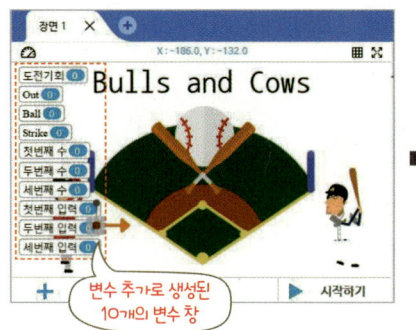
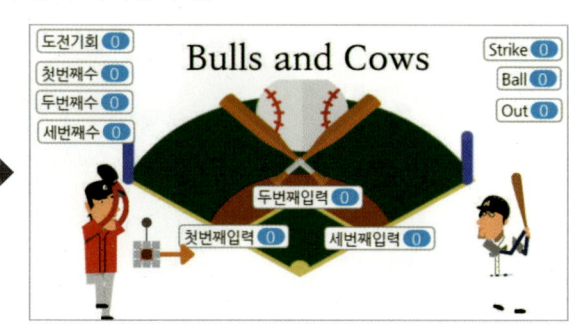

3 필요한 소리를 추가해 봅시다.

[소리] 탭에서 [소리 추가] 버튼을 누른 후, 검색 창에서 '호루라기', '박수갈채'를 검색하여 선택하고 [적용하기(2)] 버튼을 누릅니다.

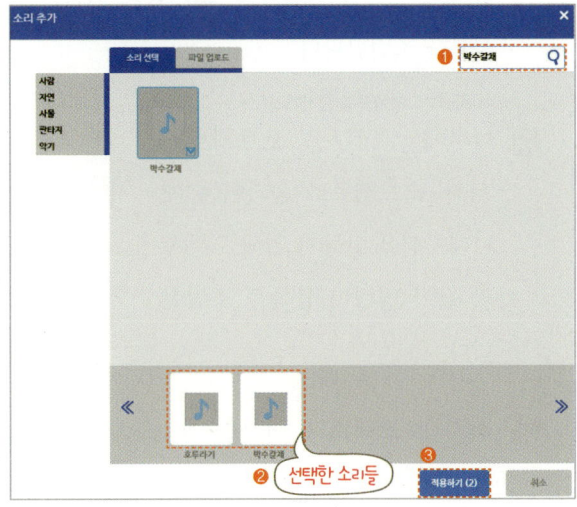

3단계 신호를 사용하여 애니메이션 만들기

⭐ **투수가 야구공을 던지면 타자에게 공이 가는 애니메이션을 만들어 봅시다.**

❶ '투수' 오브젝트를 클릭한 후 오른쪽과 같이 명령어 블록을 조립합니다.

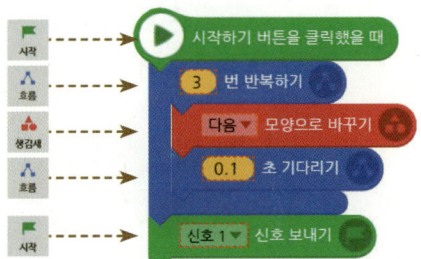

❷ 이번에는 '야구공' 오브젝트를 선택하고 소리를 추가하기 위해 [소리] 탭에서 [소리 추가] 버튼을 클릭합니다. '호루라기', '박수갈채'를 검색하여 소리를 선택한 후 [적용하기(2)] 버튼을 클릭합니다.

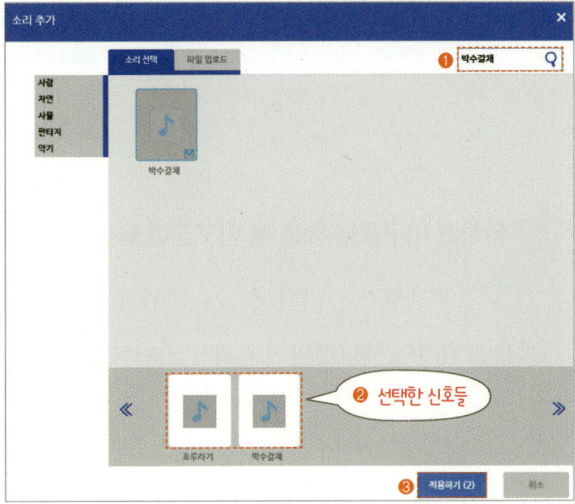

02. 숫자 야구(Bulls and Cows) • **173**

🔎 야구공 숨기기

❸ '야구공' 오브젝트를 보이지 않게 하기 위해 '야구공' 오브젝트를 선택하고, 오른쪽과 같이 명령어 블록을 조립합니다.

🔎 야구공이 타자쪽으로 날아가기

❹ 이번에는 '야구공' 오브젝트가 '타자' 오브젝트로 움직이는 애니메이션을 만들기 위해 오른쪽과 같이 명령어 블록을 조립합니다.

❺ '타자' 오브젝트가 '야구공' 오브젝트를 치는 애니메이션 후에 공이 날아가도록 만들기 위해 오른쪽과 같이 명령어 블록을 조립합니다.

❻ '야구공' 오브젝트에는 다음과 같이 3개의 코드가 완성됩니다.

※ '야구공' 오브젝트의 첫 번째 위치는 '투수' 오브젝트의 손 마지막 위치에 맞추어 이동시키고, '신호 3'을 받았을 때의 위치는 '타자' 오브젝트의 배트 중간 위치에 맞추어 이동시켜 애니메이션 효과를 더 올릴 수 있습니다.

⭐ **2** 타자가 야구공을 쳤을 때 야구공이 날아가는 애니메이션을 만들어 봅시다.

'타자' 오브젝트를 클릭한 후 오른쪽과 같이 명령어 블록을 조립하여 애니메이션 효과를 줍니다.

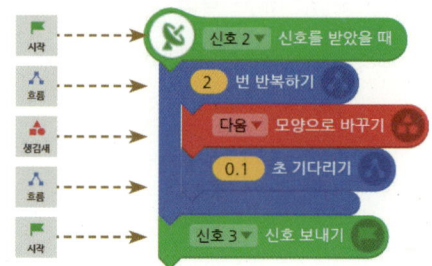

4단계 중복되지 않는 임의의 숫자 3개, 입력, 판정 알고리즘 만들기

1 맞히고자 하는 숫자 3개를 중복되지 않는 임의의 숫자로 만들어 봅시다.

❶ '타자' 오브젝트를 선택하고, 다음과 같이 명령어 블록을 조립합니다.

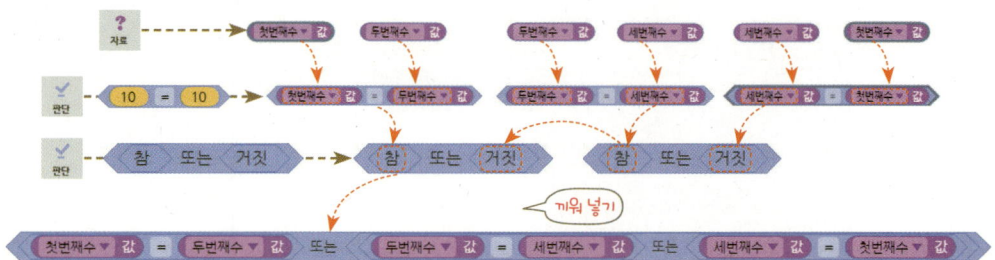

❷ 판단에서 〈참〉(이)가 아니다 블록 1개와 ❶에서 조립한 블록을 다음과 같이 조립합니다.

❸ 시작에서 〈시작하기 버튼을 클릭했을 때〉블록, 흐름에서 〈참 이 될 때까지 반복하기〉블록을 가져온 후 반복문의 '참'에 ❷에서 조립한 블록을 끼워 넣어 코드를 완성합니다.

20회의 도전 기회가 0이 될 때까지 3개의 숫자를 입력하는 프로그램을 만들어 봅시다.

'타자' 오브젝트를 선택하고 다음과 같이 명령어 블록을 조립합니다.

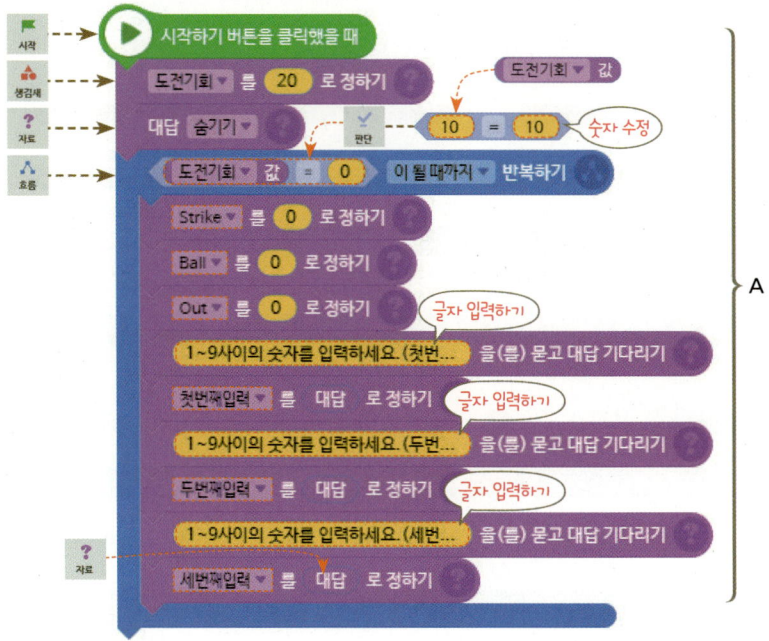

차례대로 입력한 숫자에 대해 판정하게 만들어 봅시다.

① 'Strike(중복되지 않는 숫자와 자릿수가 맞는 경우)' 판정을 위한 기초 자료를 만드는 명령어 블록은 다음과 같이 조립합니다.

❷ 'Ball(중복되지 않는 숫자는 맞고 자릿수가 다른 경우)' 판정을 위한 기초 자료를 만드는 블록을 다음과 같이 조립합니다.

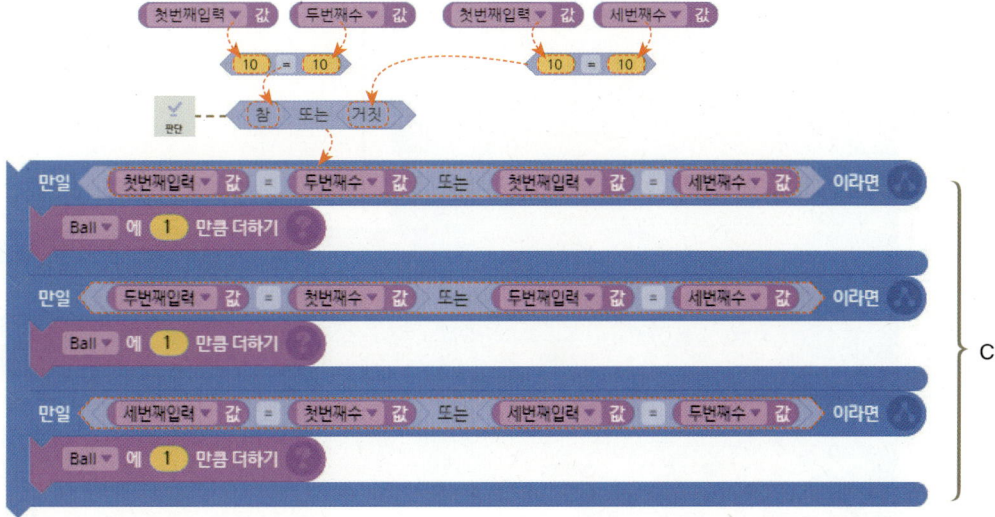

❸ 도전할 때마다 '도전기회'의 수를 줄이기 위한 명령어 블록은 다음과 같이 조립합니다.

❹ ⭐와 ⭐의 ❶, ❷, ❸에서 조립한 명령어 블록들을 다음과 같이 연결하여 코드를 완성합니다.

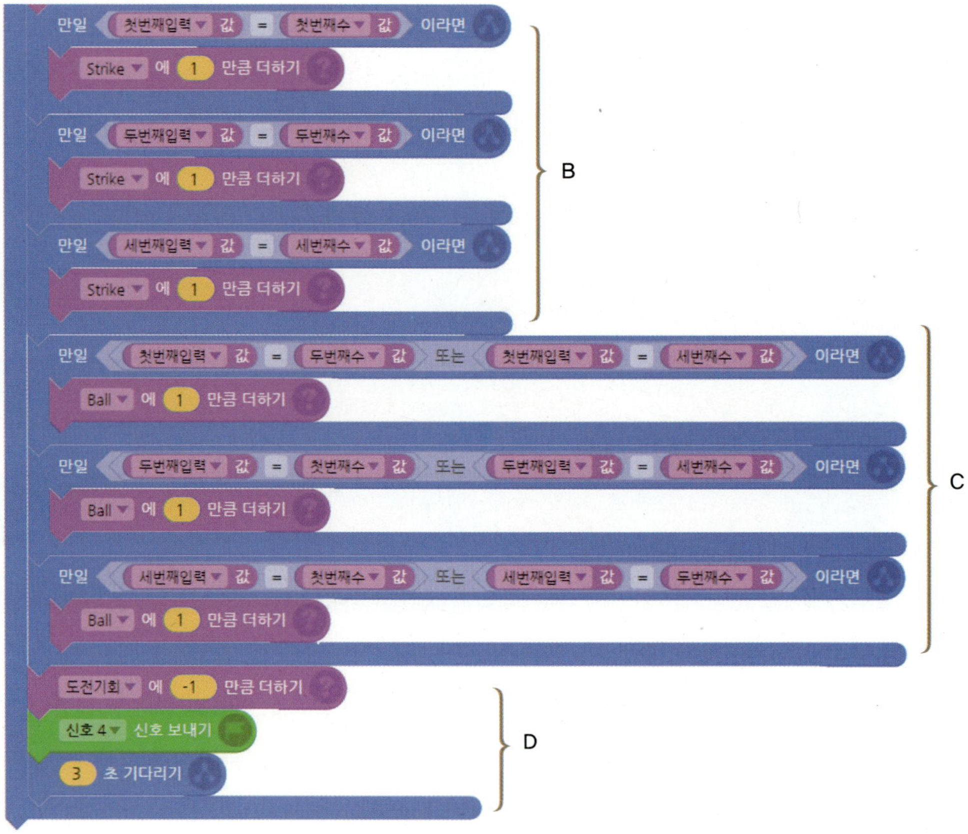

▲ '타자' 오브젝트에 완성된 판정을 위한 코드

5단계 판정 결과 알고리즘 만들기

★ 투수가 던진 공을 판정(3Strike, 아웃, 2Strike, 1Strike, 3Ball, 2Ball, 1Ball)해 봅시다.

① '투수' 오브젝트를 클릭한 후 3Strike(중복되지 않는 숫자 3개와 자릿수 3개가 일치한 경우) 판정 결과를 위해 다음과 같이 명령어 블록을 조립합니다.

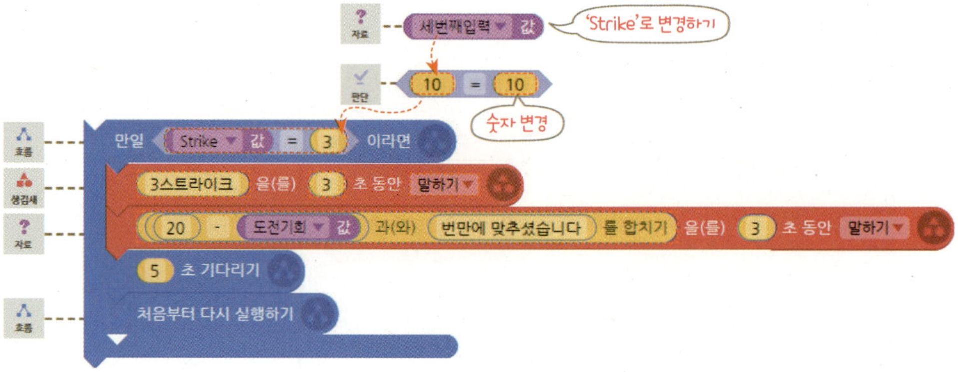

178 · 5장 나만의 산출물 만들기 프로젝트

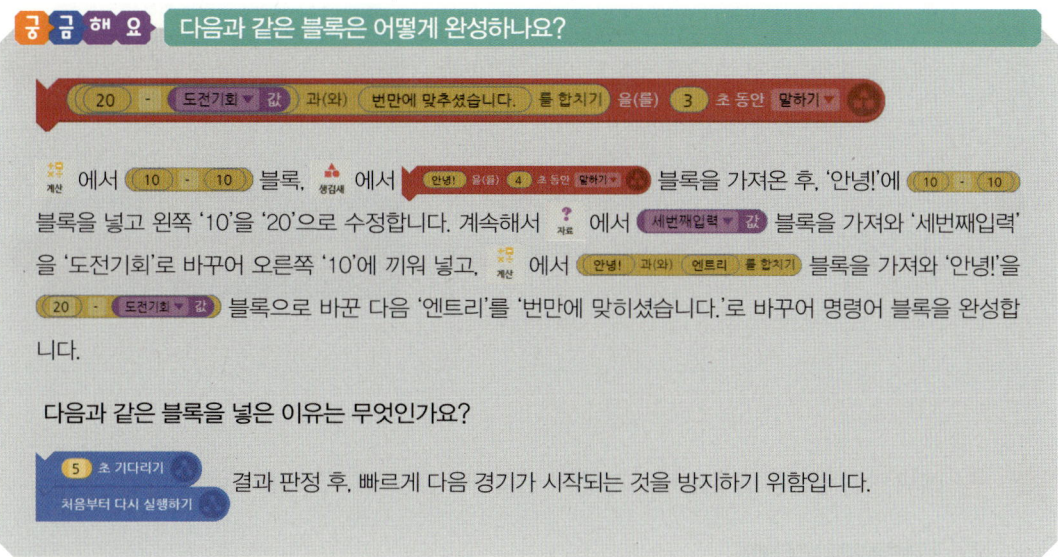

궁금해요 다음과 같은 블록은 어떻게 완성하나요?

계산에서 `10 - 10` 블록, 생김새에서 `안녕! 을(를) 4 초 동안 말하기` 블록을 가져온 후, '안녕!'에 `10 - 10` 블록을 넣고 왼쪽 '10'을 '20'으로 수정합니다. 계속해서 자료에서 `세번째입력 값` 블록을 가져와 '세번째입력'을 '도전기회'로 바꾸어 오른쪽 '10'에 끼워 넣고, 계산에서 `안녕! 과(와) 엔트리 를 합치기` 블록을 가져와 '안녕!'을 `20 - 도전기회 값` 블록으로 바꾼 다음 '엔트리'를 '번만에 맞히셨습니다.'로 바꾸어 명령어 블록을 완성합니다.

다음과 같은 블록을 넣은 이유는 무엇인가요?

`5 초 기다리기`
`처음부터 다시 실행하기`

결과 판정 후, 빠르게 다음 경기가 시작되는 것을 방지하기 위함입니다.

② 아웃(중복되지 않는 숫자 3개와 모두 일치하지 않는) 판정 결과를 만들기 위해 다음과 같이 명령어 블록을 조립합니다.

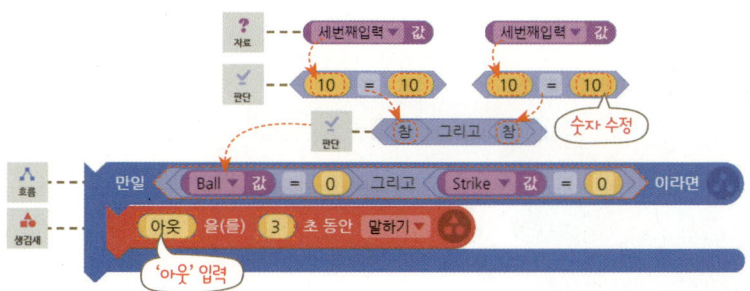

③ 2Strike(중복되지 않는 숫자 2개와 자릿수 2개가 일치한) 판정 결과를 만들기 위해 다음과 같이 명령어 블록을 조립합니다.

④ 1Strike(중복되지 않는 숫자 1개와 자릿수 1개가 일치한) 판정 결과를 만들기 위해 다음과 같이 명령어 블록을 조립합니다.

⑤ 3Ball(자릿수가 일치하지 않고 중복되지 않는 숫자 3개가 일치한) 판정 결과를 만들기 위해 다음과 같이 명령어 블록을 조립합니다.

6 2Ball(자릿수가 일치하지 않고 중복되지 않는 숫자 2개가 일치한) 판정 결과를 만들기 위해 다음과 같이 명령어 블록을 조립합니다.

7 1Ball(자릿수가 일치하지 않고 중복되지 않는 숫자 1개가 일치한) 판정 결과를 만들기 위해 다음과 같이 명령어 블록을 조립합니다.

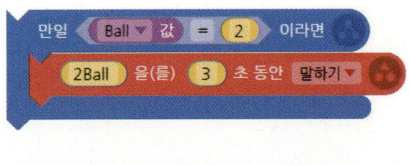

2 1 에서 만든 명령어 블록을 다음과 같이 연결하여 판정 결과 코드를 완성합니다.

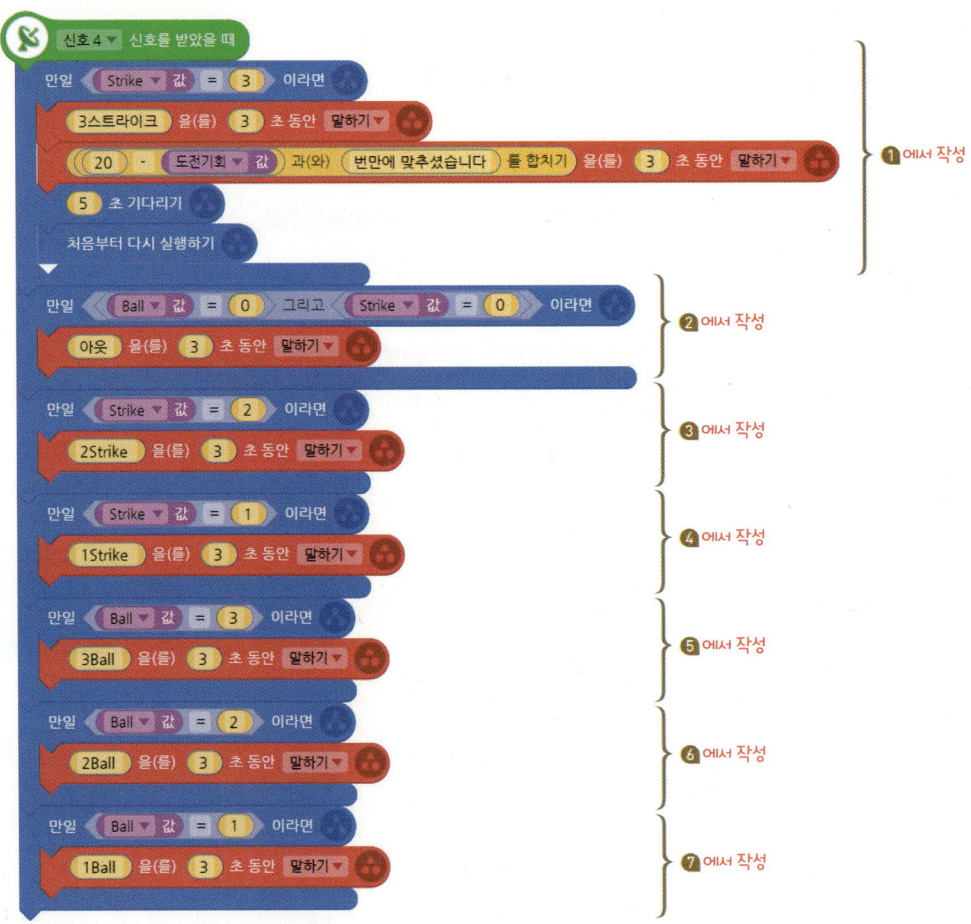

△ '투수' 오브젝트에 완성된 판정 결과를 보여주기 위한 코드

6단계 프로그램을 실행하고 잘 작동하는지 점검하기

⭐ 실행 화면의 [시작하기] 버튼을 클릭하여 각각의 값들을 입력하여 프로그램이 잘 작동하는지 확인합니다.

① 애니메이션 효과를 확인합니다.

② 입력 창에 숫자들이 제대로 입력되는지 확인합니다.

③ 판정 결과가 제대로 나오는지 확인합니다.

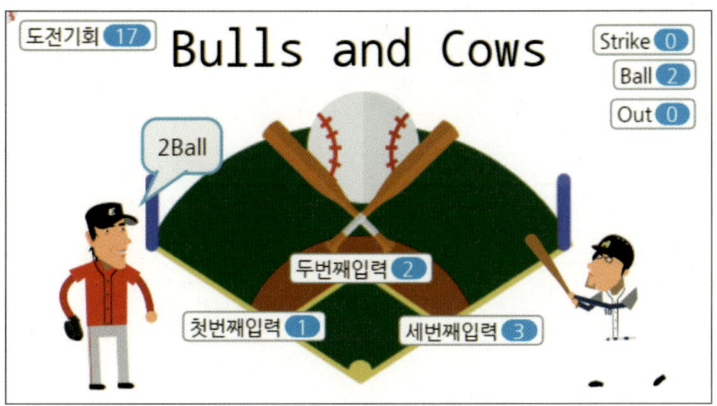

- 3개의 숫자를 모두 맞히면 장면을 전환하여 '엔트리봇이' 몇 번째에 맞혔는지 결과를 알려 주고 오브젝트를 눌렀을 때 다시 처음부터 수행하도록 만들어 봅시다.

- 완성 파일: 5장_Bulls and Cows(더 나아가기).ent

처리 조건 반드시 '장면 2'를 추가하여 위와 같은 실행 화면과 코드를 작성하도록 합니다.

※ 정답은 252쪽을 참고하세요.

03 스마트폰 패턴 비밀번호 만들기

활동 목표
- 마우스를 이용하여 패턴 암호를 그려 봅시다.
- 리스트를 이용하여 설정한 패턴 암호를 저장하여 봅시다.
- 변수와 리스트를 이용하여 설정된 비밀번호와 입력한 비밀번호를 비교하여 봅시다.

개인 정보를 보호하기 위해 많은 사람이 '스마트폰 잠금 기능'을 사용하고 있습니다. 잠금 기능을 설정하기 위해 숫자 비밀번호가 널리 사용되지만, 최근에는 이미지를 이용한 패턴 비밀번호도 많이 사용됩니다. 패턴 비밀번호가 작동하는 과정을 통해 패턴 비밀번호의 작동 방식을 생각해 봅시다.

실행 결과

▲ 초기 실행 화면

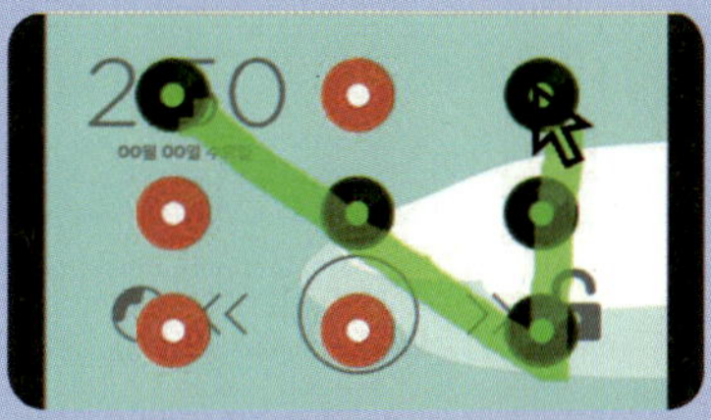

▲ 마우스로 드래그하여 패턴설정 비밀번호 입력

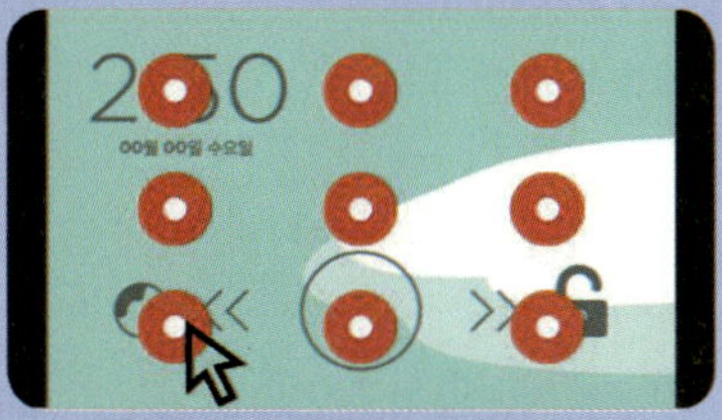

▲ 다시 패턴입력 장면으로 이동

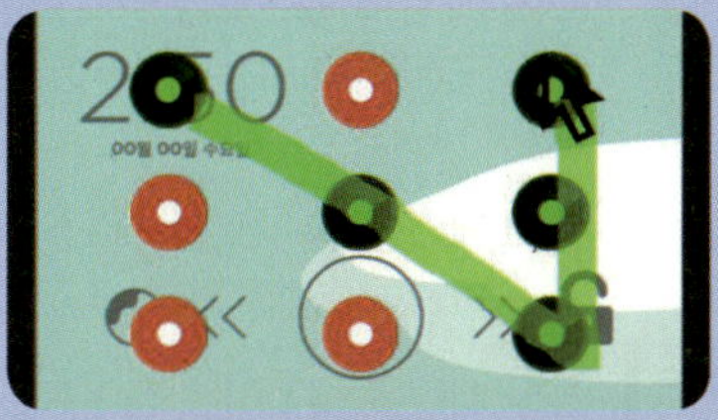

▲ 패턴입력 비밀번호 입력

▲ 비밀번호가 일치할 경우 메시지 출력

▲ 비밀번호가 틀릴 경우 메시지 출력

처리 조건 마우스 드래그를 통해 패턴설정 비밀번호와 패턴입력 비밀번호를 입력하도록 하여 비밀번호가 맞는지 판단하도록 합니다.

- 완성 파일: 5장_스마트폰 패턴 비밀번호 만들기.ent

1 문제 분석 및 알고리즘 설계

실행 결과와 처리 조건을 분석하여 프로그램에서 수행할 작업들을 설계합니다.

1단계	필요한 오브젝트 추가하기(휴대전화 배경, 버튼, 화살표, 글상자)
2단계	'패턴설정' 장면의 명령어 넣기(커서, 글상자, 버튼)
3단계	리스트를 이용하여 패턴설정 비밀번호는 저장하기
4단계	'패턴입력' 장면 만들고 명령어 넣기
5단계	'패턴일치' 장면과 '패턴불일치' 장면 만들기
6단계	'패턴설정' 리스트와 '패턴입력' 리스트를 비교하여 장면 전환하기
7단계	프로그램을 실행하고 잘 작동하는지 점검하기

2 필요한 오브젝트 설정

프로그램에서 필요한 각각의 오브젝트와 기능들을 지정합니다.

오브젝트	구현하고 싶은 기능	관련 과정
화살표	① 마우스 포인터를 따라 움직입니다. ② 마우스로 선(패턴)을 그릴 수 있습니다. ③ 패턴 비밀번호를 설정할 수 있습니다. ④ 패턴 비밀번호가 일치하면 휴대전화 사용이 가능합니다. ⑤ 패턴 비밀번호가 틀리면 휴대전화 사용이 불가능합니다.	2단계 2단계 3단계 6단계 6단계
버튼 9개	• 패턴을 그리면 버튼의 색깔이 바뀝니다.	2단계
패턴설정 장면	• 패턴을 설정하는 장면으로 패턴설정이 끝나면 패턴입력 장면으로 넘어가도록 합니다.	2단계
패턴입력 장면	• 패턴을 입력하는 장면으로 패턴설정과 패턴입력의 동일함을 판단하고, 판단에 따라 장면을 이동합니다.	4단계
패턴일치 장면	• 패턴이 일치하면 '패턴일치' 장면을 띄웁니다.	5단계
패턴불일치 장면	• 패턴이 일치하지 않으면 '패턴불일치' 장면을 띄웁니다.	5단계

프로그래밍하기

1단계 필요한 오브젝트 추가하기

⭐ **1** 배경 화면 오브젝트를 추가해 봅시다.

① '엔트리봇' 오브젝트를 선택하고 ❌ 버튼을 클릭하여 '엔트리봇' 오브젝트와 관련 코드를 삭제합니다.

② [오브젝트 추가하기] 버튼을 클릭한 후, [라이브러리 선택] 탭의 [배경]-[기타]에서 '핸드폰 잠금화면' 오브젝트를 선택하고 [적용하기(1)] 버튼을 클릭합니다.

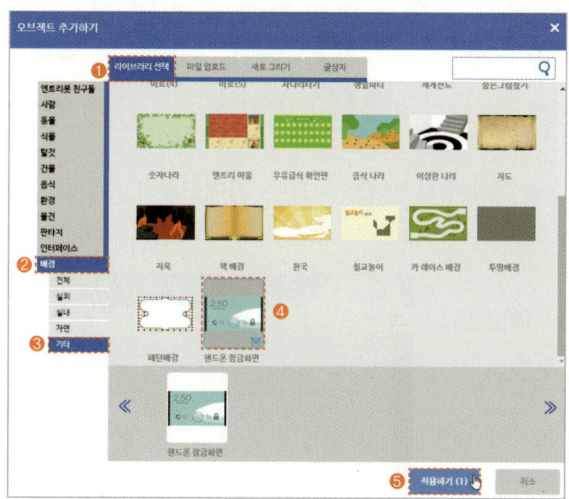 

⭐ **2** 휴대전화 패턴의 숫자 키패드 역할을 하는 버튼을 배치해 봅시다.

① [오브젝트 추가하기] 버튼을 클릭한 후, [라이브러리 선택] 탭의 [인터페이스]에서 '둥근 버튼(녹음)' 오브젝트를 선택하고 [적용하기(1)] 버튼을 클릭합니다.

② '둥근 버튼(녹음)' 오브젝트의 ✏️ 버튼을 클릭하여 오브젝트 이름은 '키패드1-1', 위치는 'X: 125, Y: 80', 크기는 '50'으로 수정하여 왼쪽 상단 부근에 위치시킵니다.

❸ '키패드1-1' 오브젝트에서 마우스 오른쪽 버튼을 누르면 나오는 메뉴에서 [복제]를 선택하여 오브젝트를 복제합니다.

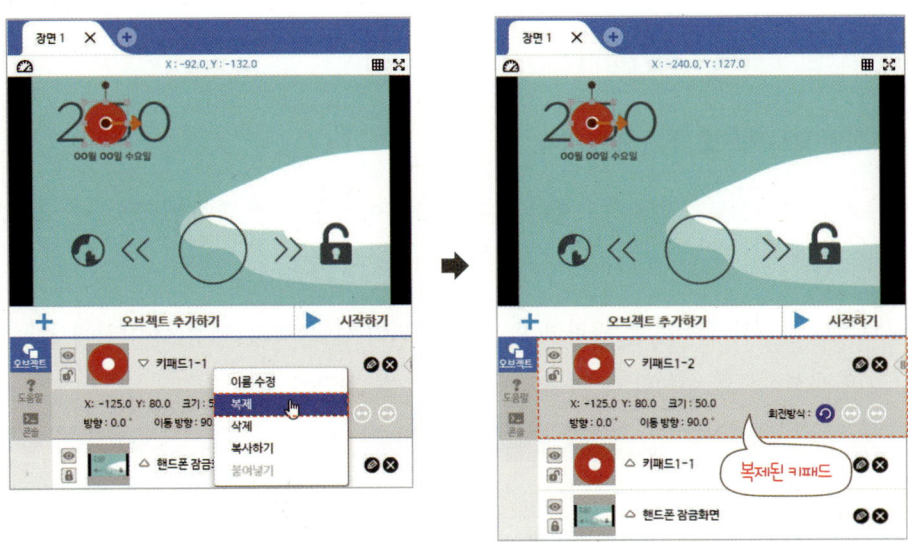

❹ '키패드1-2' 오브젝트의 🖉 버튼을 클릭하여 오브젝트 이름은 '키패드2-1', 위치는 'X: 0, Y: 80', 크기는 '50'으로 수정합니다.

❺ ❸, ❹의 방법으로 '키패드1-1' ~ '키패드9-1'까지 9개의 오브젝트를 다음과 같이 만듭니다.

오브젝트 이름	위치	크기
키패드1-1	X: -125, Y: 80	50
키패드2-1	X: 0, Y: 80	50
키패드3-1	X: 125, Y: 79	50
키패드4-1	X: -125, Y: 0	50
키패드5-1	X: 0, Y: 0	50
키패드6-1	X: 125, Y: 0	50
키패드7-1	X: -125, Y: -80	50
키패드8-1	X: 0, Y: -80	50
키패드9-1	X: 125, Y: -80	50

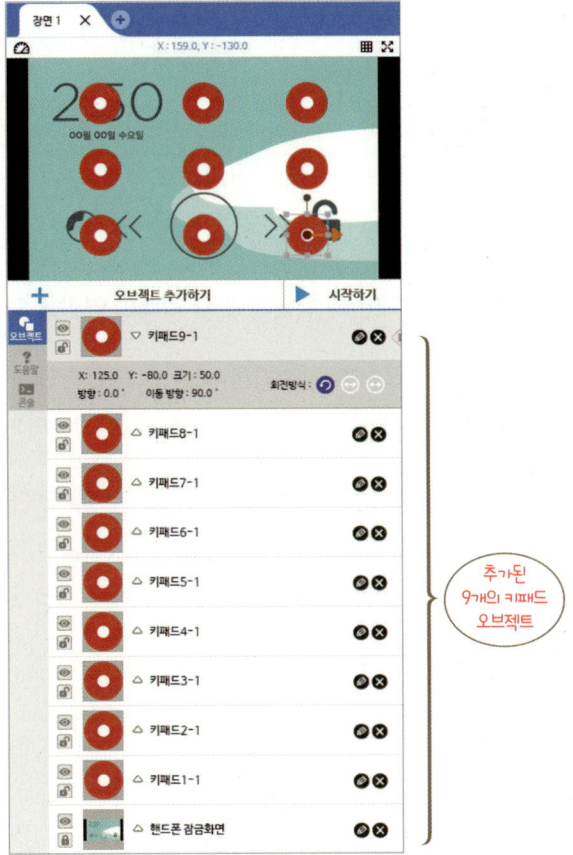

3 패턴을 그릴 수 있는 커서를 추가해 봅시다.

❶ [오브젝트 추가하기] 버튼을 클릭한 후, [라이브러리 선택] 탭의 [인터페이스]에서 '커서(3)' 오브젝트를 선택하고 [적용하기(1)] 버튼을 클릭합니다.

❷ '커서(3)' 오브젝트의 🖉 버튼을 클릭하여 오브젝트 이름은 '커서1', 위치는 'X: 70, Y: -95', 크기는 '50'으로 수정합니다.

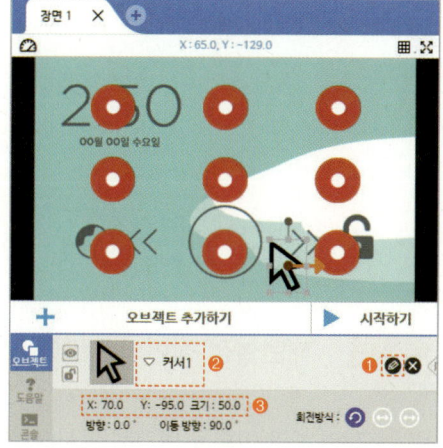

 4 '글상자' 오브젝트로 안내 멘트를 만들어 봅시다.

❶ [오브젝트 추가하기] 버튼을 클릭하고 [글상자] 탭을 선택합니다. 입력란에 '패턴을 설정하세요'라고 입력하고 글자 모양은 '고딕체'로 변경한 후, [적용하기(1)] 버튼을 클릭합니다.

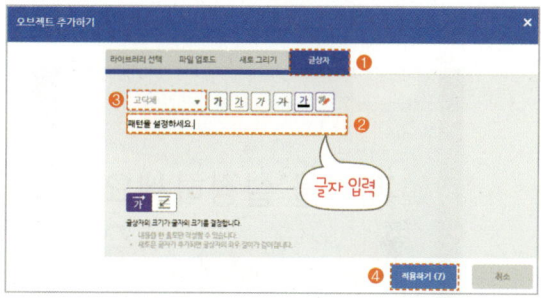

❷ 만든 '글상자' 오브젝트의 🖉 버튼을 클릭하여 오브젝트의 이름은 '글상자1', 위치는 'X: 0, Y: 0', 크기는 '200'으로 수정합니다.

03. 스마트폰 패턴 비밀번호 만들기 · **187**

❸ 글상자가 첫 화면에는 나타나지 않게 하기 위해 '글상자1' 오브젝트에서 👁을 클릭하여 ╳으로 변경합니다.

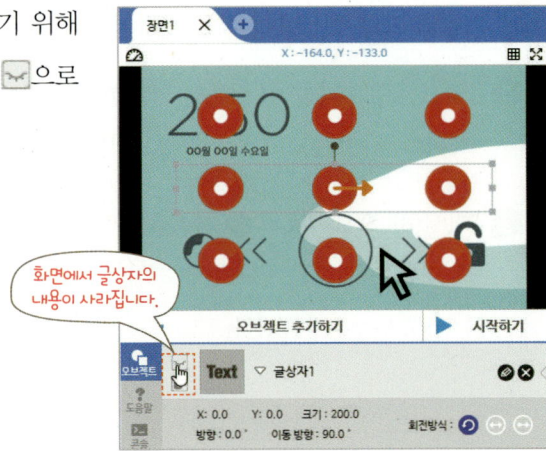

2단계 '패턴설정' 장면의 명령어 넣기(커서, 글상자, 버튼)

 '장면 1'의 이름을 변경해 봅시다.

실행 화면 상단의 '장면 1'을 클릭한 후 장면 이름을 '패턴설정'으로 변경하고 Enter↵를 누릅니다.

 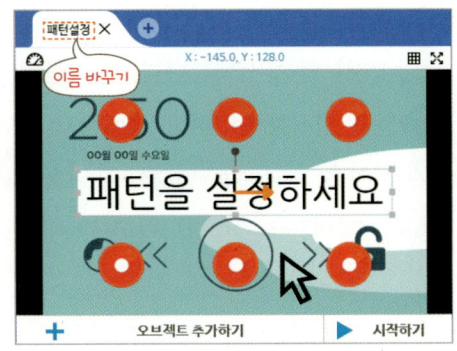

 '커서1' 오브젝트가 마우스를 따라 움직이도록 만들어 봅시다.

'커서1' 오브젝트를 클릭한 후 명령어 블록을 다음과 같이 조립합니다.

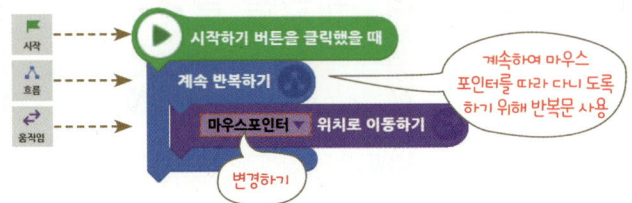

3 마우스를 클릭한 상태로 드래그하면 '커서1' 오브젝트로 선을 그리도록 만들어 봅시다.

① '커서1' 오브젝트를 클릭한 후 명령어 블록들을 오른쪽과 같이 조립합니다.

② ①에서 만든 명령어 블록 중 ■ 부분을 클릭하여 색깔을 녹색으로 변경하고, 붓의 굵기는 '1'에서 '25'로 변경합니다.

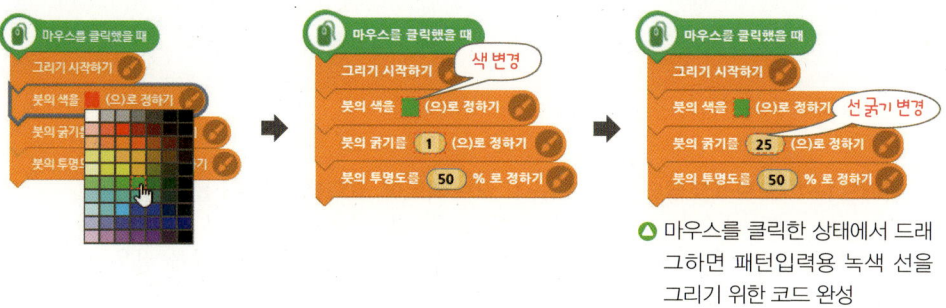

◯ 마우스를 클릭한 상태에서 드래그하면 패턴입력용 녹색 선을 그리기 위한 코드 완성

 4 마우스 클릭을 해제할 경우 '커서1' 오브젝트는 선 그리기를 멈추고, 다음 장면이 시작되도록 만들어 봅시다(다음 장면은 후에 만듭니다).

① 명령어 블록을 가져와 다음과 같이 조립합니다.

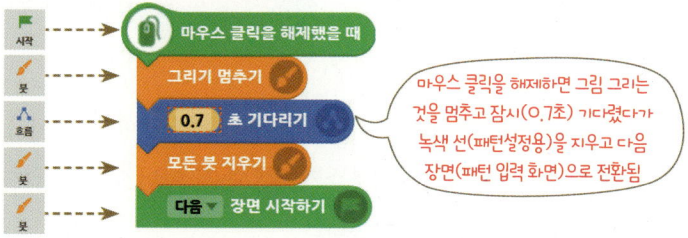

② '커서1' 오브젝트에는 다음과 같이 3개의 코드가 완성됩니다.

◯ ②에서 작성한 코드   ◯ ③에서 작성한 코드   ◯ ④에서 작성한 코드

'글상자1' 오브젝트의 내용을 보이게 했다가 사라지게 해 봅시다.

'글상자1' 오브젝트를 클릭한 후 명령어 블록을 오른쪽과 같이 조립합니다.

궁금해요

185쪽에서 '글상자1' 오브젝트의 경우 👁 버튼을 눌러 첫 화면에서 나타나지 않도록 했기 때문에, 모양 보이기 블록을 사용하여 [시작하기] 버튼을 클릭하면 모양을 다시 보이도록 합니다. 모양이 보여 안내 멘트 역할을 한 후에는 2초를 기다렸다가 다시 오브젝트가 숨겨지도록 합니다.

 '키패드1-1' 오브젝트부터 '키패드9-1' 오브젝트에 코드를 만들어 봅시다.

① 마우스로 패턴설정선(녹색선)을 그렸을 때 버튼 오브젝트에 선이 닿을 경우, 버튼 오브젝트의 색깔이 변하도록 하기 위해 9개의 키패드에 ②와 같은 코드를 만듭니다.

② 먼저 '키패드1-1' 오브젝트를 클릭한 후 명령어 블록을 오른쪽과 같이 연결합니다.

※ 색깔 효과를 '50'으로 변경하면 오브젝트의 색깔이 녹색으로 바뀝니다.

③ ②에서 만든 코드의 선택 구조에서 '참'인 상황은 마우스를 클릭한 상태에서 '커서1' 오브젝트가 '키패드1-1' 오브젝트에 닿은 상황입니다. 마우스가 닿았는지 아닌지를 판단하기 위해 다음과 같이 명령어 블록을 조합하여 '참'에 끼워 넣습니다.

4 명령어 블록을 복사하여 사용하기 위해 마우스 오른쪽 버튼을 클릭하면 나오는 메뉴에서 [코드 복사]를 선택하여 코드를 복사합니다.

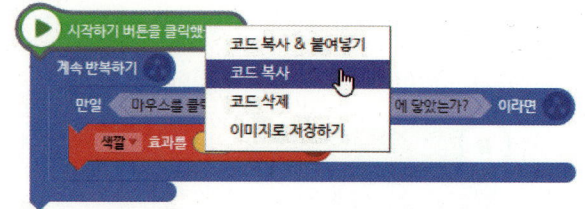

5 4에서 복사된 코드를 '키패드2-1' 오브젝트부터 '키패드9-1' 오브젝트까지 각각 선택하여 모두 붙여 넣습니다.

3단계 리스트를 이용하여 패턴설정 비밀번호 저장하기

마우스로 그린 패턴 비밀번호를 어딘가에 저장해 놓아야만 그 비밀번호가 맞는 비밀번호인지 아닌지를 판단할 수 있습니다. [3단계]에서는 리스트를 이용하여 패턴설정 비밀번호를 저장하는 방법을 알아봅니다.

 '패턴설정' 리스트를 만들어 봅시다.

[속성] 탭의 [리스트]-[리스트 추가] 버튼을 클릭합니다. 리스트 이름은 '패턴설정'으로 입력하고 [확인] 버튼을 클릭하면 리스트가 만들어집니다.

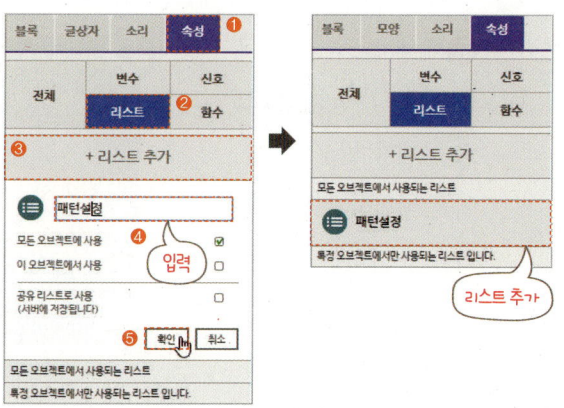

 패턴설정 비밀번호를 '패턴설정' 리스트에 저장하는 코드를 만들어 봅시다.

1 마우스로 패턴을 그렸을 때 그려진 순서대로 '패턴설정' 리스트에 기록하면 패턴설정 비밀번호를 저장할 수 있습니다. 예를 들어 '키패드1-1' 오브젝트에 패턴을 그리면 '패턴설정' 리스트에 '1'이라는 항목이 입력되게 하고, '키패드4-1' 오브젝트에 패턴을 그리면 '패턴설정' 리스트에 '4'라는 항목이 입력되도록 하면 패턴설정 비밀번호를 '패턴설정' 리스트에 저장할 수 있습니다.

❷ '키패드1-1' 오브젝트를 선택한 후, [?자료] 에서 [10 항목을 패턴설정▼ 에 추가하기] 블록을 가져와 다음과 조립하고 '10'을 '1'로 수정합니다.

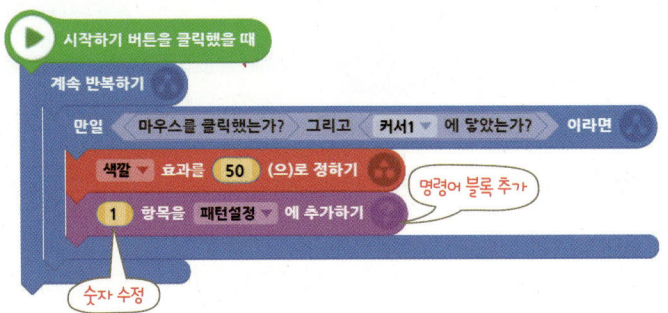

❸ 실행 화면의 [시작하기] 버튼을 누르고 마우스로 '키패드1-1'에 패턴을 그리면 '패턴설정' 리스트에 '1' 항목이 계속 등록되는 것을 확인할 수 있습니다.

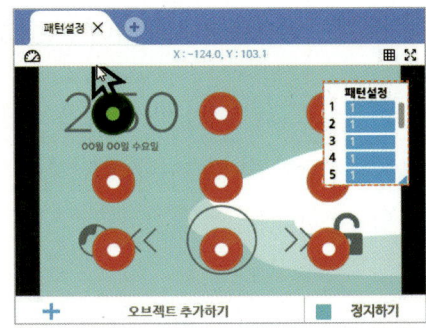

❹ '키패드1-1' 오브젝트에 패턴을 그리면 '패턴설정' 리스트에 '1'이 한 번만 등록되어야 하는데, ❷에서 만든 명령어로는 계속 '1'이 등록되므로 문제가 발생합니다. 이를 해결하기 위해 반복을 중단하는 명령어 블록을 추가합니다.

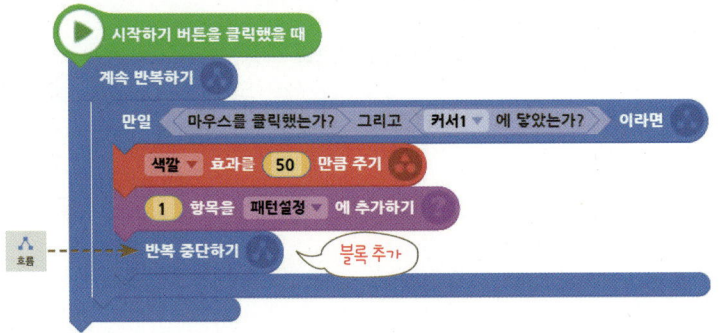

❺ 실행 화면의 [시작하기] 버튼을 눌러 프로그램을 실행하고 마우스로 '키패드1-1'에 패턴을 그리면, '패턴설정' 리스트에 '1'항목이 한 번만 등록되는 것을 확인할 수 있습니다.

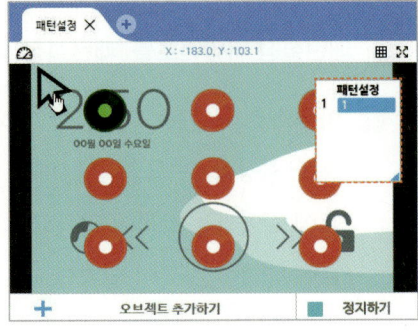

192 · 5장 나만의 산출물 만들기 프로젝트

❻ 위와 같은 방법으로 '키패드2-1'부터 '키패드9-1' 오브젝트 모두 동일한 형태로 작동할 수 있도록 명령어 블록을 추가합니다.

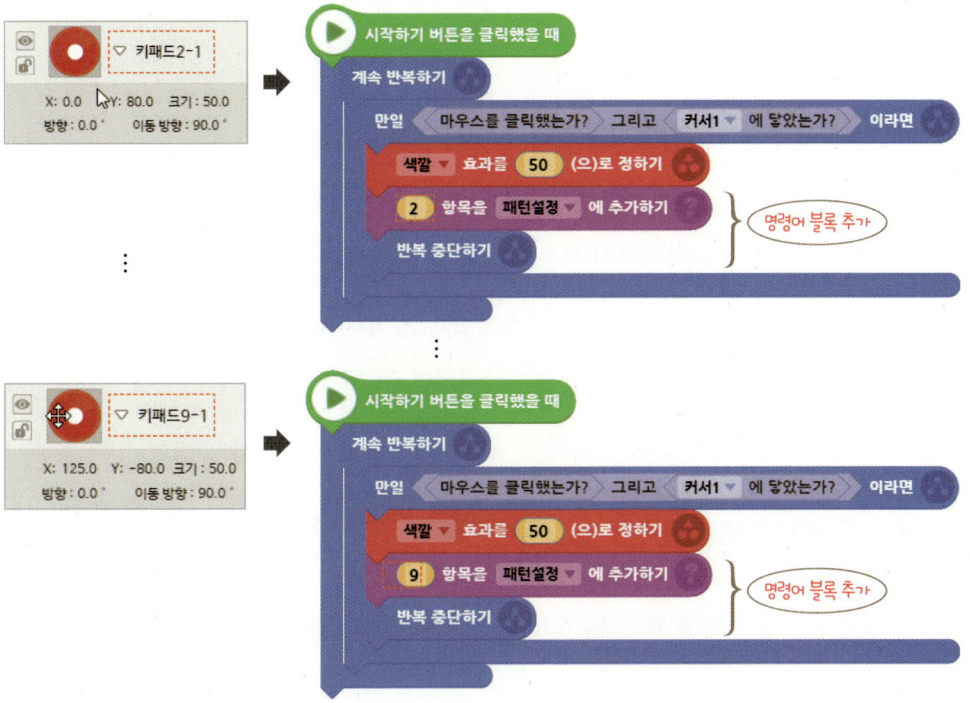

❼ 실행 화면의 [시작하기] 버튼을 눌러 프로그램을 실행하고, 마우스로 키패드 오브젝트들에 원하는 패턴을 그리면 해당하는 항목이 '패턴설정' 리스트에 한 번만 등록되고 버튼 오브젝트의 색깔도 녹색으로 변경됩니다.

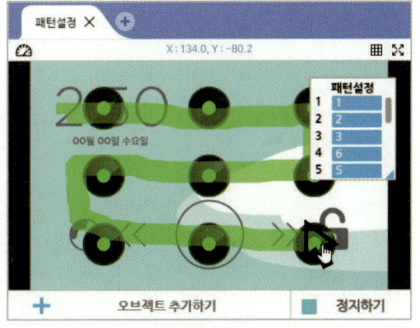

❽ '패턴설정' 리스트의 작동을 이해하였다면 [속성] 탭의 [리스트]를 선택하고 '패턴설정' 리스트를 클릭한 후, ⊘ 버튼을 클릭합니다. '리스트 보이기'의 체크를 해제하여 '패턴설정' 리스트가 보이지 않게 합니다.

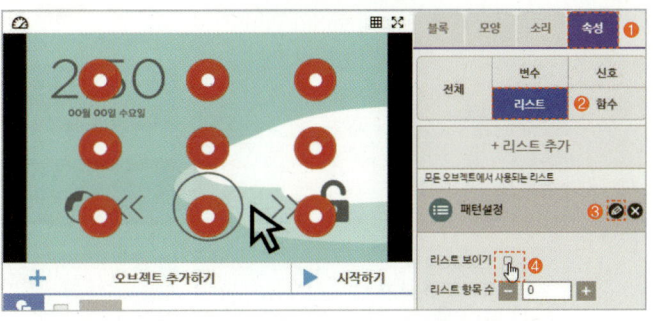

03. 스마트폰 패턴 비밀번호 만들기 · 193

'패턴입력' 장면 만들고 명령어 넣기

패턴설정이 끝나면 '패턴입력' 장면으로 이동하게 됩니다. [4단계]에서는 '패턴입력' 장면을 만들어 봅시다.

⭐ **'패턴설정' 장면을 복제하여 '패턴입력' 장면을 만들어 봅시다.**

'패턴입력' 장면은 '패턴설정' 장면의 오브젝트를 그대로 사용하고 명령어도 비슷한 부분이 많기 때문에 '패턴설정' 장면을 복사하여 사용합니다.

① 실행 화면 왼쪽 상단의 '패턴설정' 장면에 마우스 포인터를 위치한 후, 마우스 오른쪽 버튼을 누르면 나오는 메뉴에서 [복제하기]를 클릭하면, '패턴설정의 복제본' 장면이 만들어집니다.

② '패턴설정의 복제본' 장면을 클릭하여 '패턴입력'으로 장면 이름을 수정합니다.

궁금해요 장면 복제 후 주의할 점은 무엇인가요?

복제된 장면은 복제 대상 장면의 오브젝트와 명령어를 모두 복제하기 때문에 경우에 따라 매우 편리합니다. 하지만 몇 가지 부분에서 사용에 주의를 기울여야 혼동이 생기지 않습니다.

1. 오브젝트와 명령어가 똑같이 복사되므로 원래 장면에서의 작업인지, 아니면 복제된 장면에서의 작업인지를 반드시 확인해야 합니다.
2. 복제된 장면에서는 오브젝트의 이름이 달라짐을 알고 있어야 합니다.
3. 2번의 이유로 연결된 명령어들이 대상을 찾지 못하는 경우가 생겨 '대상 없음' 상태로 남아 있거나 원하지 않는 대상으로 연결되는 경우가 발생하므로 각각의 명령어를 확인하고 대상을 정확히 연결해 주어야 합니다.

194 · 5장 나만의 산출물 만들기 프로젝트

⭐ 2 '패턴입력' 장면의 모든  블록으로 변경해 봅시다.

① '패턴입력' 장면의 코드들은 '패턴설정' 장면에서 복제했으므로 정상적으로 작동하려면 ▶ 시작하기 버튼을 클릭했을 때 블록을 🎬 장면이 시작되었을때 블록으로 모두 변경해야 합니다.

② '패턴입력' 장면의 모든 오브젝트를 확인하면서 다음과 같이 부분적으로 명령어를 변경합니다.

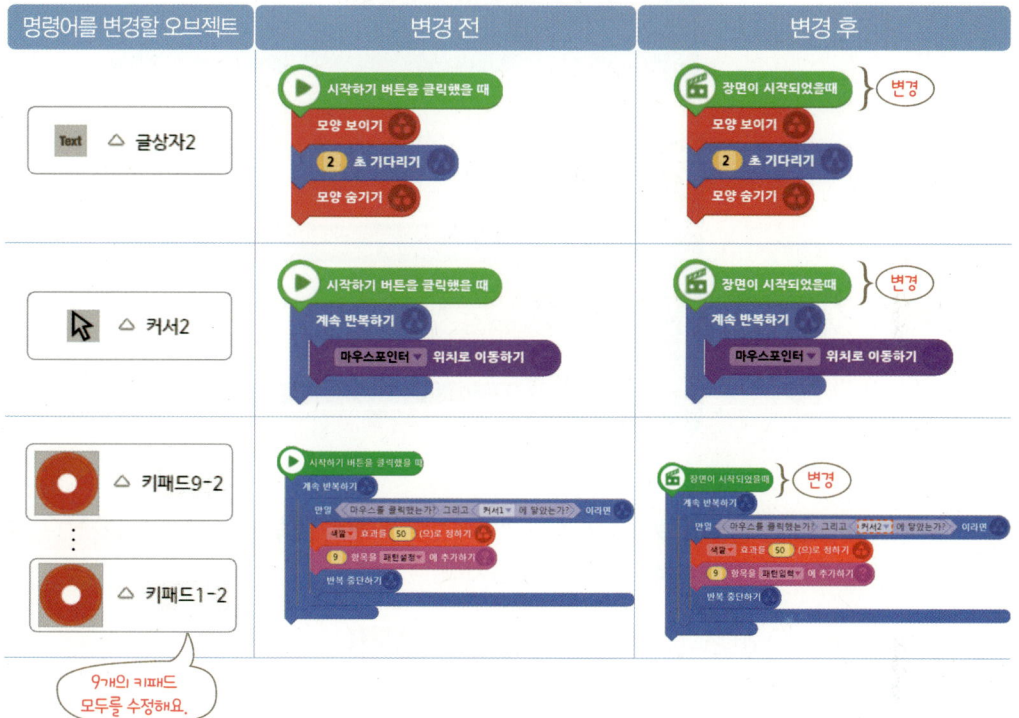

⭐ 3 '키패드1-2' ~ '키패드9-2' 오브젝트에서 〈 마우스를 클릭했는가? 그리고 〈 커서1 ▼ 에 닿았는가? 〉 블록 명령어를 변경해 봅시다.

① '키패드1-2' 오브젝트를 클릭한 후, 〈 마우스를 클릭했는가? 그리고 〈 대상없음 ▼ 에 닿았는가? 〉 에서 '대상 없음'을 클릭하여 '커서2'로 변경합니다.

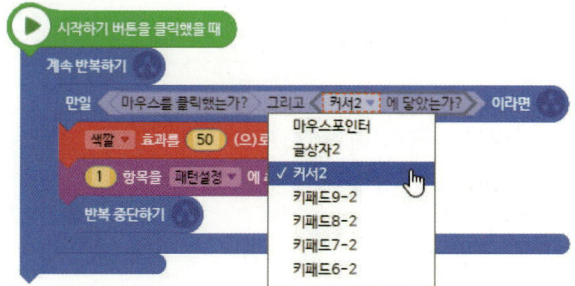

03. 스마트폰 패턴 비밀번호 만들기 · 195

❷ ❶과 같은 방법으로 '키패드2-2'에서 부터 '키패드9-2'의 오브젝트 모두 '대상 없음'을 클릭하여 '커서2'로 변경합니다.

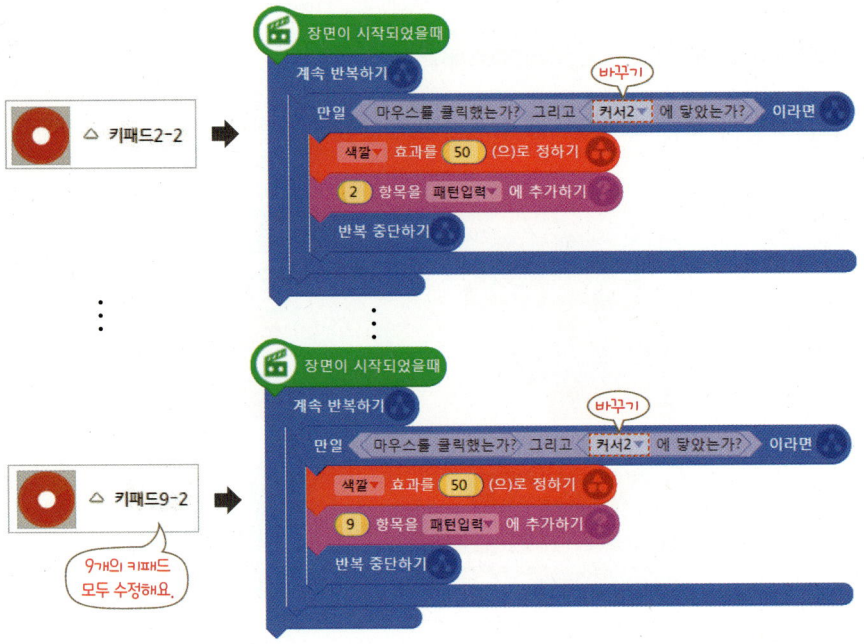

⭐ ❹ '패턴입력' 리스트를 만들고 '키패드1-2' ~ '키패드9-2' 까지 모두 블록의 '패턴설정'을 '패턴입력'으로 변경해 봅시다.

❶ '키패드1-2' ~ '키패드9-2'의 블록을 그대로 두면 패턴입력 비밀번호가 '패턴설정' 리스트에 기록됩니다. 하지만 패턴입력 비밀번호를 저장할 공간인 '패턴입력' 리스트를 만들어야 비밀번호를 비교할 수 있습니다.

❷ '패턴입력' 리스트가 없기 때문에 [속성]-[리스트]를 선택하고 [리스트 추가] 버튼을 클릭하여 '패턴입력' 리스트를 만듭니다.

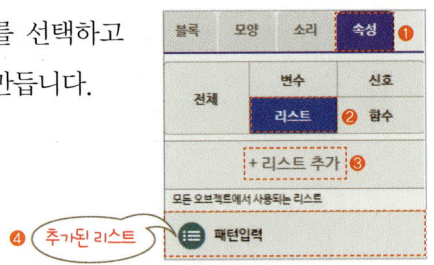

❸ '패턴입력' 리스트가 보이지 않게 하려면 '패턴입력' 리스트를 클릭한 후 🔗 버튼을 클릭하여 '리스트 보이기'의 체크를 해제합니다.

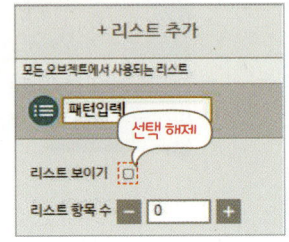

❹ '키패드1-2' 오브젝트를 선택한 후 [1 항목을 패턴설정▼ 에 추가하기] 블록에서 '패턴설정'을 '패턴입력'으로 변경합니다.

❺ ❹의 과정을 '키패드2-2' 오브젝트부터 '키패드9-2' 오브젝트까지 모두 진행합니다.

오브젝트	변경되는 블록
○ 키패드9-2	9 항목을 패턴입력▼ 에 추가하기
⋮	⋮
○ 키패드2-2	2 항목을 패턴입력▼ 에 추가하기

★5 '글상자2' 오브젝트의 글 내용을 변경해 봅시다.

❶ '패턴입력' 장면이 시작되면 나타나는 안내 멘트를 변경하기 위해 '글상자2' 오브젝트를 클릭한 후, [글상자] 탭을 선택합니다.

❷ 글자 모양은 '고딕체', 입력란에는 '패턴을 설정하세요'를 '패턴을 입력하세요'라고 입력합니다.

※ '글상자2' 오브젝트는 👁‍🗨 상태여서 보이지 않습니다. 👁 모양으로 변경해야 입력 내용을 확인할 수 있으며, 입력 내용 확인 후에는 다시 👁‍🗨 상태로 설정하여 '글상자2' 오브젝트가 보이지 않게 합니다.

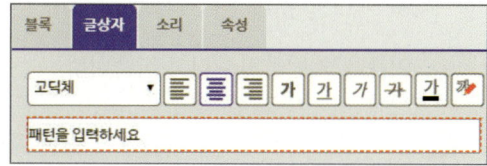

5단계 '패턴일치' 장면과 '패턴불일치' 장면 만들기

설정한 패턴과 입력한 패턴을 서로 비교하여 맞는지 확인하는 명령어를 만들기 전에, 먼저 패턴이 일치할 경우의 장면과 패턴이 불일치할 경우의 장면을 만들어야 합니다.

★1 '패턴일치' 장면을 추가해 봅시다.

❶ 실행 화면 상단의 '⊕(장면 추가하기)' 버튼을 클릭하여 장면을 추가하고, 장면 이름을 '패턴일치'라고 입력합니다.

❷ 새로 추가한 장면, 즉 패턴일치에서 [오브젝트 추가하기] 버튼을 클릭한 후, 검색 창에서 '들판'을 검색하여 '들판(1)' 오브젝트를 선택하고 [적용하기(1)] 버튼을 클릭합니다.

❸ 계속해서 [오브젝트 추가하기] 버튼을 클릭한 후, [글상자] 탭에서 입력란에 '패턴일치'라고 입력하고 '고딕체'로 변경한 후 [적용하기(1)] 버튼을 클릭합니다.

❹ 만든 '글상자3' 오브젝트의 🖉 버튼을 클릭한 후 위치는 'X: 0, Y: 0', 크기는 '150'으로 설정하여 화면 중앙에 배치합니다.

 2 '패턴불일치' 장면을 추가해 봅시다.

❶ '➕(장면 추가하기)' 버튼을 클릭하여 장면을 하나 더 추가하고 장면 이름을 '패턴불일치'라고 적습니다.

❷ [오브젝트 추가하기] 버튼을 클릭한 후 검색 창에서 '핸드폰'을 검색하여 '핸드폰 잠금화면 2' 오브젝트를 선택한 다음 [적용하기(1)] 버튼을 클릭합니다.

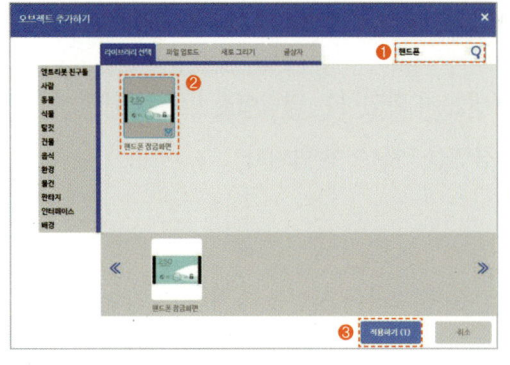

❸ 해당 장면이 시작하면 '핸드폰 잠금화면2' 오브젝트가 노란색으로 변하도록 오른쪽과 같이 명령어 블록을 만듭니다.

※ '투명도'는 '색깔'을 클릭하면 선택할 수 있습니다.

❹ [오브젝트 추가하기] 버튼을 클릭한 후 [글상자] 탭에서 글자 모양은 '고딕체', 입력란에는 '패턴불일치'를 입력한 후 [적용하기(1)] 버튼을 클릭합니다.

❺ '글상자4' 오브젝트의 ⚙ 을 선택하여 위치는 'X: 0, Y: 0', 크기는 '150'으로 지정합니다.

6단계 '패턴설정' 리스트와 '패턴입력' 리스트를 비교하여 장면 전환하기

'패턴입력' 장면에서 패턴입력이 끝나면 패턴설정 비밀번호와 패턴입력 비밀번호를 비교하여 패턴이 일치하는지 또는 불일치하는지를 판단해야 합니다. 여기서는 '커서2' 오브젝트에 이러한 판단을 할 수 있는 명령을 주어 실행하도록 합니다.

> **궁금해요** 패턴 그리기를 이용한 비밀번호 잠금 해제 아이디어의 핵심은 무엇인가요?
>
> 여기에서는 '패턴설정' 리스트에 저장된 패턴 비밀번호의 순서와 내용이 '패턴입력' 리스트와 같은지 또는 다른지를 판단하는 것이 핵심입니다. 이를 위해 수행할 작업은 다음과 같습니다.
> 1. '패턴설정 리스트의 항목수'와 '패턴입력 리스트의 항목수'를 점검하고,
> 2. 두 리스트의 항목수가 같을 경우 '패턴설정 리스트의 1번 항목의 값'과 '패턴입력 리스트의 1번 항목의 값'을 점검하여,
> 3. '항목수'와 '각 항목의 값'이 같으면 '패턴일치'가 되고, 1, 2과정에서 하나라도 틀린 것이 있으면 '패턴불일치'가 됩니다.

미리보기

'패턴입력' 장면의 '커서2' 오브젝트에 다음과 같은 코드를 추가해 봅시다.

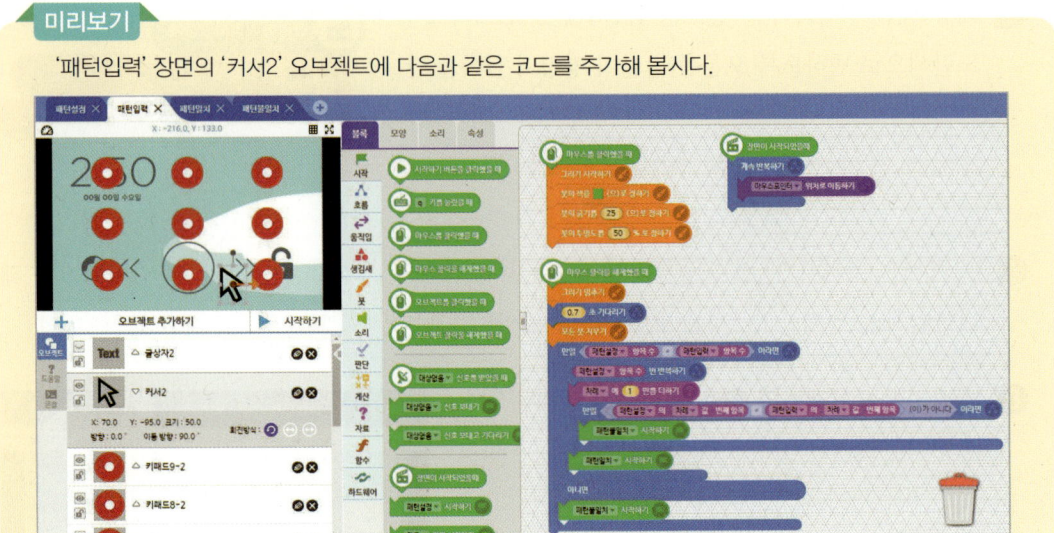

 '패턴입력' 장면의 '커서2' 오브젝트의 코드를 점검해 봅시다.

① '패턴입력' 장면에서 작업하기 위해 '패턴입력' 장면을 클릭합니다.

② '커서2' 오브젝트를 클릭하여 작성된 코드를 확인합니다.

③ '마우스 클릭을 해제했을 때'에는 다음 장면이 시작되는 것이 아니라 비밀번호가 서로 맞는지 판단 후에 장면 전환이 되어야 하기 때문에 [다음 장면 시작하기] 블록은 상황에 맞지 않으므로 해당 명령어 블록을 삭제합니다.

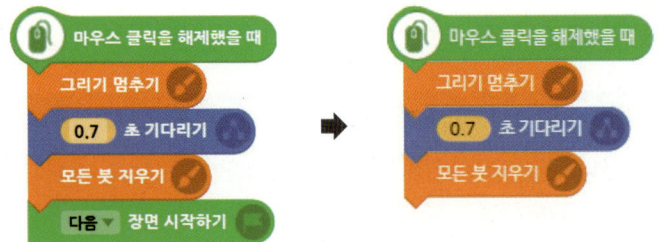

△ '커서2' 오브젝트의 명령어 블록   △ 마지막 명령어 블록을 삭제한 경우

 '패턴설정의 항목수'와 '패턴입력의 항목수'가 같으면 패턴설정이 시작되고, 그렇지 않으면 패턴불일치가 시작되게 만들어 봅시다.

❶ 만일 패턴설정을 할 때 5개의 버튼 정보를 리스트에 저장하였는데, 패턴입력을 할 때에는 4개의 리스트에 저장했다면 패턴이 불일치한 것으로 판단하도록 추가합니다.

❷ 이때 '패턴설정 리스트의 항목수'와 '패턴입력 리스트의 항목수'를 비교하기 위해 다음과 같은 명령어 블록을 추가합니다.

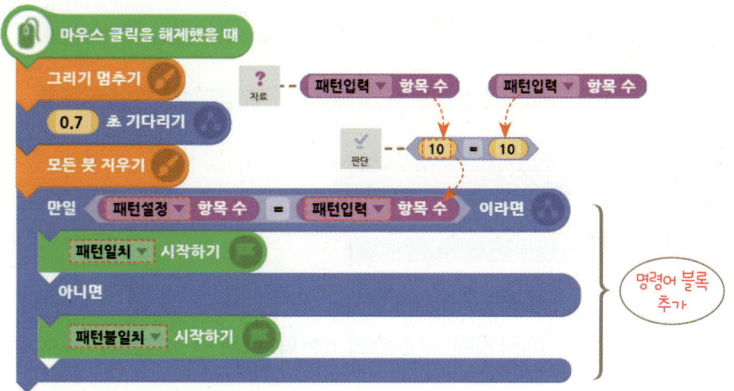

※ '패턴설정'은 '패턴입력'을 클릭하여 변경할 수 있습니다.

⭐ ❸ '패턴설정 리스트의 항목수'와 '패턴입력 리스트의 항목수'가 같을 경우 양쪽 리스트의 1번 항목이 다르면 '패턴불일치' 장면으로 이동하고, 같으면 '패턴일치' 장면으로 이동하도록 만들어 봅시다.

❶ 흐름 에서 [만일 참 이라면] 블록을 가져온 후 '참'에 다음과 같은 판단 명령어 블록을 추가합니다.

❷ ❶에서 '참'에 들어갈 상황은 '패턴설정 리스트의 첫 번째 항목'과 '패턴입력 리스트의 첫 번째 항목'이 같은 상황이므로, 다음과 같이 명령어 블록을 완성합니다.

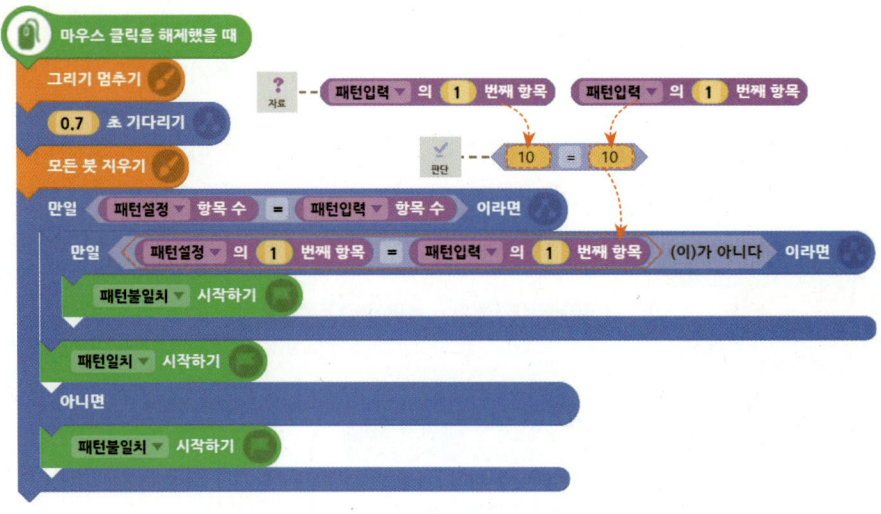

⭐ 4 '패턴설정 리스트의 n번째 항목'과 '패턴입력 리스트의 n번째 항목'을 비교하기 위하여 변수를 사용해 봅시다.

❶ 앞서 만든 명령어의 `패턴설정 의 1 번째 항목` 블록에서 `1`은 고정된 '1'의 값이 아닌 '리스트의 항목수' 만큼 차례대로 변하여 비교의 역할을 해야 합니다('패턴설정' 리스트와 '패턴입력' 리스트의 `1`번째 항목을 비교했으면, 다음에는 `2`번째 항목을 비교하고 그다음에는 `3`번째 항목을 비교해야 함). 따라서 이곳에 변수를 사용합니다.

❷ [속성] 탭에서 [변수]-[변수 추가] 버튼을 클릭한 후, 변수 이름은 '차례'로 입력하고 [확인] 버튼을 클릭합니다.

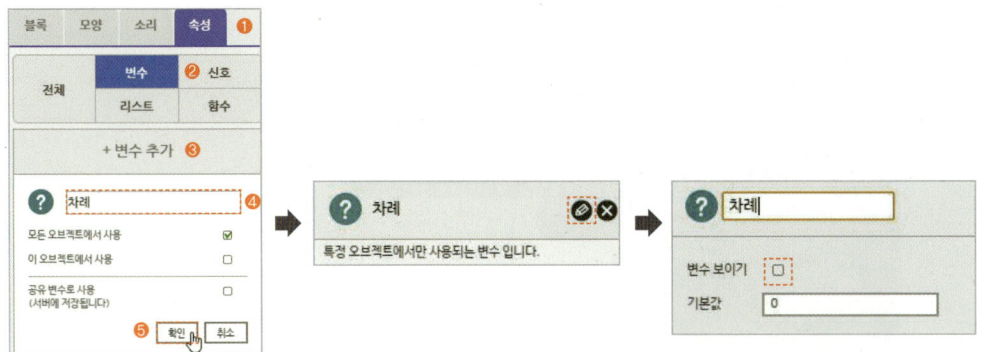

※ 변수 만들기를 하면 기본적으로 '변수 보이기'가 체크되어 있고 변수의 기본값이 '0'입니다. '변수 보이기'를 하고 싶지 않을 때나 기본값을 변경하고 싶을 때는 [변수]에서 해당 변수의 ✏️ 버튼을 클릭하여 수정합니다. 이 책에서는 '변수 보이기'를 체크를 해제합니다.

❸ `자료`에서 `차례 값` 블록을 2개 가져와 앞에서 만든 명령어의 `패턴설정 의 1 번째 항목` 블록과 `패턴설정 의 1 번째 항목` 블록의 `1`에 각각 끼워 넣습니다.

❹ `차례 값` 의 값이 1부터 시작하여 `패턴설정 항목 수` 까지 증가하며 비교 판단을 하게 되므로, `자료` 에서 `차례 에 10 만큼 더하기` 블록을 가져와 '10'을 '1'로 수정하여 다음과 같이 추가합니다.

※ 현재 '차례' 변수는 '0'으로 시작하기 때문에 프로그램을 실행하면 차례에 '1'이 더해져 '차례' 변수에는 '1'의 값이 들어가게 되고, 곧 '패턴설정의 1(차례)번째 항목값'과 '패턴입력의 1(차례)번째 항목값'을 비교하게 됩니다.

❺ 명령어의 판단을 `패턴설정 항목 수` 만큼 반복하면 '패턴설정의 n번째 값'과 '패턴입력의 n번째 값'을 비교할 수 있게 됩니다. 따라서 반복문을 다음과 같이 추가합니다.

03. 스마트폰 패턴 비밀번호 만들기 · **203**

> **궁금해요** ⑤에서 완성한 각 명령어 블록의 역할은 무엇인가요?

❶ '패턴설정 리스트 항목수'와 '패턴입력 리스트 항목수'가 다르면
❷ '패턴불일치' 장면을 시작하고
❸ ❶이 같으면
❹ '차례' 변수에 '1'을 더해 '차례' 변수가 '1'이 되도록 한 후
❺ '패턴설정 리스트의 차례(1) 번째 항목'과 '패턴입력 리스트의 차례(1) 번째 항목'을 비교하여 결과가 같지 않으면
❻ '패턴불일치' 장면을 시작합니다.

❼ 만약 ❺가 같았을 때는
❽ 반복하기가 시작되어
❾ ❹로 돌아가 '차례' 변수에 '1'을 더해 '차례' 변수의 값이 '2'가 되게 한 후, ❺를 판단합니다. 이때 ❺에서 결과값이 같으면
❿ '패턴설정 항목수'만큼 반복하며
⓫ '차례' 변수가 차례로 더해지면서
⓬ '패턴설정 리스트의 차례(n) 번째 항목'과 '패턴입력 리스트의 차례(n) 번째 항목'을 비교합니다.
⓭ ❺과정을 반복하여 모두 같다고 판단되면 '패턴일치' 장면을 실행합니다.

7단계 프로그램을 실행하고 잘 작동하는지 점검하기

⭐ '패턴설정' 장면을 선택하고 [시작하기] 버튼을 눌러 프로그램이 잘 작동하는지 확인합니다(반드시 '패턴설정' 장면에서 시작해야 합니다).

❶ '패턴설정' 장면에서 마우스로 드래그하여 패턴이 잘 그려지는지 확인합니다.

❷ 패턴설정이 끝나면 '패턴입력' 장면으로 전환되는지 확인합니다.

❸ '패턴입력' 장면에서 패턴설정 비밀번호와 패턴입력 비밀번호가 같으면 '패턴일치' 장면으로 전환되는지 확인합니다.

❹ '패턴입력' 장면에서 패턴설정 비밀번호와 패턴입력 비밀번호가 다르면 '패턴불일치' 장면으로 전환되는지 확인합니다.

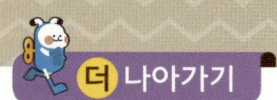

1 '패턴불일치' 장면에서 패턴입력 기회가 다시 주어지도록 만들어 봅시다.

① '패턴입력' 리스트에는 틀린 패턴입력이 있기 때문에 '패턴입력' 리스트의 내용을 모두 지워야 합니다.

② '패턴불일치' 장면에서 다시 '패턴일치' 장면을 시작하게 합니다.

③  블록을 이용합니다.

• 패턴설정과 패턴입력이 달랐을 때

• 패턴불일치 후 다시 패턴입력 기회를 얻게 됨

• 완성 파일: 5장_스마트폰 패턴 비밀번호 만들기(더 나아가기).ent

※ 정답은 253쪽을 참고하세요.

04 세계의 수도 맞히기 게임

활동 목표
- 묻고 답하기를 통하여 문제를 출제하여 봅시다.
- 길거나 반복되는 명령어를 함수를 이용하여 단순화하고 쉽게 수정하여 봅시다.

지구상에 존재하는 나라의 수는 얼마나 될까요? 현재 세계지도에는 237개국 정도가 표시되어 있다고 합니다. 네트워크가 발달하면서 각 나라들끼리는 점점 더 교류가 많아지면서 더 가까워지고 있습니다. 여러 나라의 이름과 수도를 살펴보면서 특색있는 나라들에 대하여 관심을 가져보면 어떨까요?

실행 결과

△ 승무원의 시작멘트가 4개 나오도록 하기

△ 나라 수도 묻기

△ 정답 여부 판정

△ 오답이면 정답 알려주기

△ 다른 나라 수도 묻기

• 완성 파일: 5장_세계의 수도 맞히기 게임.ent

1 문제 분석 및 알고리즘 설계

실행 결과와 처리 조건을 분석하여 프로그램에서 수행할 작업들을 설계합니다.

- **1단계** 필요한 오브젝트 추가하기(세계전도 배경, 글상자, 승무원)
- **2단계** 나라의 수도 묻고 답하기
- **3단계** 긴 명령어를 함수로 바꾸기
- **4단계** 반복되는 명령어를 함수로 바꾸기
- **5단계** 만든 함수를 사용하여 명령어 줄이기
- **6단계** 프로그램을 실행하고 잘 작동하는지 점검하기

2 필요한 오브젝트 설정

프로그램에서 필요한 각각의 오브젝트와 기능들을 지정합니다.

오브젝트	구현하고 싶은 기능	관련 과정
세계전도	• 배경으로 사용합니다.	1단계
세계 여러 나라의 수도 글상자	• '세계 여러 나라의 수도' 제목으로 사용합니다.	1단계
승무원	① 묻고 답하기를 실행합니다. ② 함수를 이용하여 긴 명령어를 단순화시킵니다. ③ 함수를 이용하여 반복되는 명령어를 단순화시킵니다.	2단계 3단계 4단계 5단계

프로그래밍하기

1단계 | 필요한 오브젝트 추가하기

⭐ **기본 오브젝트를 삭제하고 배경 화면 오브젝트를 추가해 봅시다.**

① '엔트리봇' 오브젝트를 선택하고 ❌ 버튼을 클릭하여 '엔트리봇' 오브젝트를 삭제합니다.

② [오브젝트 추가하기] 버튼을 클릭하고 검색 창에서 '세계전도'를 검색하여 해당 오브젝트를 선택한 후 [적용하기(1)] 버튼을 클릭합니다.

⭐ **'글상자' 오브젝트로 제목을 추가해 봅시다.**

① [오브젝트 추가하기] 버튼을 클릭하고 [글상자] 탭을 선택합니다. 입력란에 '세계 여러 나라의 수도'라고 입력하고 글자 모양을 '고딕체'로 변경한 후 [적용하기(1)] 버튼을 클릭합니다.

② '글상자' 오브젝트의 ✏️ 버튼을 클릭한 후 제목의 위치는 'X: 0, Y: 100', 크기는 '168.8'로 수정하여 화면 상단 중앙에 배치합니다.

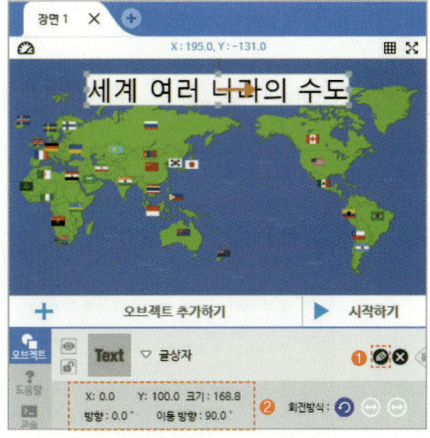

04. 세계의 수도 맞히기 게임 • **209**

'승무원' 오브젝트를 추가해 봅시다.

① [오브젝트 추가하기] 버튼을 클릭하고 검색 창에서 '사람'을 검색하여 '승무원(1)' 오브젝트를 선택한 후 [적용하기(1)] 버튼을 클릭합니다.

② '승무원(1)' 오브젝트의 🖉 버튼을 클릭한 후 위치는 'X: 64, Y: -42', 크기는 '100'으로 수정합니다.

2단계 나라의 수도 묻고 답하기

 승무원의 시작멘트와 함께 수도를 물어보도록 만들어 봅시다.

① '승무원(1)' 오브젝트를 클릭한 후 [블록] 탭에서 시작에서 `시작하기 버튼을 클릭했을 때` 블록을 가져옵니다.

② 생김새에서 `안녕! 을(를) 4 초 동안 말하기` 블록을 7번 가져온 후, '안녕!'과 '4'의 내용을 다음과 같이 수정합니다.

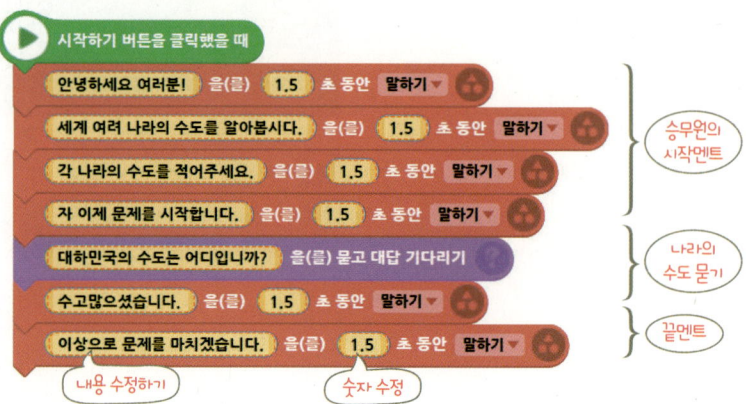

210 · 5장 나만의 산출물 만들기 프로젝트

대답에 따라 다르게 반응하도록 만들어 봅시다.

❶ 정·오답에 따라 '정답입니다.' 또는 '아쉽습니다.', '정답은 서울입니다.'라고 답하도록 하기 위해 [흐름]에서 선택 명령어 블록과 [생김새]에서 「안녕! 을(를) 4 초 동안 말하기」 블록을 3개 가져와 다음과 같이 조립합니다.

❷ ★에서 만든 명령어 블록 사이에 ❶에서 만든 명령어 블록을 다음과 같이 조립합니다.

다른 나라의 수도 문제도 만들어 봅시다.

❶ '미국'과 '중국'의 수도를 묻기 위해 다음과 같이 명령어 블록을 분리한 후 [코드 복사] 메뉴를 선택하여 복사합니다.

04. 세계의 수도 맞히기 게임 · **211**

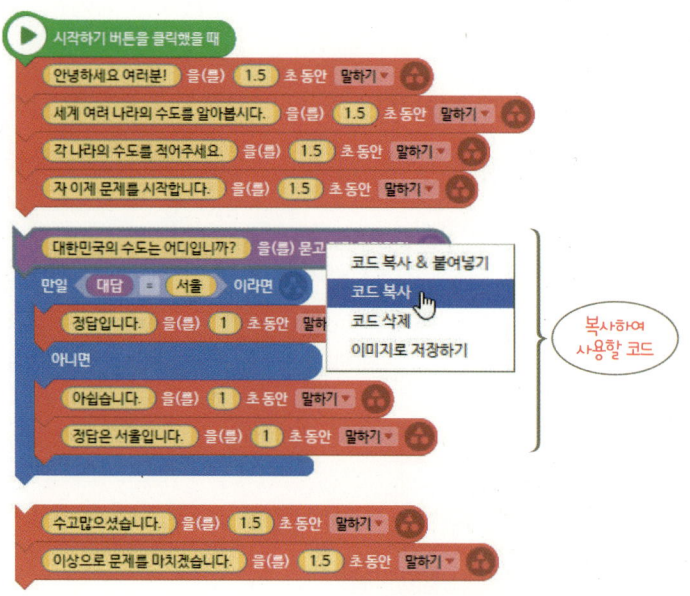

❷ [붙여 넣기]를 2번 선택한 후 다음과 같이 나라와 수도 이름을 수정합니다.

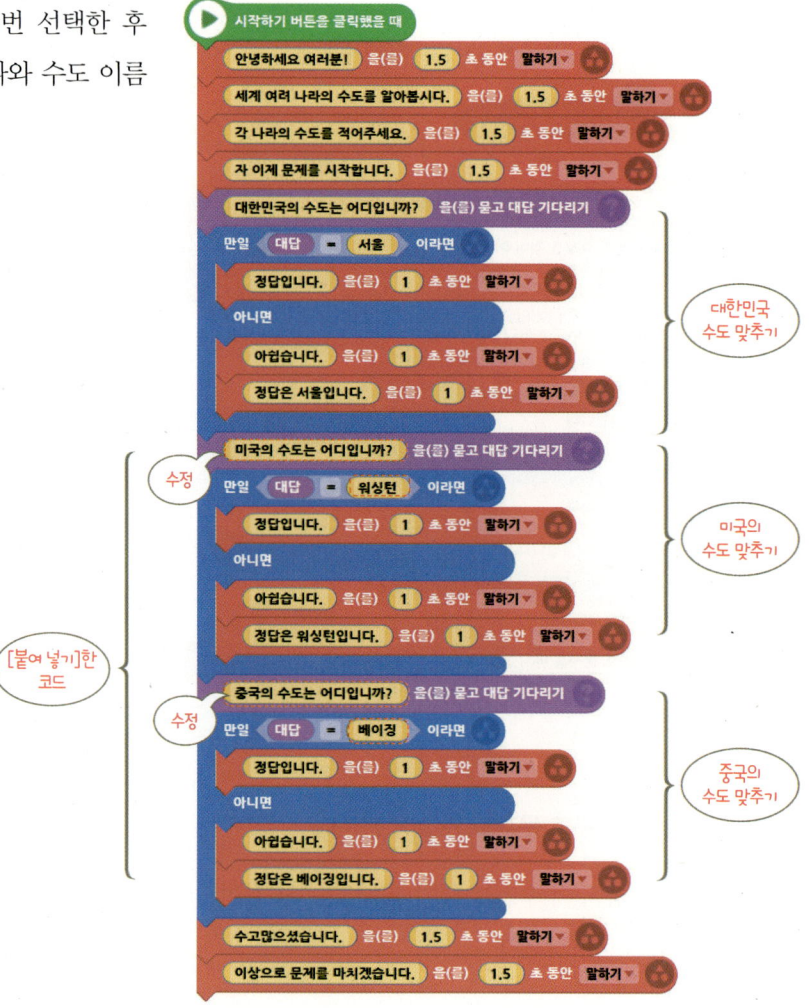

212 · 5장 나만의 산출물 만들기 프로젝트

위에서 만든 명령어를 실행해 봅시다.

① 실행 화면에서 [시작하기] 버튼을 클릭하여 지금까지 만든 프로그램을 실행합니다.

② 시작멘트부터 시작하여 수도 묻고 답하기 과정 및 끝멘트 부분까지 진행되는지 확인합니다.

3단계 긴 명령어를 함수로 바꾸기

[2단계]의 방법으로 나라의 수도를 묻는 명령어를 만들면 질문이 늘어날수록 명령어의 길이도 계속 늘어나고, 수정 사항이 생겼을 때 늘어난 명령어만큼 모두 수정해야 하는 불편함이 발생합니다. 이럴 때 함수 기능을 사용하면 긴 명령어나 반복되는 명령어를 간단하게 줄이거나 수정도 쉽게 할 수 있습니다.

이번 단계에서는 긴 명령어를 줄이거나 특정 명령어 모음을 단순하게 명명하는 효과로서의 함수를 이용해 보도록 합니다.

 '시작멘트' 함수를 만들어 봅시다.

① '시작멘트'에 해당하는 명령어 블록 4개를 떼어내고 마우스 오른쪽 버튼을 클릭하여 [코드 복사] 메뉴를 선택합니다.

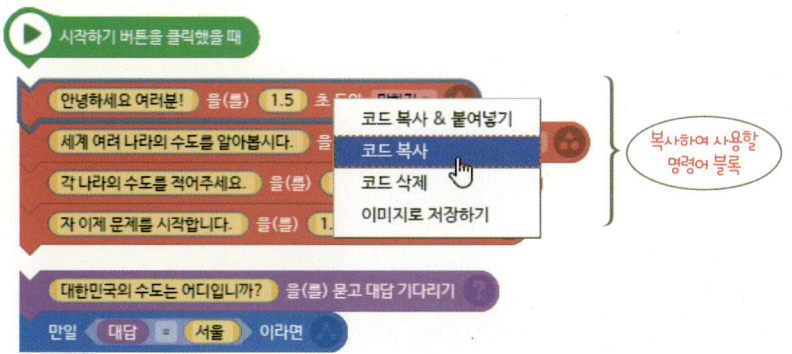

② [블록] 탭의 를 선택하고 [함수 만들기] 버튼을 클릭합니다. 블록 조립소에 블록이 나타나는데, 부분을 클릭하여 '시작멘트'라고 함수의 이름을 입력합니다.

04. 세계의 수도 맞히기 게임 · 213

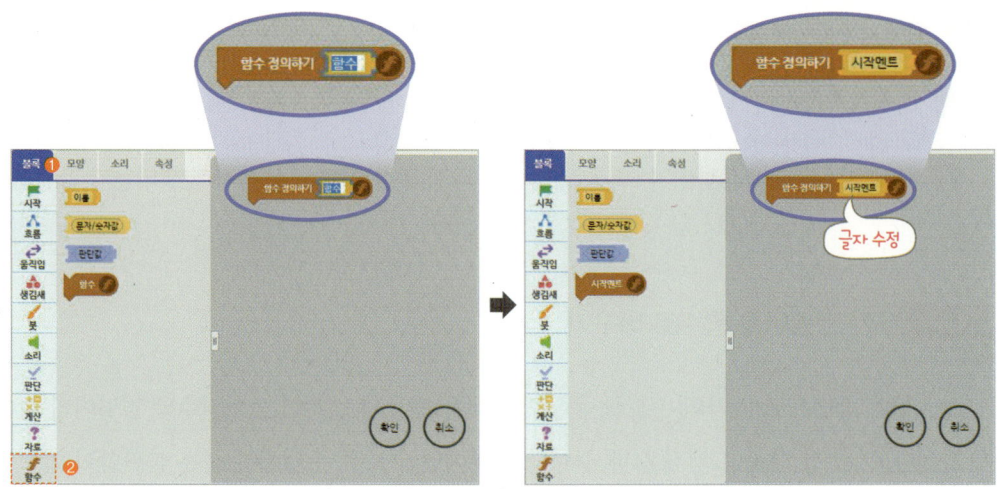

❸ ❷에서 만든 함수 아래에서 마우스 오른쪽 버튼을 클릭하면 나오는 메뉴에서 [붙여 넣기]를 선택하여 ❶과정에서 복사했던 명령어 블록을 추가하여 '시작멘트' 함수를 만듭니다.

❹ 블록 조립소 화면 하단에 있는 확인 취소 버튼 중 확인 버튼을 눌러 함수 정의를 마치면 함수에 '시작멘트' 함수가 만들어진 것을 확인할 수 있습니다.

궁금해요 함수 정의하기

함수 정의하기 함수 블록 아래쪽으로 명령어를 만들면, 아래쪽에 만든 명령어 집합이 '시작멘트' 함수가 됩니다. 예를 들어, (예시 블록) 와 같이 함수 명령어를 만들면, 시작멘트 블록만으로도 아래의 명령어 블록들의 역할을 합니다.

❺ 함수를 만들었으므로 '시작멘트'에 해당하는 블록 4개를 떼어내어 삭제하고, 함수 에서 시작멘트 블록을 가져와 대한민국의 수도는 어디입니까? 을(를) 묻고 대답 기다리기 블록 위쪽에 붙입니다.

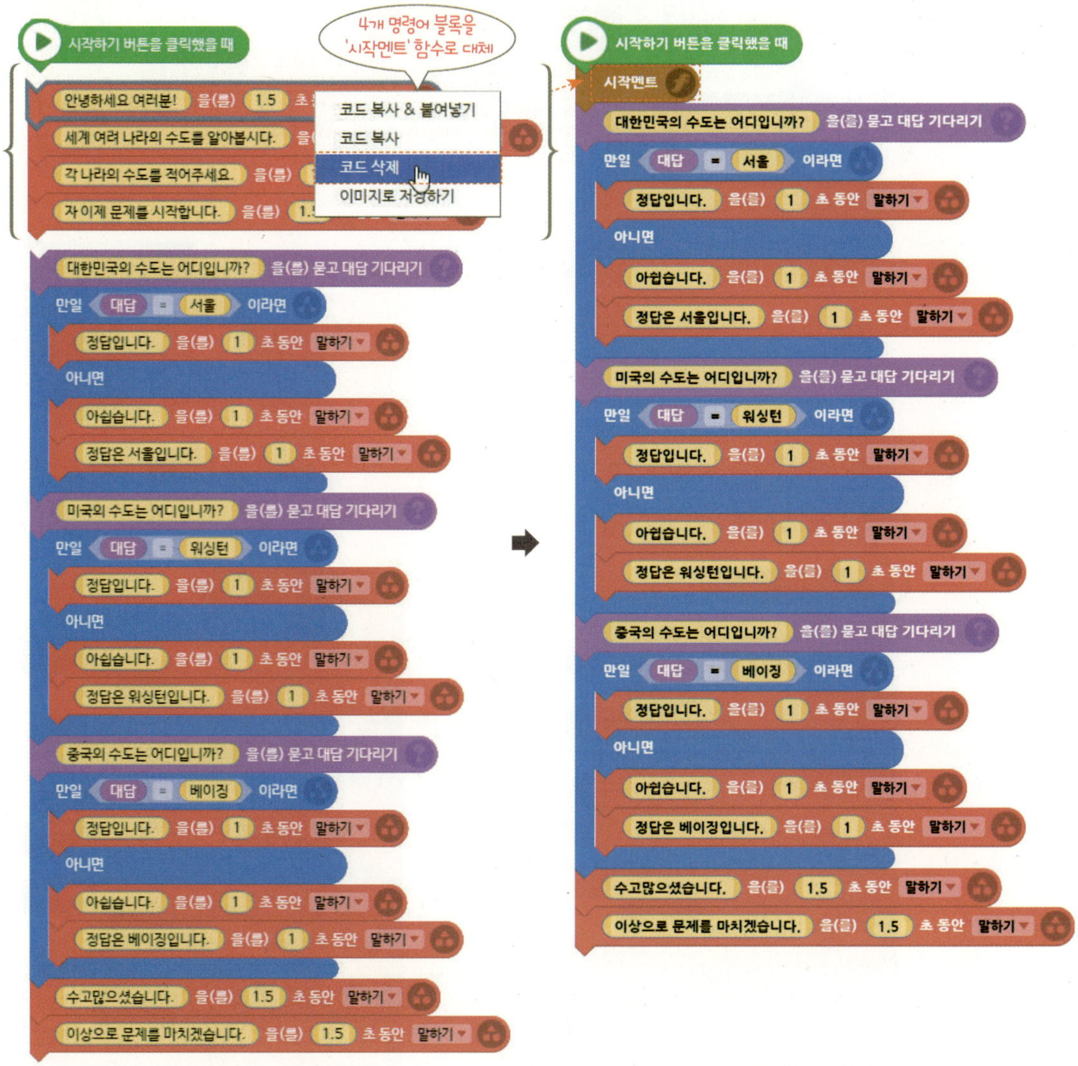

△ 함수 적용 전   △ 함수 적용 후

⭐ 2 '끝멘트' 함수를 만들어 봅시다.

❶ '끝멘트'에 해당하는 명령어 블록 2개를 떼어내고 마우스 오른쪽 버튼을 클릭하면 나오는 메뉴에서 [코드 복사]를 선택합니다

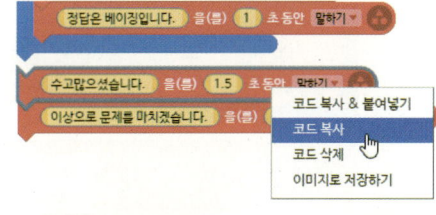

❷ 함수 를 클릭하고 [함수 만들기] 버튼을 클릭합니다. 함수 정의하기 함수 블록에서 함수 에 '끝멘트'라고 함수의 이름을 변경합니다.

04. 세계의 수도 맞히기 게임 · **215**

3. 위에서 작성한 함수 아래에서 마우스 오른쪽 버튼을 클릭하면 나오는 메뉴에서 [붙여 넣기]를 선택하여 ❶과정에서 복사했던 명령어를 붙여 '끝멘트' 함수를 만듭니다.

4. 블록 조립소 화면 하단에 있는 [확인] [취소] 버튼 중 [확인] 버튼을 눌러 함수 정의를 마치면 [함수]에 '끝멘트' 함수가 만들어진 것을 확인할 수 있습니다.

5. '끝멘트'에 해당하는 블록 2개를 떼어내어 삭제하고, [함수]에서 [끝멘트] 블록을 가지고 와서 명령어 제일 아래쪽에 붙여 넣습니다.

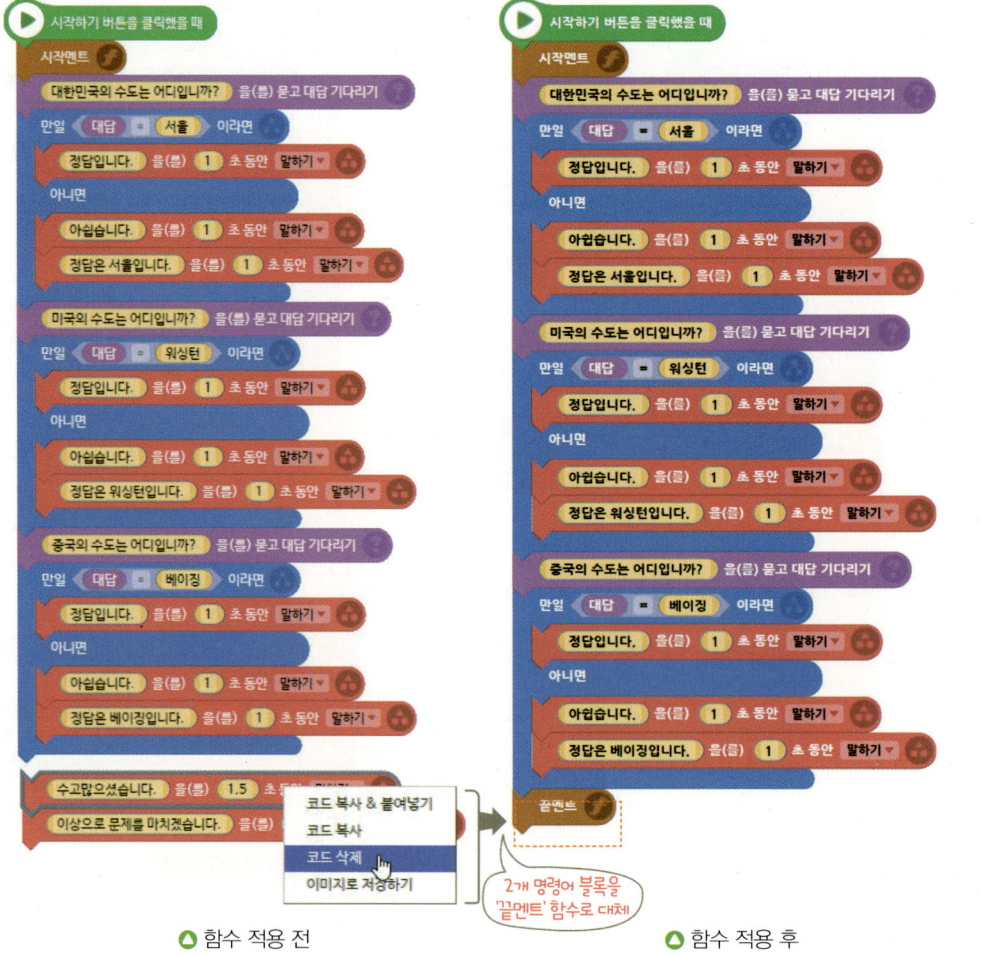

△ 함수 적용 전　　　　　　　　　△ 함수 적용 후

만든 명령어를 실행해 봅시다.

① 실행 화면에서 [시작하기] 버튼을 클릭하여 지금까지 만든 프로그램을 실행합니다.

② [3단계]에서 만든 명령어 블록의 실행 결과와 [2단계]에서 만든 명령어 블록의 실행 결과가 동일하게 작동하는지 확인해 봅니다.

4단계 반복되는 명령어를 함수로 바꾸기

여러 나라의 수도를 묻는 질문과 답하기는 계속 반복되면서도 조금씩 다른 부분이 있습니다. 반복되는 명령어를 함수화하면 길게 늘어지는 명령어 블록을 줄일 수 있고, 변화하는 부분만 쉽게 수정하여 사용할 수 있습니다.

[4단계]에서는 반복되는 명령어를 단순화하는 효과로서의 함수를 이용해 보겠습니다.

 '수도' 함수를 만들어 봅시다.

① '대한민국의 수도 묻고 답하기'에 해당하는 명령어 블록을 떼어내고, 마우스 오른쪽 버튼을 클릭하여 [코드 복사] 메뉴를 선택합니다.

② 　를 클릭하고 [함수 만들기] 버튼을 클릭합니다. 　　　　　　 블록에서 　　에 '수도'라고 함수의 이름을 입력합니다.

04. 세계의 수도 맞히기 게임 · **217**

❸ 위에서 작성한 함수 아래에서 마우스 오른쪽 버튼을 클릭하면 나오는 메뉴에서 [붙여 넣기]를 선택하여 ❶과정에서 복사했던 명령어를 붙여 '수도' 함수를 정의합니다.

❹ 확인 취소 버튼 중 확인 버튼을 눌러 함수 정의를 마치면 함수 에 '수도' 함수가 만들어 집니다.

⭐2 '수도' 함수를 수정해 봅시다.

❶ 함수 를 누르고 수도 블록을 마우스로 더블 클릭하면 함수 수정이 시작됩니다.

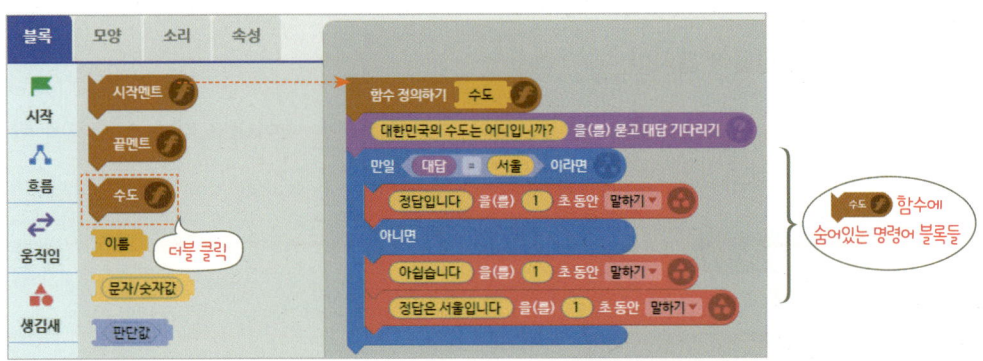

❷ 블록 꾸러미의 문자/숫자값 블록을 블록 조립소의 수도 블록의 앞쪽과 뒤쪽에 붙입니다.

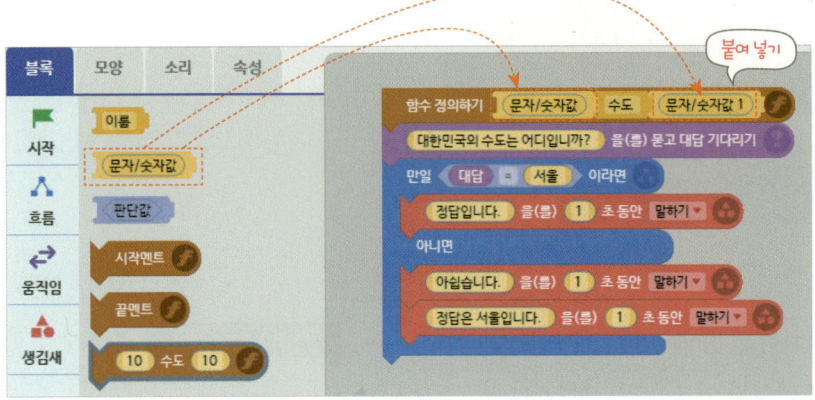

218 · 5장 나만의 산출물 만들기 프로젝트

궁금해요 함수에서 사용하는 작은 블록들이 하는 역할은 무엇인가요?

1. '함수 만들기' 또는 함수를 수정할 때 나오는 작은 블록들
   - `이름` : 해당 함수의 이름을 정의할 때 사용합니다.
   - `문자/숫자값` : 해당 함수의 명령어 블록에 사용되어 문자나 숫자값을 전달해 주는 역할을 합니다.
   - `판단값` : 해당 함수의 명령어 블록에 사용되어 사실/거짓 조건을 전달해 주는 역할을 합니다.

2. 블록 꾸러미의 `10 수도 10` 블록과 블록 조립소의 `함수 정의하기 문자/숫자값 수도 문자/숫자값 1` 블록의 관계
   - `10 수도 10` 블록에서 앞쪽 '10'은 `함수 정의하기 문자/숫자값 수도 문자/숫자값 1` 블록의 `문자/숫자값` 블록에 대응하고,
   - `10 수도 10` 블록에서 뒤쪽 '10'은 `함수 정의하기 문자/숫자값 수도 문자/숫자값 1` 블록의 `문자/숫자값 1` 블록에 대응합니다.

❸ `함수 정의하기 문자/숫자값 수도 문자/숫자값 1` 블록에서 `문자/숫자값` 블록의 `문자/숫자값` 블록 부분만 클릭한 후 드래그하여 블록 조립소에 복사합니다.

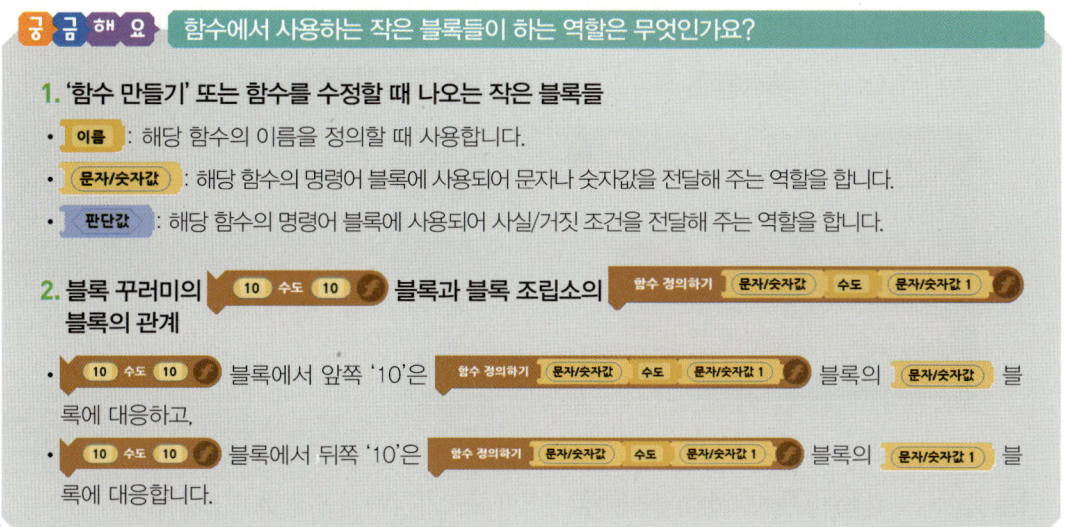

❹ `계산` 에서 `안녕! 과(와) 엔트리 를 합치기` 블록을 가져 옵니다. '안녕!'에는 ❸ 과정에서 복사해 놓은 `문자/숫자값` 블록을 끼워 넣고, '엔트리'에는 '의 수도는 어디입니까?'로 변경합니다.

`문자/숫자값 과(와) 의 수도는 어디입니까? 를 합치기`
(명령어 블록 끼워 넣기) (글자 입력)

❺ 위에서 만든 `문자/숫자값 과(와) 의 수도는 어디입니까? 를 합치기` 블록을 `대한민국의 수도는 어디입니까?` 블록을 대신하여 사용합니다.

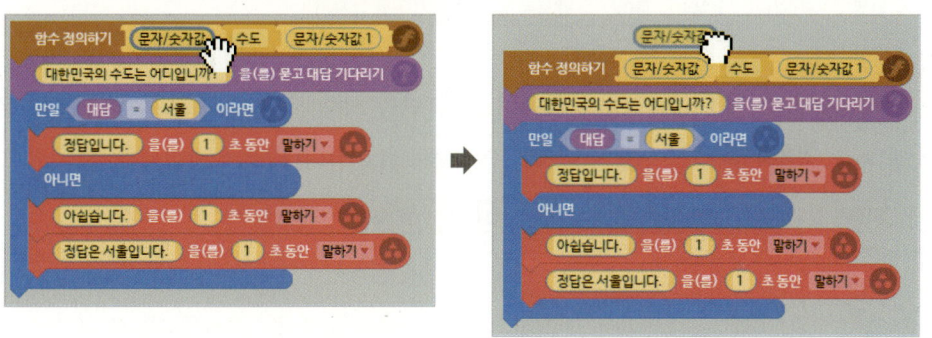

⑥ 함수 정의하기 [문자/숫자값] 수도 [문자/숫자값 1] 블록에서 [문자/숫자값 1] 블록의 [문자/숫자값 1] 블록 부분만 클릭합니다. [문자/숫자값 1] 블록을 드래그하여 [대답 = 서울] 블록의 [서울]에 넣습니다.

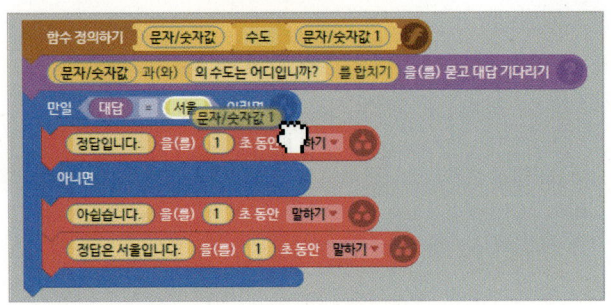

⑦ 계산 에서 (안녕! 과(와) 엔트리 를 합치기) 블록을 2번 가져와 다음과 같이 조립합니다.

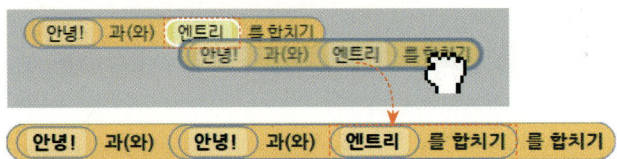

⑧ (안녕! 과(와) 엔트리 를 합치기) 블록에서 앞의 '안녕!'에는 '정답은 '으로 수정하고, 가운데 '안녕!'에는 [문자/숫자값 1] 블록을 넣고, 뒤의 '엔트리'에는 '입니다.'로 수정합니다.

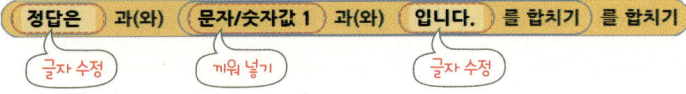

※ '정답은 '에서 '정답은' 다음에 반드시 한 칸의 공백을 추가하도록 합니다. 왜냐하면 프로그램을 완성한 후에 실행하는 과정에서 띄어쓰기가 있을 때는 '정답은 서울입니다.'로 출력되고, 띄어쓰기가 없을 때는 '정답은서울입니다.'로 출력되기 때문입니다.

⑨ ⑧에서 만든 (정답은 과(와) 문자/숫자값 1 과(와) 입니다. 를 합치기 를 합치기) 블록을 (정답은 서울입니다.) 블록을 대신하여 끼워 넣습니다.

⑩ 블록 조립소 화면 하단의 (확인) 버튼을 눌러 함수 수정을 마치면 함수 에 (10 수도 10) 의 형태로 함수 블록이 만들어 집니다.

5단계 만든 함수를 사용하여 명령어 줄이기

⭐ **1** 기존에 만들었던 '수도 묻고 답하기' 명령어를 삭제한 후, '수도 묻고 답하기 함수'를 삽입해 봅시다.

① '수도 묻고 답하기' 부분에 해당하는 명령어 블록을 삭제합니다.

② 함수에서 `10 수도 10` 블록을 3번 가지고 와서 `시작멘트` 블록과 `끝멘트` 블록 사이에 끼워 넣습니다.

③ `10 수도 10` 블록에서 앞의 '10'에는 나라를, 뒤의 '10'에는 수도를 입력합니다.

⭐ **2** 함수(`시작멘트`, `끝멘트`, `10 수도 10`)의 사용 전과 후의 명령어를 비교하면 다음과 같습니다.

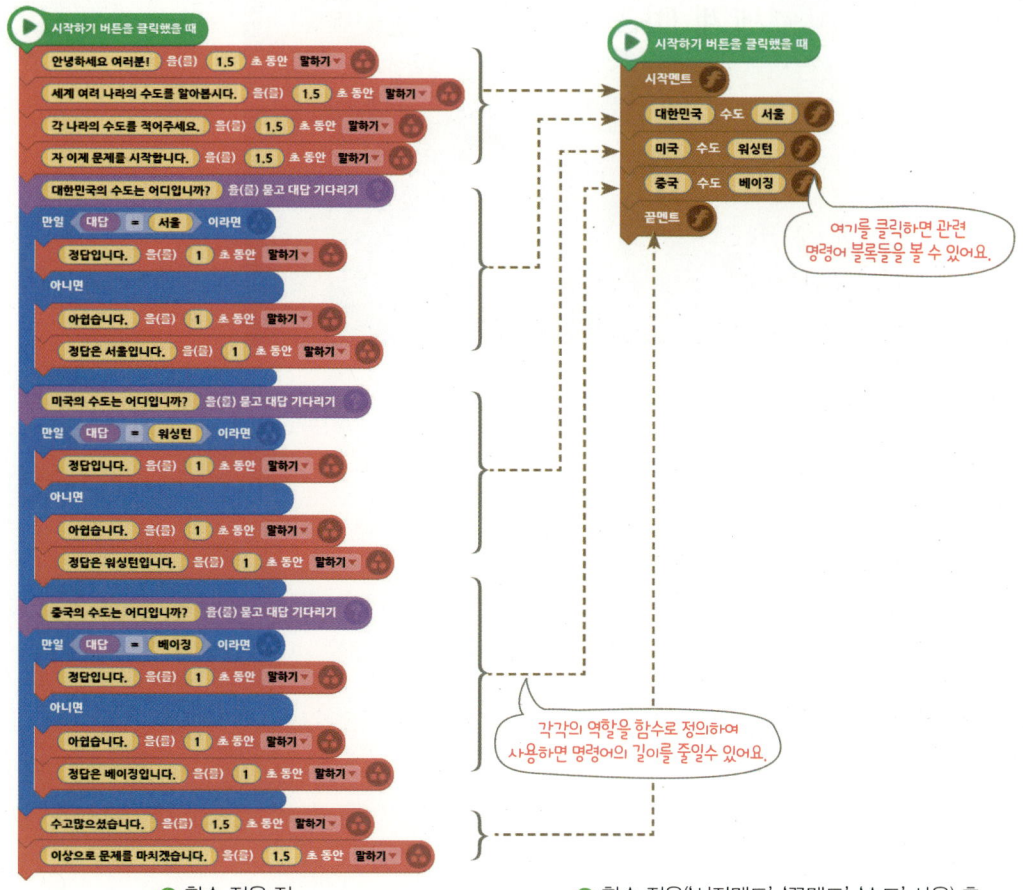

△ 함수 적용 전   △ 함수 적용('시작멘트', '끝멘트', '수도' 사용) 후

04. 세계의 수도 맞히기 게임 · **221**

만든 명령어를 실행하여 봅시다.

① 실행 화면에서 [시작하기] 버튼을 클릭하여 지금까지 만든 프로그램을 실행합니다.

② [2단계], [3단계]에서 만든 코드의 실행 결과와 같은지 확인합니다.

 프로그램을 실행하고 잘 작동하는지 점검하기

⭐ **실행 화면의 [시작하기] 버튼을 클릭하여 프로그램이 잘 작동하는지 확인합니다.**

① [시작하기] 버튼을 누르면 시작멘트가 나오는지 확인합니다.

② '○○의 수도는 어디입니까?'라고 질문하는지 확인합니다.

③ 정답을 말하면 '정답입니다.'라고 말하는지 확인합니다.

④ 질문에 틀린 답을 대답하면 '아쉽습니다.'와 '정답은 ○○입니다.'라고 말하는지 확인합니다.

⑤ 문제가 모두 끝나면 끝멘트가 순서대로 나오는지 확인합니다.

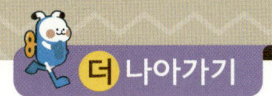

1 ▭ 10 수도 10 ▭ 블록을 이용하여 더 많은 문제를 만들어 봅시다.

• 완성 파일: 5장_세계의 수도 맞히기 게임(더 나아가기_1).ent

2 변수를 이용하여 정답 개수와 오답 개수가 화면에 나오도록 해 봅시다.

① '정답' 변수와 '오답' 변수를 만들어 활용합니다.

② ▭ 10 수도 10 ▭ 블록을 수정하여 정답일 때는 '정답'이 '1'만큼 증가하고, 오답일 때는 '오답'이 '1'만큼 증가하도록 명령어를 만들어 봅시다.

③ ❓자료 에서 ▭ 오답 ▾ 에 10 만큼 더하기 ▭ 블록을 이용합니다.

• 완성 파일: 5장_세계의 수도 맞히기 게임(더 나아가기_2).ent

※ 정답은 253쪽을 참고하세요.

★ 엔트리 홈페이지 [공유하기]-[작품 공유]에서 검색어를 '삼양미디어' 또는 '엔트리&햄스터'를 검색하여 해당 작품을 찾아 실행해 보세요. (파일 모음 주소: https://playentry.org/samyang_ent#!/)

★ 삼양미디어 홈페이지(www.samyangm.com)의 [고객센터]-[자료실]에서 '엔트리&햄스터_소스파일'을 다운로드 받아 활용해 보세요.

6장

햄스터 프로젝트

01 햄스터 카 후방 주차

02 반려견 햄스터

03 햄스터 트랙 카운터

01 햄스터 카 후방 주차

활동 목표 순차, 반복 구조를 이용하여 햄스터 카 후방 주차 활동을 해 봅시다.

햄스터 로봇이 햄스터 카가 되어 음악 소리와 함께 LED가 켜지면서 주행하다가 후방 주차를 하도록 만들어 봅시다.

실행 결과

자동차가 된 햄스터 로봇, 출발!

햄스터는 주행 중

짜잔, 후방 주차 완료!

처리 조건 햄스터 카가 '학교 종' 음악 소리를 내며, 주행하다가 종이컵 사이로 후방 주차를 한 후 멈추도록 합니다.

• 완성 파일: 6장_햄스터카 후방주차.ent
• 동영상 파일: 햄스터 카 후방 주차!.MP4

문제 해결하기

1 문제 분석 및 알고리즘 설계

실행 결과와 처리 조건을 분석하여 프로그램에서 수행할 작업들을 설계합니다.

1단계	햄스터 로봇과 엔트리 하드웨어 프로그램 연결하기
2단계	후방 주차 활동 만들기
3단계	LED 표현 활동 만들기
4단계	음악 소리 활동 만들기
5단계	프로그램을 실행하고 잘 작동하는지 점검하기

2 햄스터 로봇이 할 일 설정

프로그램에서 사용할 각각의 오브젝트와 기능들을 지정합니다.

오브젝트	구현하고 싶은 기능	관련 과정
엔트리봇	① 햄스터 로봇이 앞으로 이동하게 합니다. ② 햄스터 로봇이 뒤로 이동하게 합니다. ③ 햄스터 로봇이 LED가 켜지고 꺼지게 합니다. ④ 햄스터 로봇한테 음악 소리가 나게 합니다.	1단계 2단계 3단계 4단계 5단계

3 준비물

엔트리 홈페이지(https://playentry.org)에서 엔트리 하드웨어 프로그램을 다운로드하고 다음과 같은 도구를 준비합니다.

○ 엔트리 하드웨어 프로그램 다운로드하여 설치할 것   ○ 햄스터 로봇   ○ USB 동글   ○ 종이컵 3개

1단계 햄스터 로봇과 엔트리 프로그램 연결하기

⭐ **햄스터 로봇과 엔트리 하드웨어 프로그램을 연결해 봅시다.**

❶ 먼저 USB 동글을 PC의 USB 단자에 꽂습니다. USB 동글의 블루투스 연결 표시등이 파란색으로 천천히 깜박이면 정상입니다.

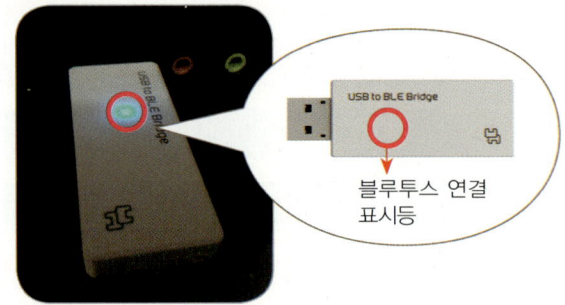

○ 컴퓨터 본체에 USB 동글을 연결한 상태

❷ 햄스터 로봇의 전원 스위치를 위로 올려 전원을 켭니다.

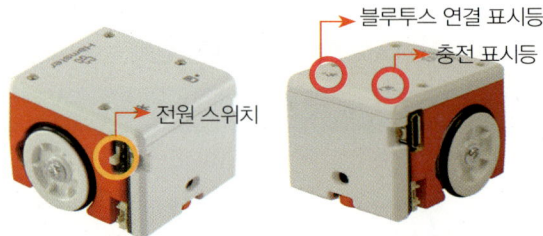

❸ 엔트리 하드웨어 프로그램을 실행한 후 [블록] 탭의 하드웨어 에서 [연결 프로그램 열기] 버튼을 클릭합니다.

❹ 실행된 [엔트리 하드웨어 v1.6.*]에서 '햄스터'를 선택합니다.

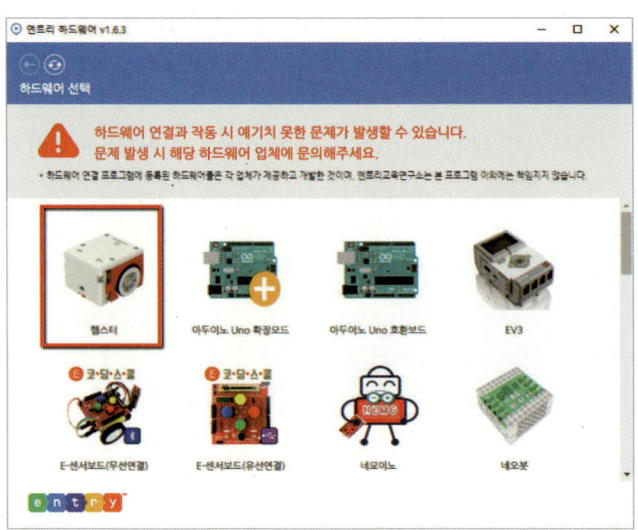

🔗 하드웨어와 햄스터 연결

5 '하드웨어 > 연결 중'이라는 화면이 나올 때 햄스터 로봇을 USB 동글 근처로 가져 갑니다.

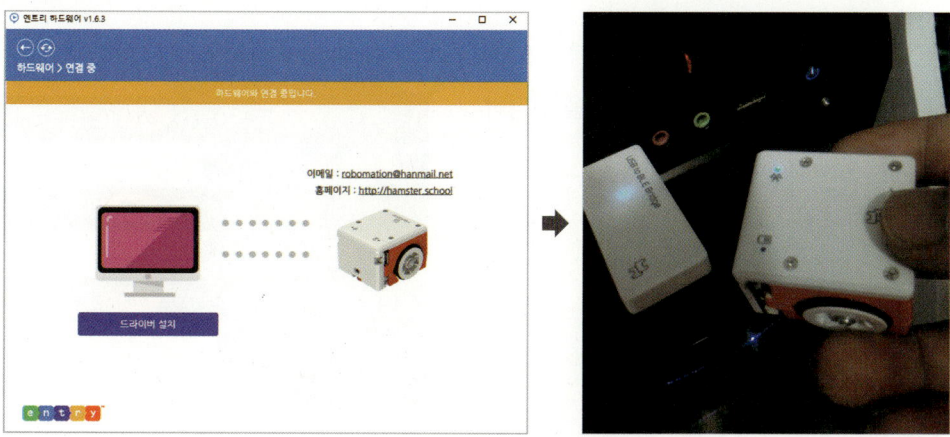

6 '삐~익' 하는 소리와 함께 햄스터 로봇이 연결되면 '하드웨어 > 연결 성공'이라는 화면이 나타납니다.

2단계 후방 주차 활동 만들기

⭐ **1** 햄스터 로봇이 두 번째 종이컵 앞으로 이동하게 만들어 봅시다.

① '엔트리봇' 오브젝트를 선택한 후 블록 조립소에서 기본적으로 제공되는 블록을 선택하여 삭제합니다.

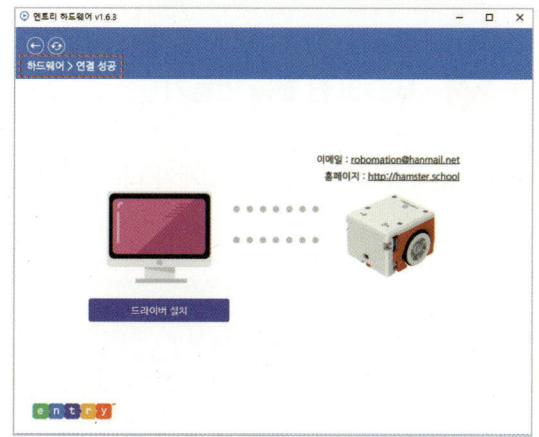

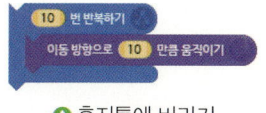

② [블록] 탭의 명령어 블록들을 다음과 같이 연결합니다.

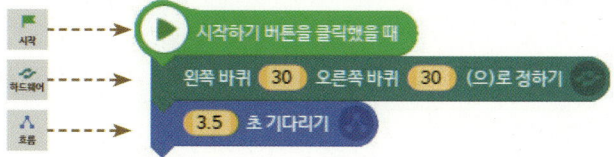

01. 햄스터 카 후방 주차 · **229**

햄스터 로봇이 후진하여 주차하도록 만들어 봅시다.

❶ 에서 작성한 코드를 [코드 복사 & 붙여넣기] 메뉴로 복사한 후 값들을 수정하여 오른쪽과 같이 조립합니다.

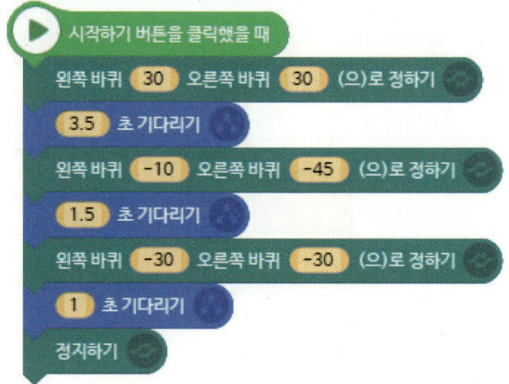

TIP
바퀴의 속도와 시간은 종이컵의 위치에 맞추어 수정해야 합니다.

3단계 LED 표현 활동 만들기

 햄스터 로봇의 LED 색이 2개가 나오도록 만들어 봅시다.

명령어 블록들을 다음과 같이 조립합니다.

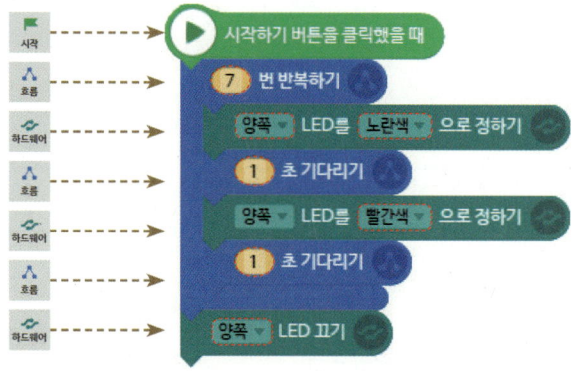

4단계 음악 소리 활동 만들기

 계이름을 이용하여 음악을 만들어 봅시다.

❶ 하드웨어 에서 `도 4 음을 0.5 박자 연주하기` 블록을 11개 복사하여 '학교 종'의 계이름으로 바꾼 후 다음과 같이 명령어 블록을 조립합니다.

5단계 프로그램을 실행하고 잘 작동하는지 점검하기

⭐ [시작하기] 버튼을 눌러 실행하여 봅시다. 출발하는 위치를 표시하고 시간을 조절해 봅시다.

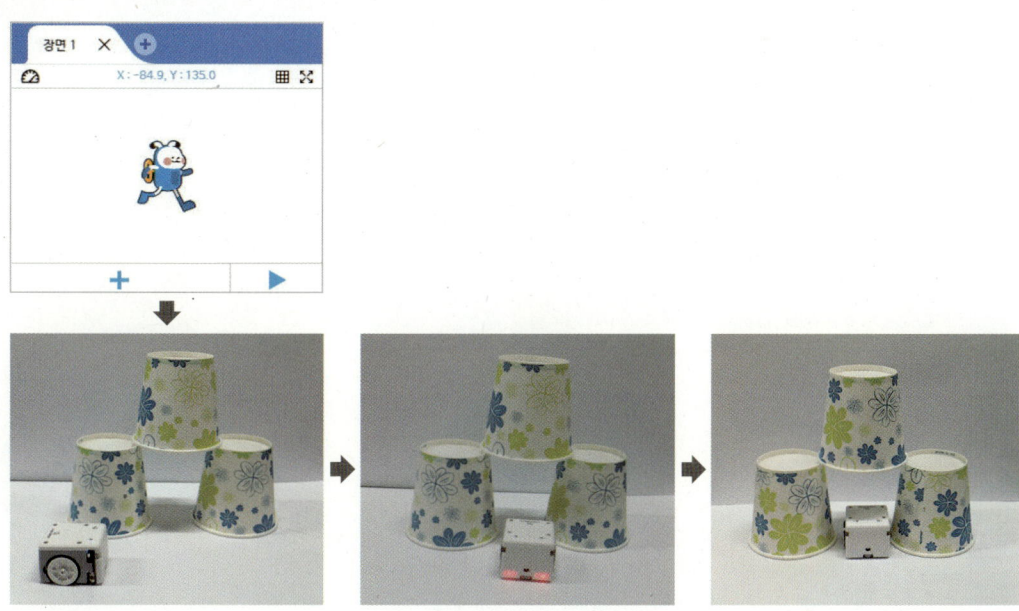

01. 햄스터 카 후방 주차 · **231**

02 반려견 햄스터

활동 목표 순차, 반복, 선택 구조를 활용하여 반려견 햄스터를 만들어 봅시다.

햄스터 로봇의 센서를 이용하여 햄스터 로봇에 손을 가까이 대면 '멍멍' 소리를 내면서 햄스터 로봇이 다가오도록 만들어 봅시다.

실행 결과

△ 준비 상태

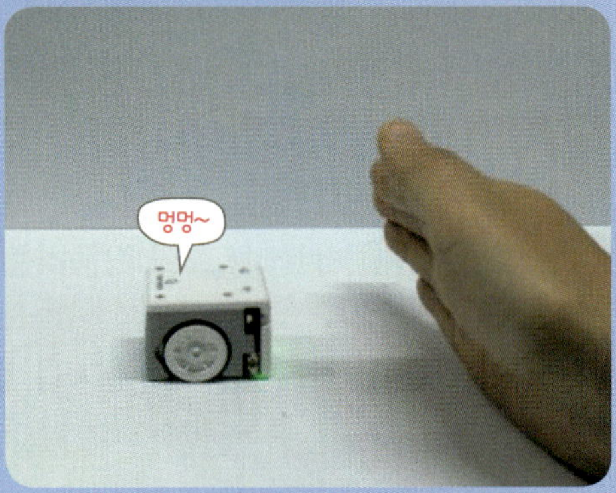

△ 햄스터쪽으로 손을 이동하기 (멍멍~)

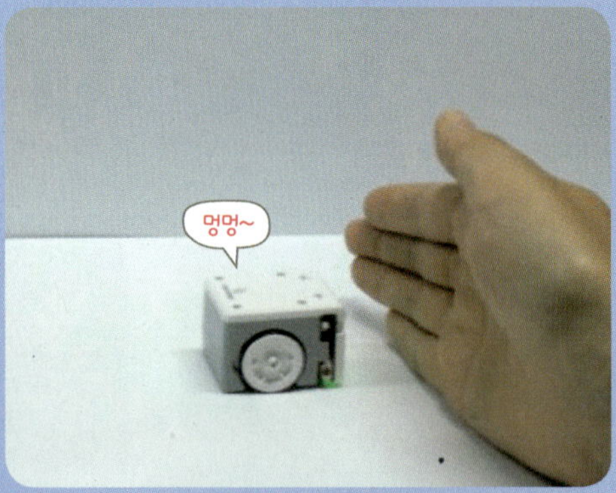

△ 손을 뒤로 이동해 보기 (멍멍~)

('멍멍' 소리가 나요.)

처리 조건 손이 반려견 햄스터 쪽으로 다가가면 센서가 감지하여 '멍멍' 소리를 내며 움직이도록 합니다.

- 웹 주소: ~
- 완성 파일: 6장_반려견 햄스터.ent
- 동영상 파일: 반려견 햄스터!.MP4

문제 해결하기

1 문제 분석 및 알고리즘 설계

실행 결과와 처리 조건을 분석하여 프로그램에서 수행할 작업들을 설계합니다.

- **1단계** 햄스터 로봇과 엔트리 프로그램 연결하기
- **2단계** '손 찾음' 센서와 '빛' 센서를 인식하는 움직임 활동 만들기
- **3단계** 효과음 활동 만들기
- **4단계** LED 표현 활동 만들기
- **5단계** 프로그램을 실행하고 잘 작동하는지 점검하기

2 햄스터 로봇이 할 일 설정

프로그램에서 사용할 각각의 오브젝트와 기능들을 지정합니다.

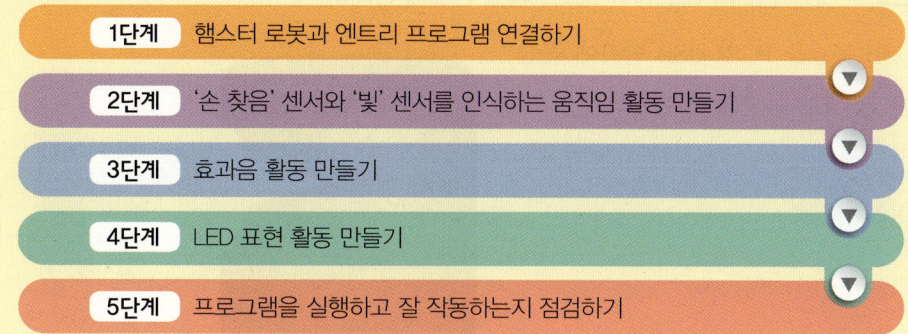

오브젝트	구현하고 싶은 기능	관련 과정
엔트리봇	① 햄스터 로봇이 앞으로 이동하게 합니다. ② 햄스터 로봇이 '손 찾음'을 인식하게 합니다. ③ 햄스터 로봇이 LED를 켜지고 꺼지게 합니다. ④ 햄스터 로봇이 강아지 짖는 소리를 냅니다.	1단계 2단계 3단계 4단계 5단계

3 준비물

엔트리 홈페이지(https://playentry.org)에서 엔트리 하드웨어 프로그램을 다운로드하고 다음과 같은 도구를 준비합니다.

△ 엔트리 하드웨어 프로그램 다운로드하여 설치할 것

△ 햄스터 로봇

△ USB 동글

프로그래밍하기

1단계 햄스터 로봇과 엔트리 프로그램 연결하기

⭐ 햄스터 로봇과 엔트리 하드웨어 프로그램을 연결해 봅시다.

❶ USB 동글을 PC의 USB 단자에 꽂습니다. USB 동글의 블루투스 연결 표시등이 파란색으로 천천히 깜박이면 정상입니다.

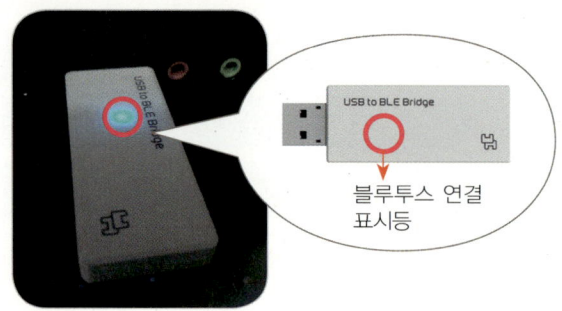

❷ 햄스터 로봇의 전원 스위치를 위로 올려 전원을 켭니다.

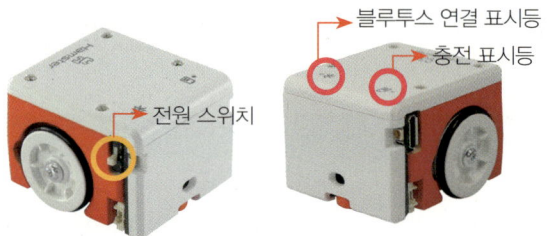

❸ [블록] 탭의 _{하드웨어} 에서 [연결 프로그램 열기] 버튼을 클릭한 후 실행된 [엔트리 하드웨어 v1.6.*]에서 '햄스터'를 선택합니다.

❹ '하드웨어 > 연결 중'이라는 화면이 나올 때 햄스터 로봇을 USB 동글 근처로 가져 갑니다.

5 '삐~익' 하는 소리와 함께 햄스터 로봇이 연결되면 '하드웨어 〉 연결 성공'이라는 화면이 나타납니다.

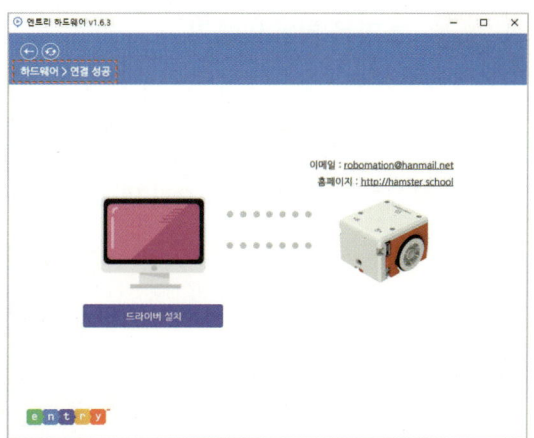

2단계 '손 찾음?' 센서와 '빛' 센서를 인식하는 움직임 활동 만들기

⭐ **1** 햄스터 로봇이 '손 찾음?' 센서를 인식하고 이동하도록 만들어 봅시다.

① '엔트리봇' 오브젝트를 선택한 후 블록 조립소에서 기본적으로 제공하는 블록을 선택하여 삭제합니다.

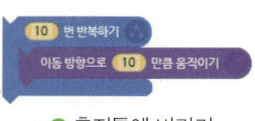

② 명령어 블록을 오른쪽과 같이 조립합니다.

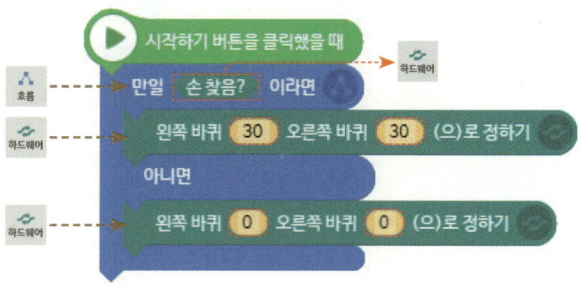

⭐ **2** '밝기' 센서 값에 따라 햄스터 로봇이 정지하게 만들어 봅시다.

① ⭐1 에서 작성한 코드에 명령어 블록을 더 추가하여 다음과 같이 조립합니다.

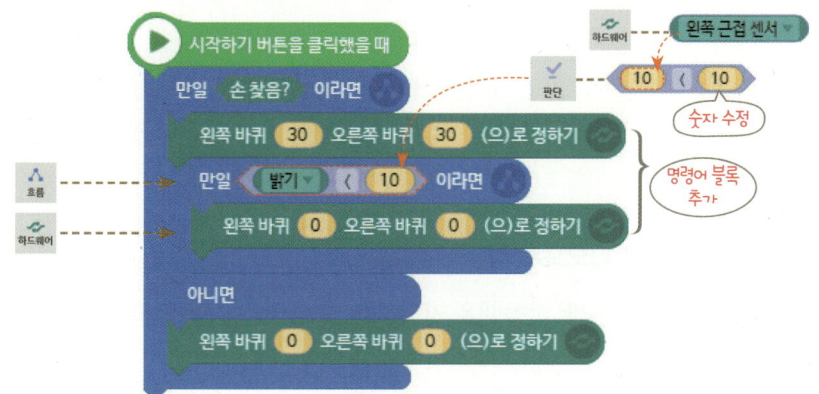

3단계 효과음 활동 만들기

⭐ 햄스터 로봇에 손을 가까이 댈 때 효과음이 나도록 만들어 봅시다.

① ⭐2에서 작성한 코드에 소리 명령어 블록을 끼워 넣습니다.

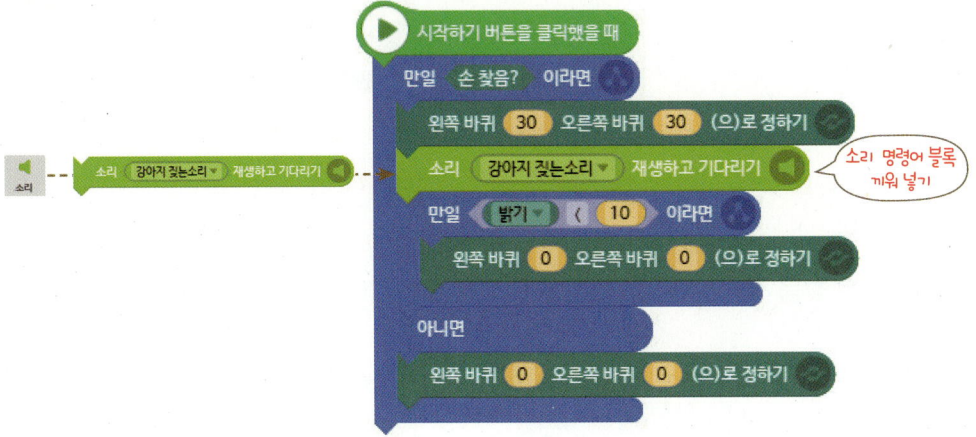

② '손 찾음?' 센서와 '밝기' 센서 작동을 무한 반복하기 위해 [흐름]에서 블록을 가져와 오른쪽과 같이 조립합니다.

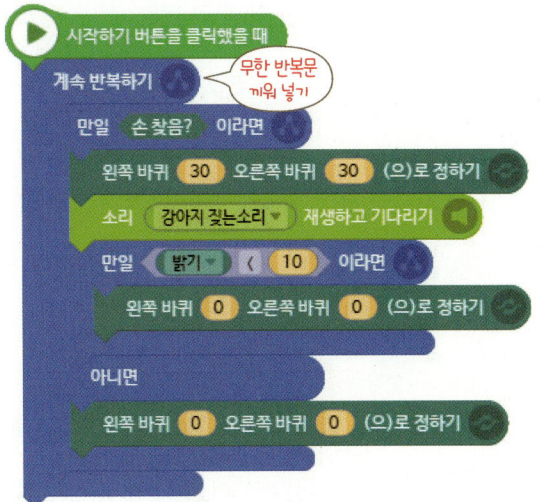

4단계 LED 표현 활동 만들기

⭐ 햄스터 로봇의 LED 색이 4개가 나오도록 만들어 봅시다.

① LED 색을 빨간색, 노란색, 초록색, 하늘색을 지정하는 명령어 블록을 조립합니다.

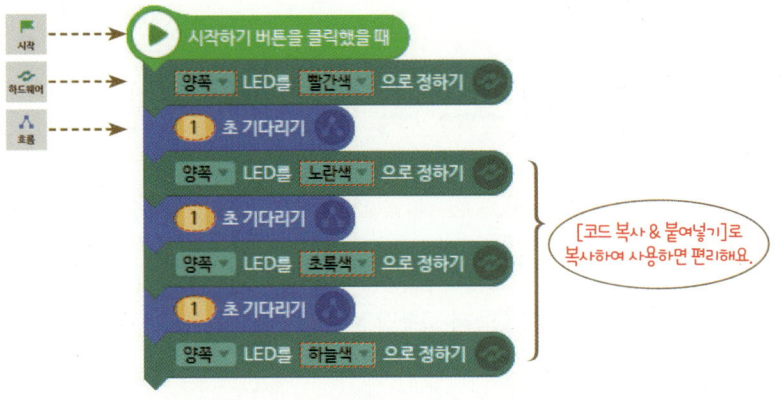

※ LED 색깔은 자신의 취향에 맞게 수정하여 사용하도록 합니다.

❷ 무한 반복하기 위해 [흐름]에서 [계속 반복하기] 블록을 가져와 오른쪽과 같이 조립합니다.

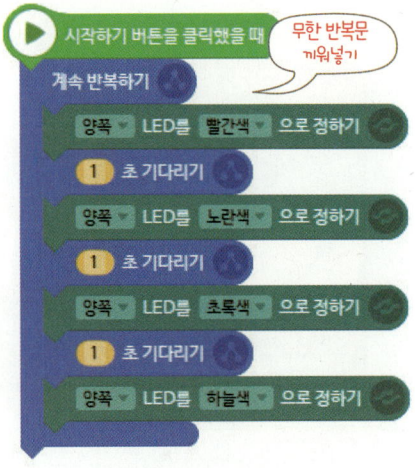

5단계 프로그램을 실행하여 제대로 작동하는지 점검하기

⭐ [시작하기] 버튼을 눌러 실행하여 봅시다. 출발하는 위치를 표시하고 시간을 조절해 봅시다.

02. 반려견 햄스터 · **237**

03 햄스터 트랙 카운터

활동 목표 순차, 반복, 선택 구조를 활용하여 햄스터 로봇의 센서값에 따라 기록되는 트랙 카운터를 만들어 봅시다.

햄스터 로봇의 센서(바닥 & 근접 센서)를 이용하여 검은 선 트랙을 돌면서 도는 횟수를 세어보도록 해 봅시다.

실행 결과

▲ 출발 　　　▲ 트랙 돌기 　　　▲ 화면에 트랙을 돈 횟수 보여주기

처리 조건
- 햄스터 로봇이 검은색 트랙을 한 바퀴씩 돌 때마다 호루라기 소리와 함께 모니터 화면서 도는 횟수를 보여 주도록 합니다.
- 종이컵을 특정 위치에 놓아 햄스터 로봇이 출발점임을 감지하도록 합니다.
- ※ 검은 선(트랙)의 너비는 40pt로 하여 만들거나 교재의 255쪽을 오려서 사용하세요.

- 완성 파일: 6장_햄스터 트랙 카운터.ent
- 동영상 파일: 햄스터_트랙_카운터.MP4

▲ '화이팅' 메시지와 함께 계속 돌기

> 문제 해결하기

1 문제 분석 및 알고리즘 설계

실행 결과와 처리 조건을 분석하여 프로그램에서 수행할 작업들을 설계합니다.

- **1단계** 햄스터 로봇과 엔트리 하드웨어 프로그램 연결하기
- **2단계** 오브젝트 및 변수, 신호, 소리 추가하기
- **3단계** '바닥' 센서 값에 따라 검은 선(트랙)을 따라가도록 만들기
- **4단계** '근접' 센서 값에 따라 LED 색 변경, 신호 보내기, 말하기, 소리 재생하기 활동 만들기
- **5단계** 신호를 받았을 때 변수에 '1'만큼 더하기 활동, 그 변수 값을 글상자에 표시하기
- **6단계** 프로그램을 실행하고 잘 작동하는지 점검하기

2 햄스터 로봇이 할 일과 필요한 오브젝트 설정

프로그램에서 필요한 각각의 오브젝트와 기능들을 지정합니다.

오브젝트	구현하고 싶은 기능	관련 과정
엔트리봇	① 햄스터 로봇이 바닥 센서의 값에 따라 검은 선을 따라 이동합니다. ② 햄스터 로봇이 근접 센서의 값에 따라 LED의 색깔이 변합니다. ③ 햄스터 로봇이 '호루라기' 소리를 냅니다.	1단계 2단계 3단계 4단계
글상자	① 신호를 받습니다. ② 신호를 받고 변수에 1을 더합니다. ③ 더한 수와 바퀴를 합쳐 표시합니다.	1단계 2단계 5단계
운동장	• 배경으로 사용합니다.	1단계

3 준비물

엔트리 홈페이지(https://playentry.org)에서 엔트리 하드웨어 프로그램을 다운로드하고 다음과 같은 도구를 준비합니다.

◐ 엔트리 하드웨어 프로그램 다운로드하여 설치할 것 ◐ 햄스터 로봇 ◐ USB 동글 ◐ 검은색 트랙 인쇄물 (255쪽 부록을 오려서 사용하기) ◐ 종이컵

프로그래밍하기

1단계 햄스터 로봇과 엔트리 프로그램 연결하기

★ 햄스터 로봇과 엔트리 하드웨어 프로그램을 연결합니다.

① USB 동글을 PC의 USB 단자에 꽂습니다. USB 동글의 블루투스 연결 표시등이 파란색으로 천천히 깜박이면 정상입니다.

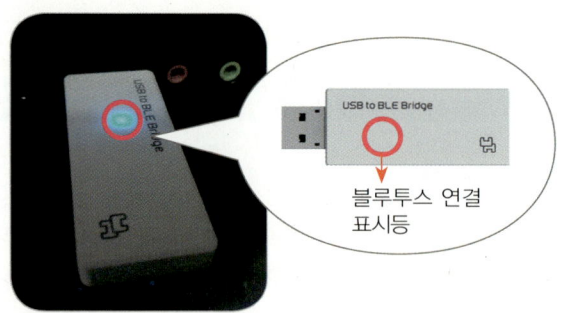

② 햄스터 로봇의 전원 스위치를 위로 올려 전원을 켭니다.

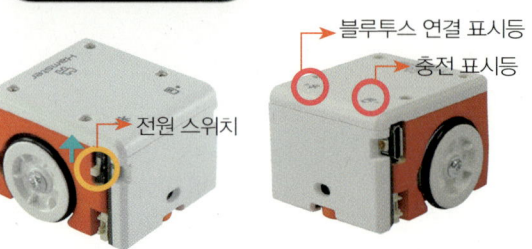

③ [블록] 탭의  에서 [연결 프로그램 열기] 버튼을 클릭하고, 실행된 [엔트리 하드웨어 v1.6.*]에서 '햄스터'를 선택합니다.

⑤ '하드웨어 > 연결 중'이라는 화면이 나올 때 햄스터 로봇을 USB 동글 근처로 가져 갑니다.

⑥ '삐~익' 하는 소리와 함께 햄스터 로봇이 연결되면 '하드웨어 > 연결 성공'이라는 화면이 나타납니다.

2단계 오브젝트 및 변수, 신호, 소리 추가하기

⭐ 1 **배경을 추가해 봅시다.**

[오브젝트 추가하기]를 클릭한 후, 검색 창에서 '운동장'을 검색하여 '운동장' 오브젝트를 선택하고 [적용하기(1)] 버튼을 클릭합니다.

⭐ 2 **'트랙 도는 횟수' 글상자 오브젝트를 추가해 봅시다.**

❶ [오브젝트 추가하기] 버튼을 클릭한 후 [글상자] 탭을 선택합니다. 입력란에 '트랙 도는 횟수'를 입력하고 글자 모양은 '바탕체', 글자색은 '흰색', 글자 배경은 버튼을 클릭하여 '배경 없음'으로 설정하고 [적용하기(1)] 버튼을 누릅니다.

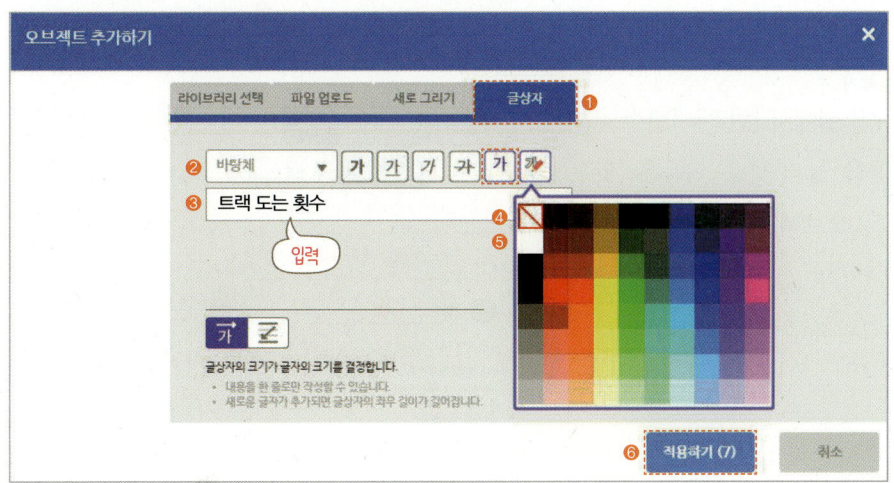

❷ '글상자' 오브젝트의 ✏️ 버튼을 클릭한 후, 이름은 '트랙 도는 횟수', 위치는 'X: 55, Y: 75', 크기는 '120'으로 수정합니다.

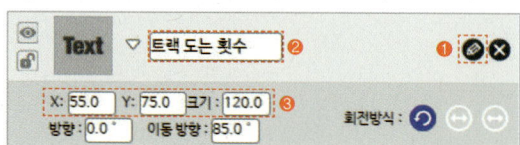

 '엔트리봇' 오브젝트를 재배치해 봅시다.

'엔트리봇' 오브젝트의 ✏️ 버튼을 클릭한 후, 위치는 'X: −160, Y: −45', 크기는 '100'으로 수정하여 배치합니다.

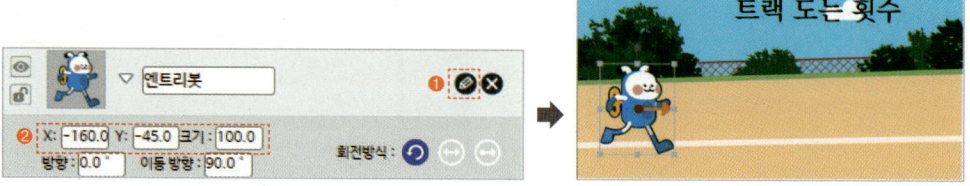

 필요한 신호와 변수를 추가해 봅시다.

🔗 신호 추가
❶ [속성] 탭에서 [신호]-[신호 추가]를 클릭하여 '신호 1'을 만듭니다.

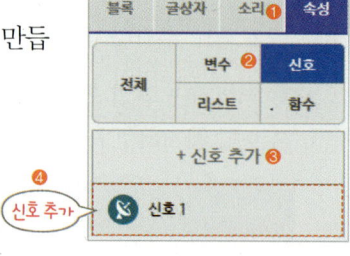

🔗 변수 추가
❷ [속성] 탭에서 [변수]-[변수 추가] 버튼을 눌러 변수 이름은 '횟수', '모든 오브젝트에서 사용'과 '변수 보이기'의 선택을 해제하여 오른쪽 그림과 같이 변경합니다.

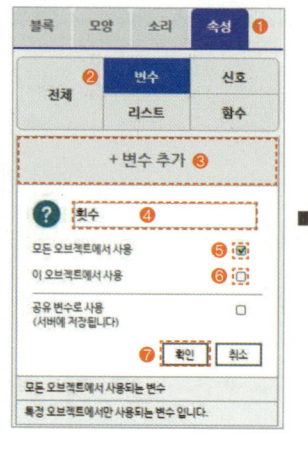 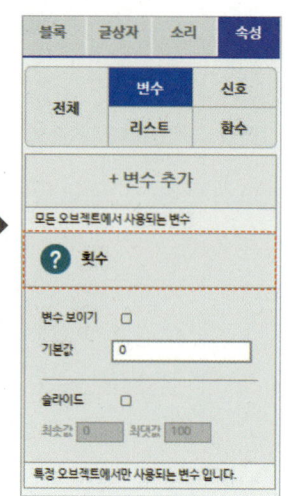

'호루라기2' 소리를 추가해 봅시다.

[소리] 탭에서 [소리 추가] 버튼을 클릭한 후, 검색 창에서 '호루라기'를 검색하여 '호루라기2' 오브젝트를 선택하고 [적용하기(1)] 버튼을 누릅니다.

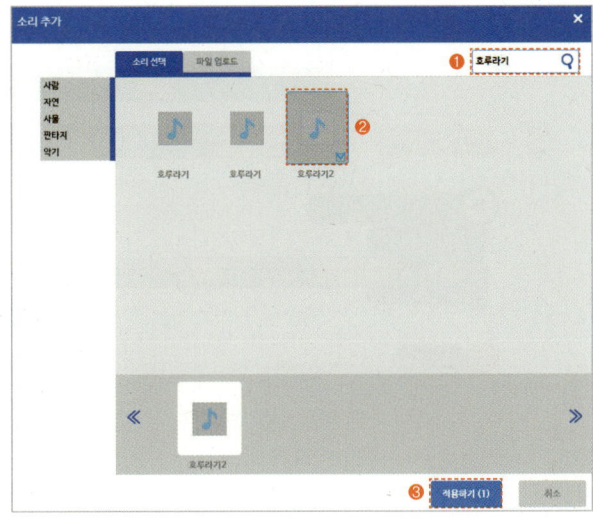

3단계 '바닥' 센서 값에 따라 검은 선(트랙)을 따라가도록 만들기

⭐ 햄스터 로봇의 '바닥' 센서 값을 이용하여 '검은 선(트랙)'을 따라 이동하게 만들어 봅시다.

① '엔트리봇' 오브젝트를 선택한 후, 블록 조립소에서 기본적으로 제공하는 블록을 삭제합니다.

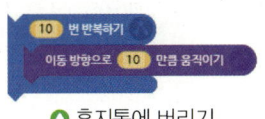

② 먼저 기본 명령어 블록을 다음과 같이 조립합니다.

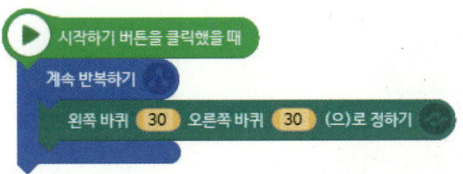

③ 왼쪽 바퀴와 오른쪽 바퀴를 움직이도록 하기 위해 다음과 같이 명령어 블록을 조립합니다.

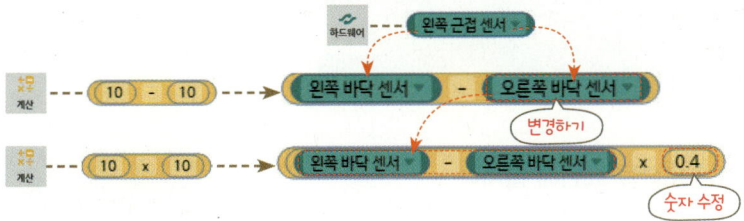

4 ❸에서 조립한 명령어 블록과 계산에서 `10 + 10` 블록을 가져와 다음과 같이 조립한 후, 다시 ❷에서 조립한 코드에 끼워 넣습니다.

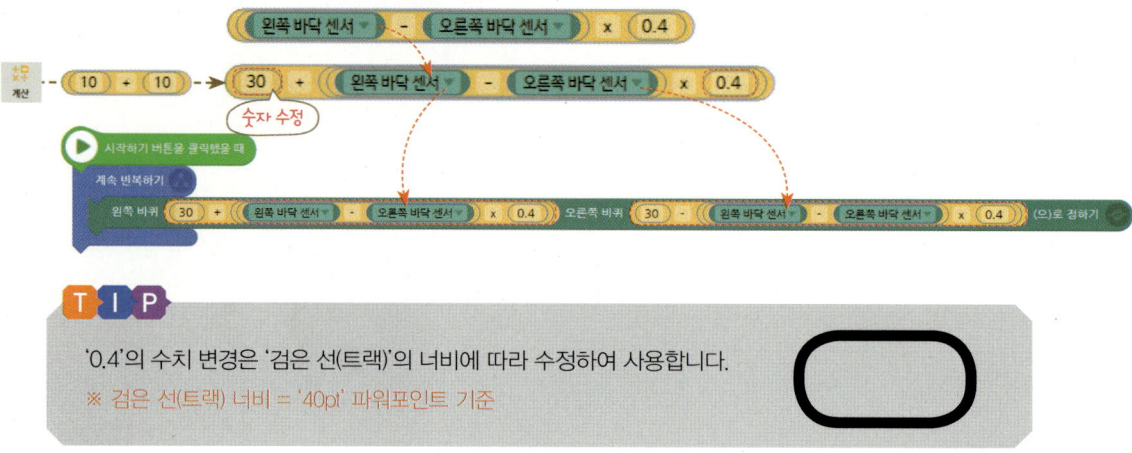

> **TIP**
> '0.4'의 수치 변경은 '검은 선(트랙)'의 너비에 따라 수정하여 사용합니다.
> ※ 검은 선(트랙) 너비 = '40pt' 파워포인트 기준

4단계 '근접' 센서 값에 따라 LED 색 변경, 신호 보내기, 말하기, 소리 재생하기 활동 만들기

⭐ 1 '근접' 센서 값에 따라 LED 색깔과 신호를 보내도록 만들어 봅시다.

❶ 다음과 같이 명령어 블록을 조립합니다.

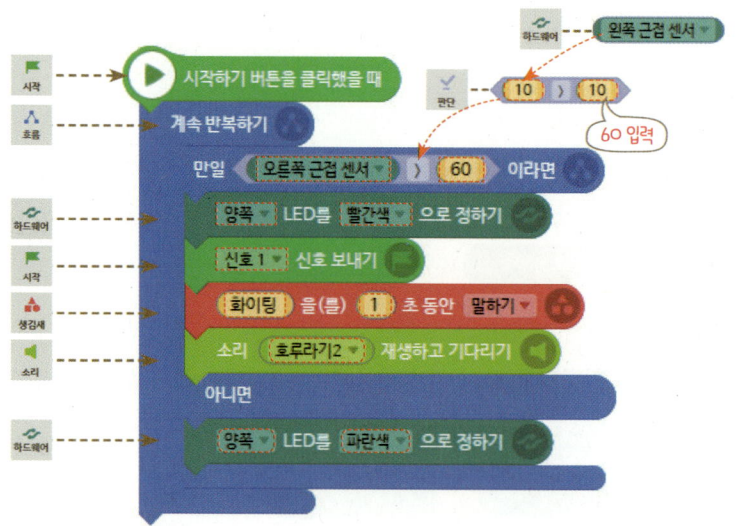

⭐ 2 햄스터 로봇이 달리는 모습을 표현해 봅시다.

오른쪽과 같이 명령어 블록을 가져와 조립합니다.

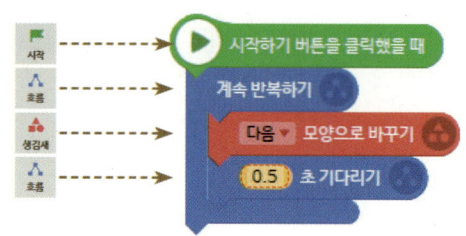

5단계 신호를 받았을 때 변수에 '1'만큼 더하기 활동, 그 변수 값을 글상자에 표시하기

⭐ 명령어 블록을 다음과 같이 조립해 봅시다.

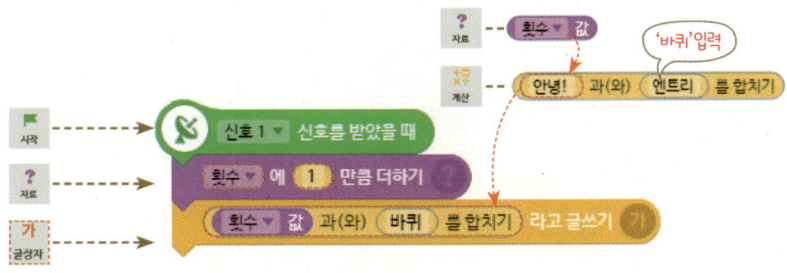

6단계 프로그램을 실행하고 잘 작동하는지 점검하기

⭐ [시작하기] 버튼을 눌러 실행하여 봅시다. 출발하는 위치를 표시하고, 시간을 조절해 봅시다.

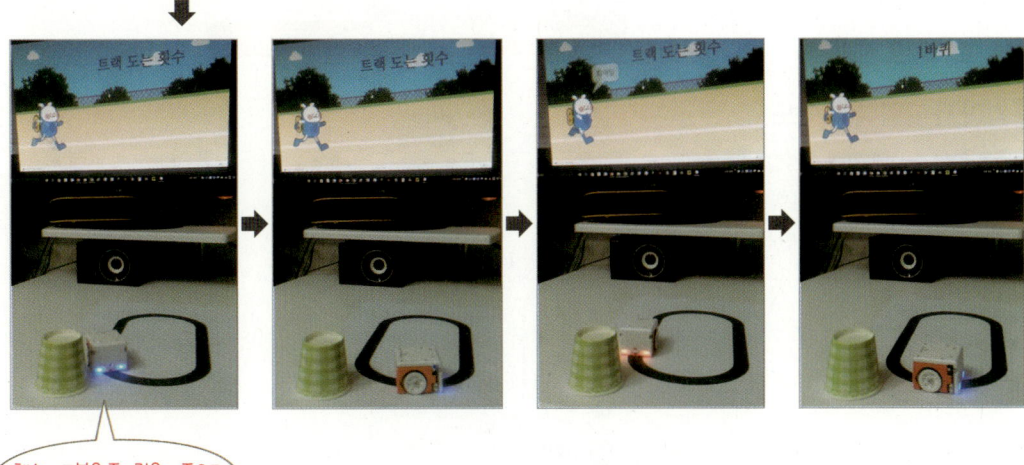

햄스터 로봇은 종이컵을 기준으로 트랙을 도는 횟수를 카운트합니다.

더 나아가기 풀이

 실생활 문제 해결 프로젝트

01. 가전제품 구입하기

※ 다음과 같은 순서에 의해 진행합니다.

(1) [속성] 탭에서 [변수]-[변수 추가]를 클릭하여 '가진 돈' 변수를 추가합니다.

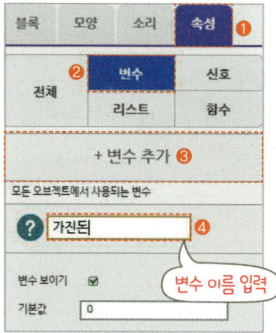

(2) '판매원' 오브젝트를 선택한 후, 오른쪽과 같이 4개의 코드를 완성합니다.

02. 강아지 고양이 피아노

※ 다음과 같은 순서에 의해 진행합니다.

(1) [속성] 탭에서 [신호]-[신호 추가] 버튼을 클릭하여 신호를 8개 만듭니다.

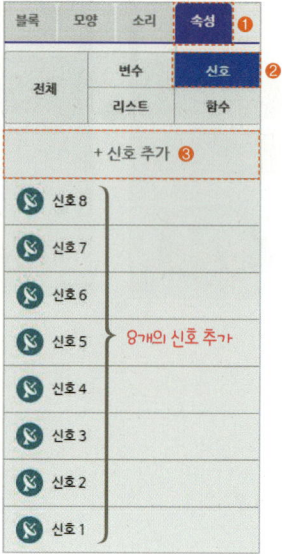

246 · 더 나아가기 풀이

(2) 계이름을 나타내는 각각의 강아지, 고양이 오브젝트를 클릭한 후, '신호 보내기' 명령어 블록을 추가하여 조립합니다.

'강아지_낮은도' 오브젝트   '고양이_레' 오브젝트   '강아지_미' 오브젝트

'고양이_파' 오브젝트   '강아지_솔' 오브젝트   '고양이_라' 오브젝트

'강아지_시' 오브젝트   '고양이_높은도' 오브젝트

(3) '글상자' 오브젝트를 선택한 후, 계이름을 화면에 나타내기 위해 다음과 같이 8개의 코드를 완성합니다.

※ 반드시 246쪽 ❶에 의해 8개의 신호를 만든 후에 작업하도록 합니다.

더 나아가기 풀이 · 247

03. 자동판매기 만들기

※ 다음과 같은 순서에 의해 진행합니다.

(1) [속성] 탭에서 [변수]-[변수 추가]를 클릭하여 '거스름돈' 변수를 추가합니다.

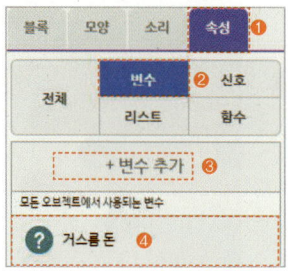

(2) '버튼' 오브젝트를 선택한 후, 다음과 같은 명령어 블록을 이용하여 코드를 완성합니다.

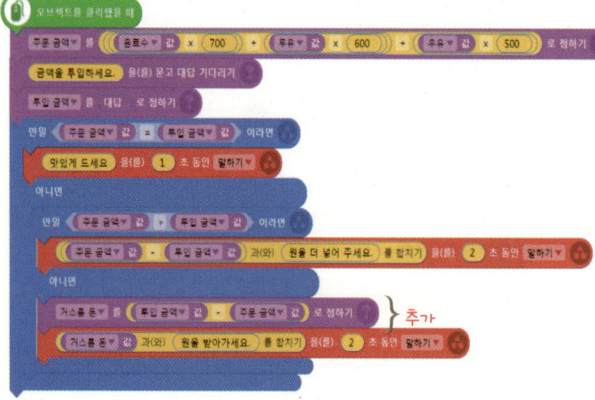

04. 도난 경보 시스템 만들기

1 '장면 2'의 '경찰' 오브젝트를 클릭한 후, 다음과 같이 명령어 블록을 추가합니다.

2 '장면 2'의 '금고 1' 오브젝트를 클릭한 후, 오른쪽과 같은 코드를 완성합니다.

4장 교과 연계 프로젝트

01. [국어] 스포츠 매거진 만들기

※ 다음과 같은 순서에 의해 진행합니다.

(1) '내용' 오브젝트를 클릭한 후, [글상자] 탭에서 글자 모양은 '필기체', 글자색은 '녹색'으로 변경해 보세요.

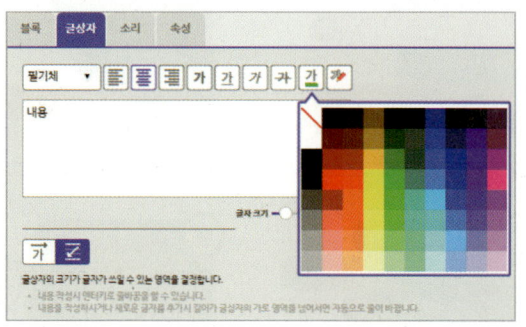

※ [글상자] 탭에서 글자 모양, 정렬, 글자색, 바탕색 등 속성을 변경할 수 있습니다.

(2) '내용' 오브젝트를 클릭한 후 다음과 같이 명령어 블록을 추가합니다.

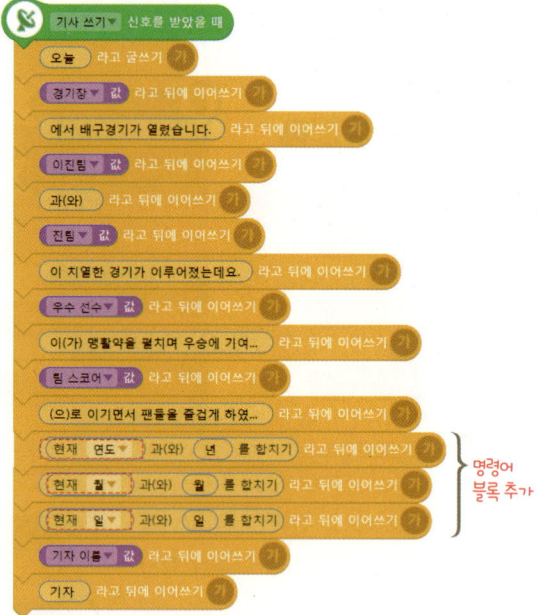

02. [과학] 물체의 위치 찾기 시뮬레이션

1 '흰 자동차' 오브젝트를 클릭한 후, 동서남북으로 이동하기 위한 선택 구조에 다음과 같이 명령어 블록을 추가합니다.

2 (1) [속성]탭에서 [리스트]-[리스트 추가]를 선택하여 '목적지'에 대한 리스트를 만듭니다.

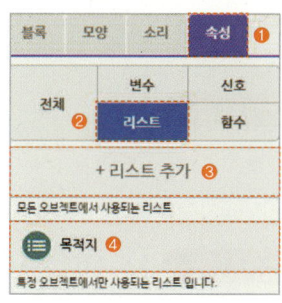

(2) 목적지값에 대한 변수를 만듭니다.

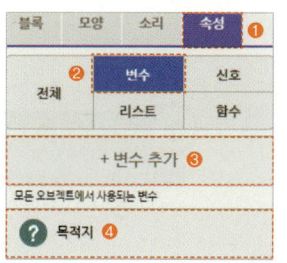

(3) [속성] 탭에서 [신호]-[신호 추가]를 클릭하여 '신호 2'를 추가합니다.

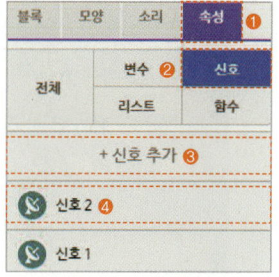

(4) '흰 자동차' 오브젝트를 클릭한 후, 다음과 같이 새로운 '신호 2 보내기' 코드를 완성합니다.

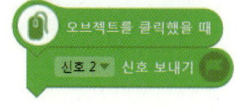

(5) 계속해서 '신호 1'을 받았을 때 코드를 완성합니다.

(6) '흰 자동차' 오브젝트에서 처음 실행하는 방법을 '시작하기 버튼을 클릭했을 때'에서 '신호 2를 받았을 때'로 변경합니다.

(7) '목적지값을 대답 으로 정하기'로 변경합니다.

(8) 위와 같은 진행에 의해 '흰 자동차' 오브젝트에서 완성된 3개의 코드는 다음과 같습니다.

(9) '다시하기 버튼' 오브젝트를 클릭한 후, '오브젝트를 클릭했을 때' 처음부터 다시 실행할 수 있도록 '신호 2 보내기'로 변경합니다.

03. [수학, 미술] 삼각형으로 패턴 그림 그리기

1

2

(2) '빛의 진행화살표', '빛의 진행화살표1', 빛의 진행화살표 2' 오브젝트 각각에도 다음과 같이 똑같은 코드를 완성하여 효과성을 주도록 합니다.

5장 나만의 산출물 만들기 프로젝트

01. 소행성을 격파하라

1 각각의 '소행성', '소행성1', '소행성2' 오브젝트에 대하여 다음과 같은 명령어 블록을 똑같이 조립합니다.

▲ '소행성', '소행성1', '소행성2' 오브젝트 모두

2 각각의 '소행성', '소행성1', '소행성2' 오브젝트의 내려오는 속도를 다르게 하기 위하여 `y 좌표를 0 만큼 바꾸기` 블록의 숫자를 '-1', '-0.5', '-1.2'와 같이 서로 다르게 입력합니다.

'소행성' 오브젝트는 '-1', '소행성1' 오브젝트는 '-0.5', '소행성2' 오브젝트는 '-1.2'로 수정합니다.

▲ 소행성 오브젝트

04. [과학] 달의 위상변화

※ 다음과 같은 순서에 의해 진행합니다.

(1) '태양계-태양' 오브젝트를 선택하고, 태양의 움직임 효과를 주기 위해서 다음과 같이 2개의 코드를 조립합니다.

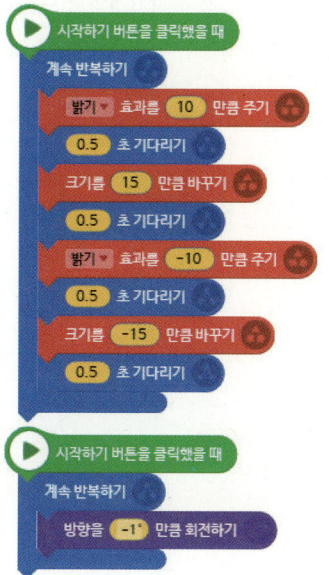

02. 숫자 야구(Bulls and Cows)

(1) '장면 1'에서 '투수' 오브젝트를 선택한 후 다음과 같이 변경합니다.

❸ [속성] 탭에서 [변수]-[변수 추가]를 선택하여 다음과 같이 10개의 변수를 추가합니다.

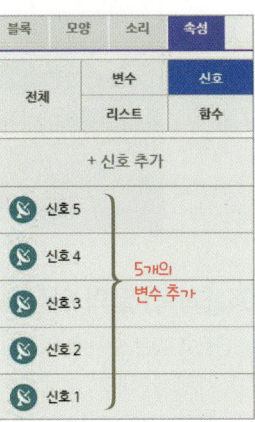

❹ [속성] 탭에서 [신호]-[신호 추가]를 선택하여 다음과 같이 5개의 신호를 추가합니다.

(2) '장면 2'를 추가한 후, 내용을 다음과 같이 만듭니다.

△ '장면 2' 실행 화면 및 오브젝트 구성

❶ 실행 화면 상단에서 ➕를 클릭하여 '장면 2'를 추가합니다.

❷ [소리] 탭에서 [소리 추가]를 선택하여 '강아지 짖는 소리'를 찾아서 추가합니다.

❺ '(1)엔트리봇' 오브젝트에 다음과 같이 3개의 코드를 완성합니다.

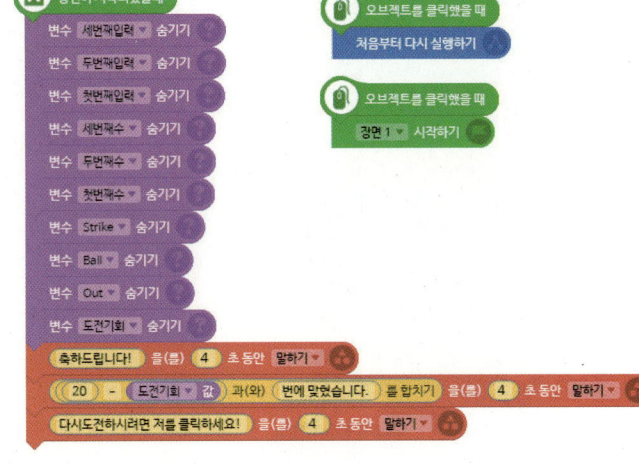

03. 스마트폰 패턴 비밀번호 만들기

'패턴불일치' 장면의 '핸드폰잠금화면2' 오브젝트의 코드를 다음과 같이 3개의 명령어 블록을 추가하여 완성합니다.

04. 세계의 수도 맞히기 게임

1 '승무원' 오브젝트의 코드를 다음과 같이 명령어 블록을 추가하여 완성합니다.

🔵 일본, 프랑스, 영국의 수도를 묻는 함수내의 코드 모두에 적용

※각각의 나라 함수를 클릭하여 수정합니다.

2 '승무원' 오브젝트의 코드를 다음과 같이 명령어 블록을 추가하여 완성합니다.

🔵 대한민국, 미국, 중국, 일본, 프랑스, 영국의 수도를 묻는 함수 내의 코드 모두에 적용

※각각의 나라 함수를 클릭하여 수정합니다.

컴퓨팅 사고력(CT)에 디자인 씽킹(DT)을 활용한

엔트리 & 햄스터

발 행 일	초판 1쇄 발행 2017년 10월 25일
지 은 이	박찬규 · 홍은미 · 고민석 · 이승훈
발 행 인	신재석
발 행 처	(주)삼양미디어
주 소	서울시 마포구 양화로 6길 9-28
전 화	02) 335-3030
팩 스	02) 335-2070
등록번호	제10-2285호
	Copyright ⓒ 2017. samyangmedia
홈페이지	www.samyangM.com
I S B N	978-89-5897-329-4(13000)
정 가	15,000원

삼양미디어는 이 책에 대한 독점권을 가지고 있습니다.
따라서 삼양미디어의 서면 동의 없이는 누구도 이 책의
전체 또는 일부를 어떤 형태로도 사용할 수 없습니다.
이 책에는 등장하는 제품명은 각 개발 회사의 상표 또는 등록상표입니다.
잘못된 책은 바꾸어 드립니다.

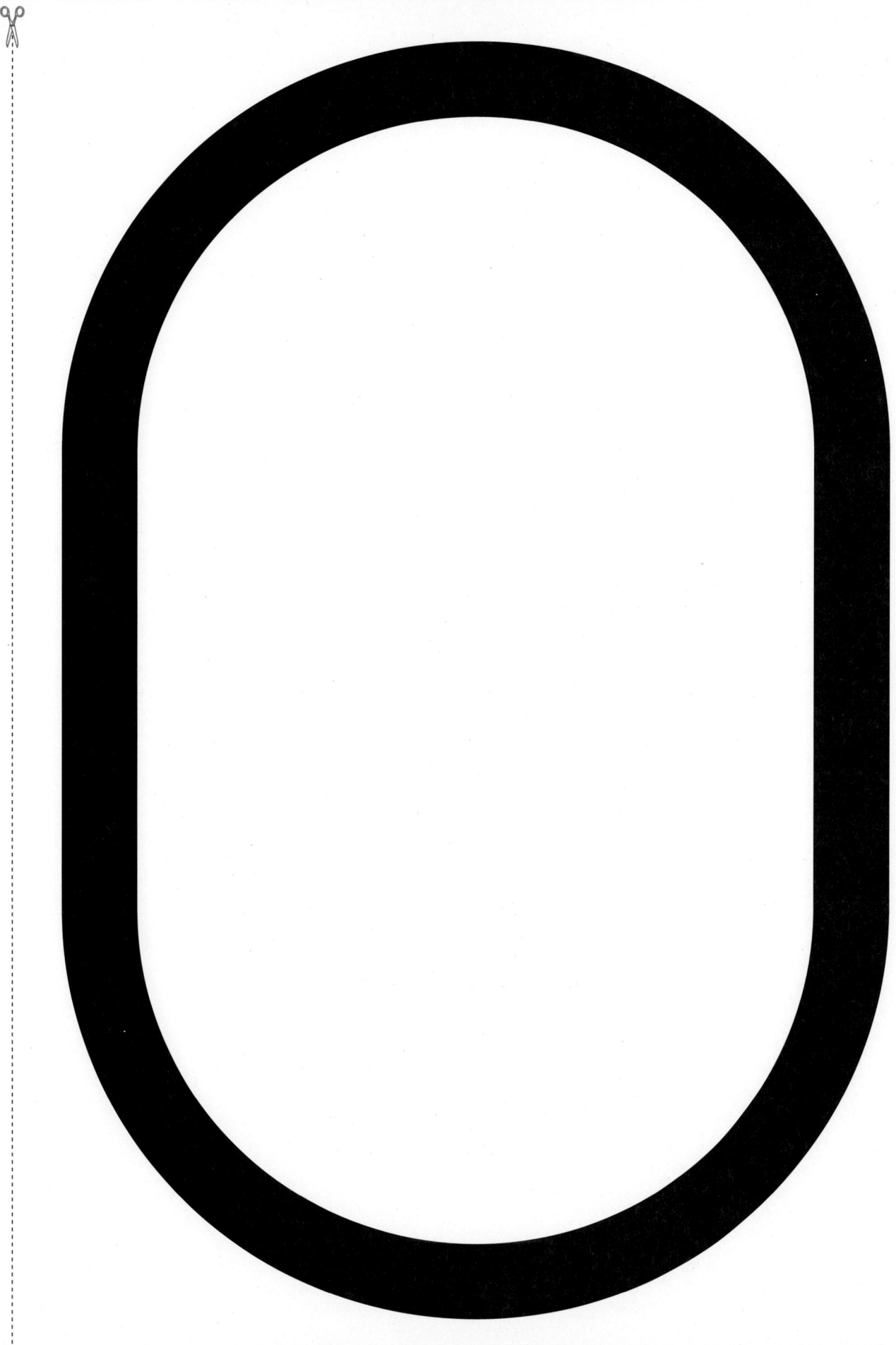